AF568518

LENA KAMPF, DANIEL DREPPER

Row Zero

DANIEL DREPPER
LENA KAMPF

ROW ZERO

Gewalt und Machtmissbrauch in der Musikindustrie

eichborn

Die Bastei Lübbe AG verfolgt eine nachhaltige Buchproduktion. Wir verwenden Papiere aus nachhaltiger Forstwirtschaft und verzichten darauf, Bücher einzeln in Folie zu verpacken. Wir stellen unsere Bücher in Deutschland und Europa (EU) her und arbeiten mit den Druckereien kontinuierlich an einer positiven Ökobilanz.

Eichborn Verlag

Originalausgabe

Textredaktion: Ludger Ikas, Berlin / Dr. Matthias Auer, Bodman-Ludwigshafen
Umschlaggestaltung: Massimo Peter-Bille
Umschlagmotiv: © Alexey Lysenko/shutterstock
Satz: hanseatenSatz-bremen, Bremen
Gesetzt aus der Minion Pro
Druck und Verarbeitung: GGP Media GmbH, Pößneck

Printed in Germany
ISBN 978-3-8479-0178-5

2 4 5 3

Sie finden uns im Internet unter eichborn.de

Für Sanaz und Ali

Vielen Dank an Jakob Biazza, Sebastian Erb, Laura Hertreiter, Volkmar Kabisch, Elena Kuch, Nadja Mitzkat, Sebastian Pittelkow, Isabel Schneider und Ralf Wiegand, die bei *NDR* und *Süddeutscher Zeitung* mit uns zu Rammstein recherchiert haben.

Inhalt

PART 0
Row Zero

Wir alle sind Fans. Fansein verbindet. Welche Kraft darin steckt, nicht nur für uns selbst, haben die Anhänger*innen von Britney Spears gezeigt. Sie haben ihr Idol befreit.

Fast vierzehn Jahre stand Spears unter der Vormundschaft ihres Vaters. Eine gerichtliche Entmündigung, die für Personen vorgesehen ist, die selbst keine Entscheidungen mehr treffen können. Nach ihrem psychischen Zusammenbruch 2007 kontrollierte Jamie Spears seine erwachsene Tochter, ihr millionenschweres Imperium und ihren Körper. Jahrelang kämpfte Britney Spears darum, von der Vormundschaft befreit zu werden. Und wurde dabei von ihren Fans unterstützt. Sie starteten die Kampagne #freebritney, demonstrierten vor Gerichtsgebäuden und ermutigten damit Spears, weiterzumachen – bis ihr 2021 ein Gericht in Los Angeles schließlich ihre Freiheit zurückgab.

Auch Michael Jackson wird nach wie vor von vielen Fans geliebt, ja, manche haben ihn gar zu einem Heiligen erklärt. Einige dieser Jünger stehen – wie die Fans von Britney Spears – unerschütterlich an seiner Seite. In diesem Fall, um ihn vehement gegen Vorwürfe von Kindesmissbrauch zu verteidigen. Auch jetzt noch, Jahre nach seinem Tod, attackieren und bedrohen sie mutmaßlich Betroffene und alle, die deren Anschuldigungen Glauben schenken.

Die Karrieren der meisten großen Pop- und Rockstars wären ohne die mitunter fast bedingungslose Unterstützung seitens ihrer Fans kaum denkbar. Eine Frage, die sich in diesem Zusammenhang schon seit einiger Zeit, zuletzt aber immer dringlicher stellt, lautet: Tragen wir Fans womöglich auch dazu bei, dass manche dieser Stars glauben, sie seien unantastbar?

Für mich, Lena, ist das auch eine persönliche Frage. Ich kenne den Impuls, mein Idol zu schützen, denn auch ich habe Michael Jackson lange verehrt. Mit elf Jahren gewann ich meine erste eigene CD bei einem Preisausschreiben. Das war 1995. Ich hatte im Einkaufszentrum einen Zettel für Weihnachtswünsche eingeworfen und erinnere mich, dass ich ganz aus dem Häuschen war, als ich von meinem Losglück erfuhr. Stolz holte ich gemeinsam mit meinem Vater das Geschenk ab: Michael Jacksons *HIStory*, ein Doppelalbum mit 50-seitigem Booklet und einer überlebensgroßen Statue des Musikers auf dem Cover. Überlebensgroß war Michael für mich zu dieser Zeit ohnehin. Ich liebte seine Musik seit der Grundschule. In meinem Kinderzimmer hingen *Bravo*-Starschnitte von ihm an der Dachschräge. Von *HIStory* liebte ich vor allem »Earth Song«, »You Are Not Alone« und natürlich »Scream« mit Janet Jackson. Nicht, dass ich damals schon Englisch verstanden hätte, aber ich mochte die Energie und die Wut, mit denen er die Zeile »Stop Pressuring Me« ausspuckte. Wenn ich es jetzt anhöre, kann ich den trotzigen Ton des Albums nicht ignorieren.

Heute frage ich mich: Darf ich das überhaupt noch – Michael Jackson hören? Oder anders: Kann ich das noch so unvoreingenommen tun wie damals als Elfjährige?

Die amerikanische Essayistin Claire Dederer schreibt in ihrem Buch *Monsters* davon, wie sich in ihren Genuss von Kunst das Bewusstsein über die Taten der Künstler mischt. Sie nennt es den »Fleck«, den Werke bekommen, wie ein weißes Hemd, auf dem Rotwein landet. Einmal da, lässt er sich kaum wieder entfernen. Laut Dederer können wir nichts dagegen machen, »unser Verständnis des Werks hat eine neue Färbung bekommen, ob wir es wollen oder nicht«.

Heute weiß ich, dass *HIStory* das erste Album war, das Michael Jackson nach dem Aufkommen der Vorwürfe von Kindesmissbrauch gegen ihn aufnahm. 1993 wird erstmals öffentlich bekannt, dass ihm ein Junge vorwirft, ihn sexuell belästigt zu haben. Die Details des Falls sind kompliziert, zivilrechtlich endet er 1994 mit einem Vergleich zwischen Jackson und den Eltern des Kindes. *HIStory* sollte das Comeback des King of Pop sein.

Auf die ersten Vorwürfe folgen bis zu Michael Jacksons Tod 2009 und noch lange danach immer neue Anschuldigungen. 2019, in dem Dokumentarfilm *Leaving Neverland*, kommen erstmals zwei mutmaßlich Betroffene ausführlich zu Wort. Beide erzählen eindringlich, wie Michael Jackson sie an sich band. Wie sehr sie ihn liebten. Und wie er ihnen ihre Kindheit nahm.

Bis dahin habe ich es wirklich versucht mit dem Wegwischen – wie offenbar viele seiner Anhänger. Vielleicht auch, weil es zu schmerzhaft gewesen wäre, die Zweifel zuzulassen. Ich hatte nur zu gerne glauben wollen, was Michaels Familie und Nachlassverwalter immer wieder entgegnet haben: Den Eltern der Kinder sei es bloß ums Geld gegangen, Kindern könnten Erinnerungen eingepflanzt werden, und es gehe darum, sein Vermächtnis zu zerstören. Michael Jackson sei außerdem trotz zahlreicher Ermittlungsverfahren nie von einem Gericht für schuldig befunden worden, und er habe Kinder geliebt, weil er selbst noch eines gewesen sei.

Das alles muss sich nicht ausschließen, so viel weiß ich heute. Mittlerweile recherchiere ich als Journalistin auch zu Kindesmissbrauch. Als Mutter kenne ich inzwischen außerdem die Urangst aller Eltern um das Wohlbefinden ihrer Kinder. Und dennoch fällt es mir schwer, mich Michael Jacksons Musik zu entziehen, wenn ich sie höre. Bis mir der Fleck wieder bewusst wird.

In den vergangenen Jahren haben viele Werke Flecken bekommen: So wie ich mich für Michael Jackson begeisterte, brannten andere für den R-'n'-B-Superstar R. Kelly, der über lange Zeit Minderjährige missbrauchte, für den französischen Rockexport Noir Désire, dessen Sänger Bertrand Cantat seine Freundin tötete, oder für den amerikanischen Künstler Ryan Adams, der jungen Musikerinnen eine Karriere in Aussicht stellte und sie dann sexuell belästigt haben soll.

Tatsache ist, dass für viele Fans die Faszination und Begeisterung für ihre Idole davon sehr oft unberührt bleibt. Für andere hingegen lassen sich die Dinge heute nicht mehr so einfach trennen. Und mitunter sind es inzwischen auch die Liedtexte, die wir mit anderen Augen als früher betrachten.

Ich, Daniel, erinnere mich noch sehr gut an die vielen Abende im Keller meines besten Freundes – zwei alte Sofas, zwei Sessel, ein flacher Couchtisch in der Mitte, darauf ein paar Flaschen Beck's-Bier und eine Shisha. Wir sind gerade noch Teenager, es sind die frühen 2000er Jahre. Und aus den Boxen kommt der damals krasseste Hip-Hop Deutschlands, vom Label Aggro Berlin. Vor allem das Album *Ansage Nr. 3*, mit Sidos »Mein Block«, mit Bushido und Fler.

Mit der Lebenswelt, die Sido, Bushido oder Fler in ihren Songs beschreiben, habe ich eigentlich nichts gemein. Ich komme aus einem kleinen Dorf in Westdeutschland, hatte eine sehr geordnete Jugend, bin in einem Einfamilienhaus aufgewachsen, in den Sportverein und auf ein katholisches Gymnasium gegangen. Die Texte von Aggro Berlin, aber auch von Kool Savas und anderen Deutschrappern bedeuten für mich damals vor allem Provokation gegenüber dieser meiner Welt. Eine Provokation, über die ich mir lange wenig Gedanken mache. Vielleicht auch deshalb, weil ich mag, was harter Rap mit mir macht, wie er mich antreibt und mir ein gutes Gefühl gibt. Die Außenseiterperspektive des Rap, das aggressive Auftreten gegen »die da oben«, das hat mir oft geholfen als Arbeiterkind, das sich im Studium und im Job immer wieder fremd und überfordert gefühlt hat. Die Provokation des Deutschrap hat wie eine Art trotziger Schutzschild gewirkt, hinter den ich mich zurückziehen konnte. Sie war eine Möglichkeit aufzubegehren, ohne wirklich selbst in Konflikte gehen zu müssen.

Damals, vor knapp zwanzig Jahren, war mir bereits klar, dass manche dieser Texte frauenverachtend sind und Grenzen überschreiten. Ich kann mich allerdings nicht erinnern, als junger Erwachsener kritische Diskussionen dazu wahrgenommen zu haben. Bewegungen wie #Aufschrei oder #MeToo waren noch Jahre entfernt, Social Media ebenso. Heute mache ich mir – so wie übrigens auch einige Rapper selbst – weitaus mehr Gedanken über das, was diese Texte aussagen, was dahintersteht, was sie auslösen. Das heißt nicht, dass ich Deutschrap nicht immer noch genießen kann.

Flecken überall

Während der Monate, die wir für dieses Buch recherchieren, werden immer wieder Vorwürfe gegen Künstler*innen öffentlich. Gegen Lizzo zum Beispiel, ein weltweites Vorbild für *body positivity*, eine Künstlerin, die radikale Selbstliebe propagiert. Anfang August 2023 beschuldigen sie drei ihrer ehemaligen Tänzerinnen in einer Zivilklage, Lizzo habe sie zu unerwünschten sexuellen Handlungen gedrängt – unter anderem zum Besuch eines Amsterdamer Stripclubs – und zu zermürbenden Proben gezwungen.

Oder gegen Sean Combs, auch bekannt als P. Diddy oder Puff Daddy. Er sang 1997 eine Hymne auf den kurz zuvor erschossenen Rapper The Notorious B.I.G. »I'll be missing you« hat wahrscheinlich Millionen Trauernden weltweit Trost geschenkt. Anfang November 2023 macht die R-'n'-B-Sängerin Cassie öffentlich, dass Combs ihr gegenüber jahrelang gewalttätig gewesen sei und sie auch vergewaltigt habe. Combs und Cassie einigen sich noch im November 2023 auf eine Geldzahlung in unbekannter Höhe. Sowohl Lizzo als auch Combs dementieren die Vorwürfe.

Anfang Dezember 2023 meldet sich dann der Berliner Rapper Kool Savas, alias Savaş Yurderi, in einem bemerkenswerten *Spiegel*-Interview zu Wort. Der mittlerweile achtundvierzigjährige Yurderi ist einer derjenigen, die Gangster-Rap in Deutschland groß gemacht haben, mit Titeln wie »Lutsch mein Schwanz«, mit homophoben und frauenverachtenden Texten. Doch jetzt sagt er, ihm sei schon vor längerer Zeit klargeworden, dass er sich über viele Jahre schlecht verhalten habe.

Es ist eine Vorwärtsverteidigung, denn zahlreiche Frauen hatten sich zuvor mit Beschwerden an seine Plattenfirma Sony Music und an den *Spiegel* gewandt. Gleichwohl ist so ein offenes Eingeständnis ungewöhnlich, besonders von einem, der sich als »King of Rap« bezeichnet. Yurderi sagt, er schäme sich für sein »absolut unkorrektes« Verhalten. Ihm habe irgendwann das Korrektiv gefehlt. »Es gibt Machtstrukturen, die in jeder Musikart dominieren, egal ob es Schlager, Rock oder Metal ist. Bist du dort erfolgreich, bist du in gewisser

Hinsicht mächtiger als deine Fans. Punkt. Deshalb sage ich ja: Es ist ganz generell ein Problem, mit Fans Sex zu haben.«

Es spricht einiges dafür, dass Kool Savas' persönliche Abrechnung mit dem eigenen Verhalten, aber auch die von verschiedenen Klägerinnen vorgebrachten Vorwürfe gegen Lizzo und Combs Ausdruck einer größeren gesellschaftlichen Veränderung sind. Sie stehen für ein neues, geschärftes Bewusstsein für Macht und Privilegien. Besonders in sexuellen Beziehungen wird seit #MeToo viel stärker auf ein mögliches Machtgefälle zwischen den Beteiligten geschaut und wie dieses sich auf die Einvernehmlichkeit auswirken kann.

Manches, das jahrzehntelang verherrlicht oder als gewöhnlicher Teil des Showbusiness angesehen wurde, wirkt heute verstörend. Dabei sind es oftmals keine neuen Fakten, die uns irritieren – allein unsere Bewertung der Fakten hat sich geändert. So wie es uns heute aufstößt, wenn sich jemand in einem Restaurant eine Zigarette ansteckt. Noch vor zwanzig Jahren wäre es wohl niemandem groß aufgefallen.

Immer mehr Stars geraten in diesen neu vermessenden Blick der Öffentlichkeit. Und von denjenigen, die auf irgendeine Weise von jenem Machtgefälle betroffen waren oder sind, fühlen sich immer mehr ermächtigt, sich Gehör zu verschaffen. Auch deswegen häufen sich die Fälle einschlägiger Vorwürfe.

Vilnius

Für uns begann alles in der »Row Zero«. Das ist die Reihe ganz vorne, zwischen der Absperrung, hinter der sich die Massen drängen, und der Bühne, auf der die Künstler*innen ihre Musik zur Aufführung bringen.

Die Row Zero ist zu einem weithin bekannten Begriff geworden, seitdem die Nordirin Shelby Lynn am 25. Mai 2023 Anschuldigungen gegen den Sänger der Band Rammstein öffentlich machte. Während eines Konzerts in Litauens Hauptstadt Vilnius sei sie Till Lindemann unter der Bühne begegnet. Er habe dort Sex mit ihr haben wollen, während seine Bandkollegen oben weiterspielten. Sie berichtet von Erinnerungslücken und vermutet, bei einer Party unter Drogen gesetzt worden zu sein.

Als sich daraufhin weitere Frauen zu Wort meldeten, begannen wir gemeinsam mit Kolleg*innen von *Süddeutscher Zeitung* und *NDR* den Vorwürfen nachzugehen. Zahlreiche Frauen berichteten uns von ihren Erlebnissen. Anfang Juni 2023 konnte unser Rechercheteam so erstmals eine offenbar systematisierte Form der Zuführung von jungen Frauen für Aftershowpartys und Sex mit Lindemann enthüllen.

Die Vorwürfe haben weitreichende Diskussionen über Machtmissbrauch in der Musikwelt, über den romantisierten Mythos von Groupies, von Sex, Drugs and Rock 'n' Roll ausgelöst. Mit diesem Buch möchten wir einen Beitrag dazu leisten, diese Debatten weiterzuführen und zu vertiefen. *Row Zero* soll über einzelne Vorfälle hinaus die größeren Zusammenhänge aufzeigen und nimmt dafür die Industrie hinter dem Show- und Popmusikgeschäft in den Blick.

Wir arbeiten beide seit mehr als zehn Jahren als investigative Journalist*innen. Unserer Erfahrung nach geht es bei der Aufdeckung von Missständen oder dem Missbrauch von Macht meist um weit mehr als das Fehlverhalten Einzelner. Es geht um eine Art Organisationsversagen. Es geht um fehlende Kontrolle oder Sanktionen, um Mitwissende, die die Taten decken oder ganz einfach schweigen. Es gibt immer Machtgefälle und Abhängigkeiten, die ausgenutzt werden. Wie sieht das nun konkret in der Musikindustrie aus? Welche Strukturen stehen hinter dem, was wir auf der Bühne präsentiert bekommen?

Wann immer Macht, ihr Gebrauch und ihr Missbrauch neu vermessen werden, gilt es genau hinzuschauen und zu differenzieren: Denn die Unterschiede zwischen einzelnen, jeweils individuell zu betrachtenden Situationen sind mitunter groß. Zweifellos gibt es ein Machtgefälle zwischen dem Weltstar Till Lindemann und den ihn idolisierenden, meist deutlich jüngeren Fans. Deren Abhängigkeit ist jedoch allenfalls emotional und weder finanzieller noch beruflicher Art. Anders sieht die Sache bei den Schauspielerinnen in den USA aus, deren Karrieren von dem Filmproduzenten Harvey Weinstein abhängig waren, dessen sexuelle Übergriffe im Jahr 2017 die #MeToo-Bewegung auslösten.

Und natürlich sind nicht alle Vorwürfe strafrechtlich relevant. Gerade deswegen zwingen sie uns als Gesellschaft, eine Haltung zu der Frage zu finden, welches Verhalten wir bei Rock-, Pop- und Rapstars akzeptabel finden und welches nicht – und unter welchen Umständen.

Die Diskussionen darüber treffen auf eine in vieler Hinsicht ohnehin immer härter aufeinanderprallende Gesellschaft. Eine Gesellschaft, die sich scheinbar aufteilt in diejenigen, die sagen: »Weiter so!«, und diejenigen, die sagen: »So nicht mehr!« Und sie berühren dabei unweigerlich grundsätzliche Fragen zur Kunst selbst: Wie unbequem, wie schmerzhaft darf, ja muss sie sein? Wie viel Zumutung kann eine Gesellschaft ertragen? Ab wann muss sie sich schützend vor Einzelne stellen?

Die Musikbranche ringt schon länger mit diesen Fragen und sucht nach einem eigenen, neuen Umgang damit. Sie befindet sich, wie die Gesellschaft insgesamt, mitten in einem Prozess, in dem alte Gewohnheiten und Machtverhältnisse infrage gestellt werden. Nicht zuletzt drängt eine neue Generation in die Branche, die diesen Prozess auf ihre Weise vorantreibt.

Das vorliegende Buch ist der Versuch, dieses Ringen abzubilden. In den vergangenen Monaten haben wir mit mehr als 200 Menschen aus der Musikindustrie gesprochen. Die Berichte haben wir – wo möglich – durch Gespräche mit Zeug*innen geprüft, wir haben Gerichtsurteile und Akten eingesehen, uns Screenshots von Chats oder E-Mails zeigen lassen. Manches Erlebnis wurde uns an Eides statt versichert. Das bedeutet, dass die betreffenden Personen ihre Aussagen auch in einem möglichen Gerichtsverfahren wiederholen und sich dann bei einer Falschaussage strafbar machen würden. Trotzdem können wir manche Vorwürfe, die uns berichtet wurden, in diesem Buch nicht im Detail beschreiben, viele Namen nicht nennen. Alle Menschen, gegen die in diesem Buch namentlich Vorwürfe erhoben werden, haben wir um Stellungnahmen gebeten. Zum Teil haben wir welche erhalten, sehr oft aber auch nicht.

Wir danken all jenen, die uns in dieser Recherche unterstützt und sich uns anvertraut haben. Alle, die mit uns gesprochen haben, haben das zweifellos getan, weil sie die Musik lieben. Weil sie Fans sind. So wie wir.

PART 1
Alles meins

Die Halle leuchtet lila, grün und blau im Wechsel, 5500 Menschen feiern seit rund einer Stunde Till Lindemann. Der Auftakt von Lindemanns Solotour ist ausverkauft an diesem 4. Februar 2020 in der Swiss Life Hall Hannover. Weniger Pyrotechnik als auf Konzerten der Band Rammstein, deren Sänger und Frontmann der damals Siebenundfünfzigjährige ist, aber ähnlich bombastisch.

Als die Gitarristen die ersten Klänge von »Platz Eins« anstimmen, wölbt sich links neben der Bühne der Vorhang. Auf Videoaufnahmen ist festgehalten, wie sich ein riesiger durchsichtiger Ball in die Menge schiebt. Till Lindemann und sein damaliger Solopartner, der Schwede Peter Tägtgren, stehen in dem Ball. Sie tragen weiße Anzüge, ihre Gesichter sind weiß geschminkt. Lindemann singt: »Durch die Menge geht ein Raunen. Und die Männer werden staunen. Alle Frauen, alles meins. Alles dreht sich nur um mich.« Es ist der Höhepunkt des Abends.

Um Lindemann und Tägtgren räkeln sich drei junge Frauen in schwarzer Spitzenunterwäsche in dem durchsichtigen Ball. Ihre Gesichter sind verdeckt von weißen Masken, es sind Abgüsse von Lindemanns Gesicht. Eine der drei Frauen ist die zweiundzwanzigjährige Cynthia Ahrens. Lindemanns Musik bedeutet ihr viel, und schon lange hatte sie sich gewünscht, ihm nahezukommen. An diesem Tag geht der Wunsch in Erfüllung. Die Begegnung wird sie jedoch noch lange beschäftigen.

Auch Shelby Lynn ist großer Rammstein-Fan. Gut drei Jahre später, am 22. Mai 2023, steht sie vor Konzertbeginn mit einem Dutzend anderer junger Frauen in einer Reihe vor dem Backstage-Bereich des Vingio Parkas Stadium in Vilnius, Litauen. Die Nordirin ist vierundzwanzig Jahre alt. Sie ist am Tag vorher in die litauische Hauptstadt gereist, um zum ersten Mal ein Rammstein-Konzert zu besuchen. Ein Traum, den sie hegt, seit ihr ein Freund zehn Jahre zuvor zum ersten Mal ein Lied von Rammstein vorgespielt hat: »Pussy«. Lynn ist sofort verliebt in den Rhythmus und in den Klang. Jetzt hat sie vielleicht sogar die Chance, die Band zu treffen, hofft sie.

Wenige Tage vor dem Konzert in Vilnius hat Lynn in einem Fanforum von der Möglichkeit erfahren, über eine Frau namens Alena Makeeva auf Backstage-Partys zu kommen. Sie kontaktiert Makeeva über Instagram. In ihrem Profil nennt sich die Russin »Castingdirektorin«. »Auf Tour mit Till Lindemann«, schreibt sie. Makeeva verbindet Lynn mit anderen Frauen über eine Whatsapp-Gruppe. Sagt ihnen, was sie anziehen und wo sie warten sollen.

Ebendort sind die Frauen von einem Mann, der sich ihnen als Joe vorgestellt hat, abgeholt worden. Später stellt sich heraus, dass es sich um Joe Letz handelt, einen engen Vertrauten Lindemanns. Nun, vor dem Backstage-Bereich, fordert er Lynn und die anderen jungen Frauen auf, sich hintereinander aufzustellen. Er hat ein Handy in der Hand, mit dem er die Körper der Frauen abfilmt. Shelby Lynn ist aufgeregt, sie albert herum. Letz kommt mit der Kamera ganz nah an ihr Gesicht heran.

Lynn ist unsicher, ob sie auf die Party darf. Statt eines bunten Sommerkleids, wie Makeeva es den Frauen nahegelegt hat, trägt sie Gothic Look, ein schwarzes Korsett und einen Minirock. Als Joe Letz die Frauen fragt, wer noch nie backstage war, hebt sie die Hand. Und tatsächlich zeigt er mit dem Finger auf sie. Lynn und eine Handvoll anderer Frauen dürfen also später mitkommen. Allerdings gibt es für die Party klare Regeln: Die Frauen sollen Stimmung machen, viel Alkohol trinken und Lindemann nicht auf seine Musik ansprechen. Und sie müssen ihre Mobiltelefone abgeben. Shelby Lynn ist aufgeregt. Gleich wird das Konzert losgehen.

Rammstein ist eine der erfolgreichsten deutschen Bands, weltweit bekannt für ihre brachiale Musik, die totalitäre Ästhetik, das Feuerwerk der Bühnenshow, die hypersexualisierten Texte. Mehr als 20 Millionen Platten und CDs haben die sechs Musiker aus Berlin in den vergangenen drei Jahrzehnten verkauft. Allein die »Rammstein Stadium Tour« besuchten seit 2019 mehr als vier Millionen Fans. Obwohl die Texte von Rammstein fast ausschließlich auf Deutsch sind, wird die Band auch im Ausland geliebt. Mit dem Konzert in der litauischen Hauptstadt Vilnius eröffnet sie den vorerst letzten Teil ihrer Stadium Tour.

Shelby Lynn trifft an diesem Abend auf ihr Idol, auf Till Lindemann. Er kommt, so schildert sie es in verschiedenen Interviews, die sie später dazu geben wird, ganz plötzlich vor dem Konzert in den kleinen, kargen Raum, in den sie und die anderen Frauen geführt wurden. Wodka, Tequila und andere Getränke auf dem Tisch und in einem Kühlschrank, ein paar Stühle und ein Sofa an der Wand.

Als Lindemann den Raum betritt, fordert er die Frauen auf, mit ihm zu trinken. Er schmeißt sein Glas gegen die Wand, die Frauen sollen es ihm gleichtun. Irgendwann setzt er sich neben Shelby Lynn aufs Sofa. Lynn sagt später, sie habe versucht, mit ihm zu reden, aber er habe davon eher genervt gewirkt. Dann verschwindet er wieder, er muss auf die Bühne.

Nein, nein, nein

Bevor Letz die Frauen in die Arena führt, habe er Lynn zur Seite genommen. Wie sie später sagt, habe er sie gefragt, ob sie Lindemann unter der Bühne treffen wolle. Dieser habe eine kurze Pause während des »Deutschland«-Lieds. Sie habe daraufhin wissen wollen, ob das so ein »Sex-Ding« sei. Letz soll geantwortet haben: Nein, sie brauche sich keine Sorgen zu machen.

Während des Konzerts stehen Lynn und die anderen Frauen in der Row Zero. Lynn nimmt sich fest vor, nicht mit Joe Letz mitzugehen, fühlt sich aber zu diesem Zeitpunkt nicht gut. Als das »Deutschland«-Lied anklingt, sei Letz gekommen »und nimmt mich irgendwie mit«, sagt sie. Er habe sie in einen kleinen Raum unter der Bühne geführt, so groß wie eine Umkleidekabine, verhängt mit schwarzem Stoff, der mit orangefarbenem Tape zusammengehalten wird. Shelby Lynn setzt sich auf den Boden und schlingt die Arme um sich. »In meinem Kopf war nur ein Gedanke: Wenn Till kommt, dann musst du Nein sagen, Shelby, du musst Nein sagen. Nein, nein, nein.«

Dann sei Lindemann hereingekommen. »Er war so groß und angsteinflößend«, berichtet Lynn. »Ich habe zu ihm hochgeschaut und gesagt, dass ich keinen Sex mit ihm haben will. Sex ist etwas sehr Besonderes für mich, und ich möchte das nicht.« Lindemann habe sie angeschrien: »Joe meinte, du würdest es tun!« Lynn habe sich bei ihm entschuldigt und noch einmal erklärt, dass Sex etwas sehr Besonderes sei. Das habe sie schon gesagt, soll Lindemann gebrüllt haben. Dann sei er wieder hinter dem Vorhang verschwunden.

Angefasst habe Lindemann sie nicht, sagt Shelby Lynn. Den Rest des Konzerts habe sie in der Row Zero verbracht, doch sie könne sich kaum daran erinnern – obwohl sie nur zwei Drinks genommen habe. Überprüfen lässt sich das nicht. Aber es gibt Videos, auf denen zu sehen ist, wie Lynn später vor der Bühne ausgelassen tanzt. Sie singt die deutschen Texte mit. Die meisten Videos stammen von ihr selbst. Auf einem schreit sie in ihr Handy: »Till Lindemann wollte Sex mit mir haben, und ich habe Nein gesagt.«

Das Nächste, an das sie sich erinnern könne, so Lynn, sei eine Afterparty mit der Band. Sie habe Richard Kruspe gegenübergesessen. Dann habe sie sich auf der Toilette übergeben und sei zurück in ihr Hotel gefahren. Die Übelkeit, das ausgelassene Feiern, die verschwimmende Wahrnehmung. Irgendetwas habe an dem Abend nicht mit ihr gestimmt, sagt sie. Sie sei erschrocken, als sie im Hotel dann auch noch große Hämatome am Körper und an den Armen entdeckt habe. Sie habe Schmerzen gehabt. Irgendetwas musste passiert sein. »Ich war immer noch nicht ganz klar, aber ich habe nur gedacht: Oh mein Gott, ich muss all diese anderen Mädchen warnen.«

Zwei Tage später, als sie wieder zu Hause in Nordirland ist, in der Nähe von Belfast, legt sie sich einen neuen Twitter-Account zu: @Shelbys69666. Am Donnerstag, 25. Mai, um 1:48 Uhr deutscher Zeit, schreibt sie dort: »I'm the girl that was spiked at Rammstein.« Ich bin das Mädchen, das bei Rammstein unter Drogen gesetzt wurde. Sie kündigt an, mit Videos und Fotos über ihre Erfahrungen in Vilnius an die Öffentlichkeit zu gehen.

Pfingsten, Ende Mai 2023. An diesem langen Wochenende füllen sich die Feeds auf Twitter und Instagram weltweit mit Andeutungen und Gerüchten über Rammstein. Seit Shelby Lynn an die Öffentlichkeit gegangen ist, teilen immer mehr Frauen online ihre Erfahrungen bei Konzerten der Band. Einige berichten, sie seien dort angesprochen worden, andere, sie hätten Einladungen zu Afterpartys über Instagram erhalten. Viele der Schilderungen ähneln dem, was Lynn erlebt haben will. Ein Verdacht steht auf einmal im Raum: Werden bei Rammstein-Konzerten junge Frauen für Sex mit Till Lindemann regelrecht rekrutiert?

Wir beide verfolgen an diesem Pfingstwochenende die vielen Tweets und Posts auf Twitter und Instagram aufmerksam. Wir beginnen Screenshots zu machen und können uns nur schwer von unseren Handys lösen. Am Abend des Pfingstsonntags meldet sich die Band erstmals selbst zu Wort und schreibt, ebenfalls auf Twitter, dass sie den »im Netz kursierenden Vorwürfen zu Vilnius« entgegentrete und ausschließen könne, »dass sich, was behauptet wird, in unserem Umfeld zugetragen hat«. Später werden Lindemanns Anwälte mitteilen, dass Behauptungen, Frauen seien bei Rammstein-Konzerten mithilfe von K.-o.-Tropfen oder Alkohol betäubt worden, um ihrem Mandanten zu ermöglichen, sexuelle Handlungen an ihnen vorzunehmen, »ausnahmslos unwahr« seien.

Was von den Vorwürfen wahr ist und was nicht, lässt sich nur überprüfen, wenn wir mit den Menschen hinter den oftmals anonymen Erfahrungsberichten auf Social Media sprechen können. Am Vormittag des Pfingstmontags telefonieren wir miteinander und entscheiden uns schließlich für einen sehr ungewöhnlichen Schritt: Wir werden öffentlich ankündigen, dass wir den Vorwürfen nachgehen wollen.

Investigativreporter*innen versuchen normalerweise, so lange wie möglich unbemerkt zu recherchieren. Gerade bei schweren Vorwürfen wie mutmaßlichen #MeToo-Vorfällen, Korruption oder Bestechung wollen wir diejenigen, gegen die sich die Vorwürfe richten, nicht unnötig schnell aufscheuchen. Sie könnten sonst E-Mails löschen oder Zeug*innen unter Druck setzen und so zum Schweigen bringen. Erst zum Schluss, wenn wir wissen, was die konkreten Vorwürfe sind, und wir sie für belastbar und belegbar halten, suchen wir in der Regel das Gespräch. Das nennt sich Konfrontation.

Doch bei den Vorwürfen gegen Rammstein ist die Situation eine andere. Es gibt zu diesem Zeitpunkt bereits seit Tagen Diskussionen auf Social Media. »Wenn ihr in den letzten Jahren Erfahrungen mit #Rammstein oder der #RowZero gesammelt habt, dann wendet euch vertraulich an uns«, schreiben wir kurz nach unserem Telefonat auf Twitter. Ab da wissen potenzielle Quellen, dass wir uns für sie interessieren. Aber auch Rammstein ist jetzt darüber informiert.

Noch am ersten Tag melden sich zahlreiche Frauen, darunter auch Cynthia Ahrens, die in Hannover in dem durchsichtigen Ball getanzt hat. Sie schreibt uns auf Instagram, am Abend des Pfingstmontags. Sie habe mit Till Lindemann auf seiner Solotour »performt«. Es sei »auch dazu gekommen, dass ich mit Lindemann intim wurde«.

In den folgenden Stunden schreiben wir hin und her. Cynthia Ahrens, die anders heißt, sagt, sie wolle, »dass das alles endlich rauskommt« – bisher sei sie aus Angst vor Lindemann und dessen Umfeld nicht an die Öffentlichkeit gegangen. Deswegen möchte sie auch anonym bleiben. Wir verabreden uns für ein Treffen, gleich am nächsten Tag im Berliner Büro der *Süddeutschen Zeitung* in der Nähe des Gendarmenmarkts.

Als wir Ahrens auf dem Bürgersteig vor dem Eingang begrüßen, erscheint sie uns jünger als Mitte zwanzig. Sie ist aufwendig geschminkt, wirkt nervös, aber entschlossen.

Im Büro sind viele Kolleg*innen im Pfingsturlaub, die Türen sind geschlossen, die Gänge dunkel. Ahrens möchte nichts trinken und beginnt sogleich zu erzählen, ein Aufnahmegerät läuft mit. Nach wenigen Minuten Gespräch zieht draußen eine laute Demonstration durch die Französische Straße. Auf die Frage, ob sie ihre Erzählung deshalb für einen Moment unterbrechen wolle, antwortet Ahrens sehr klar: »Nein, ich will das jetzt alles rauskriegen.« Sie atmet einmal tief durch – und schildert ihre Geschichte.

Cynthia Ahrens

Cynthia Ahrens verbringt ihre Kindheit Anfang der 2000er Jahre in einem kleinen Dorf in Westdeutschland. In der Küche fliegen auch mal Teller, es wird viel geweint. Die Eltern trennen sich, da ist sie neun Jahre alt. Noch als sie auf die Grundschule geht, zieht Ahrens mit ihrer Mutter in die nächstgrößere Stadt. Ihren Vater sieht sie nur am Wochenende. Mit ihren braunen Augen, dichten Augenbrauen und dunklen Haaren fällt sie in der Schule auf. Auch wegen ihres Migrationshintergrundes, glaubt sie, schicken ihre Lehrer sie zunächst auf die Realschule. Dort kommt sie nicht zurecht, wechselt daher nach zwei Jahren doch aufs Gymnasium und versucht dort alles, um, wie sie heute sagt, einfach ein gutes Kind zu sein. Trotzdem hat sie ständig das Gefühl, nicht einmal das zu schaffen.

In fast allen Fächern ist Ahrens erfolgreich, aber ihrem Vater reicht das nie. Sie erinnert sich an zahlreiche Situationen, in denen ihr Vater sie abwertet und anschreit, in denen sie stundenlang heult. Ein- oder zweimal habe er sie auch geschlagen. Von den Jungs in ihrer Klasse wird sie gemobbt. Sie laufen ihr nach, spritzen sie mit Capri-Sonne ab, versuchen während des Unterrichts, mit einem Besen ihren Rock anzuheben. Damals habe sie als hässlich und dick gegolten, sagt sie.

Sie flüchtet sich in die Musik. Sie liebt – beeinflusst von ihrer Mutter – die Songs von Depeche Mode, The Cure, den Sisters of Mercy oder Soft Cell, trägt nur Schwarz. Rammstein hört sie auch, aber »ironisch«. Lange Zeit läuft deren Musik einfach so mit in der Playlist. Erst ein paar Jahre später, als Ahrens ihr Studium beginnt, nimmt die Band immer mehr Raum in ihrem Leben ein. Sie hört die Musik immer häufiger, bis irgendwann fast nichts anderes mehr läuft. Ein Albumcover als Laptop-Hintergrund kommt hinzu, Band-T-Shirts, viele Gespräche über die Texte und auch Till Lindemann. Ahrens ist fasziniert von der Provokation, von den düsteren Texten über Tod und Verderben. Ihr Lieblingslied von Rammstein ist »Keine Lust«. Darin geht es um Depressivität und darum, dass man sich nicht aufraffen kann, etwas zu verändern, und sich stattdessen weiter in seinem Elend wälzt. »Damit habe ich mich total identifiziert«, sagt sie.

Auf ihr erstes Rammstein-Konzert geht Cynthia Ahrens zusammen mit zwei Freundinnen. Es ist Anfang Juli 2019, ein schöner Sommertag, erinnert sie sich. Sie ist einundzwanzig Jahre alt. Ahrens hat extra bei einer Freundin in Hannover übernachtet, um sich schon morgens um sechs Uhr vor der Arena anstellen zu können. Sie will unbedingt in die erste Reihe. Eine andere Freundin war schon häufiger auf Konzerten und hat ihr erzählt, dass manche Frauen aus der ersten Reihe in den Backstage-Bereich eingeladen werden. Als das Konzert losgeht, sieht Ahrens, wie einige Frauen hereingeführt werden und sich ganz nach vorn stellen dürfen, noch vor die erste Reihe, in die Row Zero direkt an der Bühne. Wenig später verteilt ein Mann Backstage-Bändchen an weitere Frauen. Auch Ahrens bekommt eines. Nach ihrem Alter wird sie nicht gefragt.

Als das Konzert zu Ende ist, fragt sie sich mit einer ihrer Freundinnen zur Backstage-Party durch, im Erdgeschoss des Stadions. Ein DJ, ein paar bunte Lichter und eine kleine Bar, der Raum ist etwas abgedunkelt und voll mit Crewmitgliedern, deren Freunden und Familien. Auch die Band selbst ist da. Irgendwann betritt Lindemann den Raum, kurz begegnen sich seine und Ahrens' Blicke. »Ich hatte noch nie in meinem Leben so nah jemanden so Berühmtes gesehen. Ich bin eingefroren«, sagt sie. Lindemann geht weiter, zu einer Gruppe anderer Frauen. Auf Ahrens wirken sie aufgeregt, sie kichern und scheinen einen großartigen Abend zu haben. Sie selbst hingegen fühlt sich unwohl, hat Bauchschmerzen und geht deshalb bald nach Hause.

Cynthia Ahrens sagt heute, sie und ihre Freundin hätten sich im Anschluss eingeredet, dass es im Backstage richtig cool gewesen sei. Sie will dazugehören, mit der Party bei ihren Freundinnen angeben können, will Rammstein und Till Lindemann nahe sein, deren Kunst sie bewundert, deren Lieder sie jeden Tag hört, die ihr so viele gute Gefühle beschert haben. Die Aftershowparty hätte eigentlich genau das sein sollen, wovon sie träumte.

Nach dem Konzert folgt ihr eine gewisse Alena Makeeva auf Instagram. Es ist die Frau, die auch mehr als drei Jahre später Shelby Lynn den Zutritt zum Backstage ermöglichen wird. Makeeva schickt Ahrens eine knappe Nachricht: »Kommst Du nach Wien?«

Dass Alena Makeeva in dem, was später als Castingsystem von Till Lindemann bekannt wird, eine zentrale Rolle spielt, weiß Ahrens zu diesem Zeitpunkt noch nicht. Sie sagt Alena Makeeva für Wien ab. Sie hat nicht genug Geld, um mal eben nach Österreich zu fahren. Aber für das Auftaktkonzert von Till Lindemanns Solotour, das im Februar 2020 wiederum in Hannover stattfindet, kauft sie sich wenig später eine Karte. Was sie erst später erfährt: Vor dem Konzert habe Alena Makeeva eine Freundin von ihr angeschrieben, »ob sie Mädchen kenne, die Till kennenlernen wollen«. Außerdem habe sie gefragt, ob die Freundin jemanden kenne, »der eine Nacht mit Till verbringen würde«. Ohne mit Ahrens zu sprechen, habe die Freundin ihr, Ahrens', Profil an Makeeva geschickt. Diese habe angeblich geantwortet, dass das passen müsste.

Hannover

Cynthia Ahrens selbst kommt acht Tage vor dem Tourauftakt in Hannover wieder direkt mit Alena Makeeva in Kontakt. Diese schreibt ihr eine Instagram-Nachricht auf Englisch. »Hi! Schreib mir auf WhatsApp. Ich füge dich dann dem Chat für Hannover hinzu.« Ahrens wird daraufhin mit anderen Frauen in eine Whatsapp-Gruppe aufgenommen. Dort wiederum seien drei Frauen gesucht worden, die während des Konzerts in einem großen, durchsichtigen Ball tanzen sollten. »Und ich war eine von den dreien. Ich wollte total gerne Till kennenlernen.« Schon am frühen Nachmittag, sagt Ahrens, sei sie in die Halle bestellt worden. Vor dem Konzert habe es eine Probe für sie und die anderen beiden Frauen gegeben, die in dem Ball tanzen sollten. Eine Choreografie gab es laut Ahrens dafür nicht. Es sei nur wichtig, dass es geil aussehe, habe ihr ein Bodyguard von Lindemann gesagt. Dann führt er sie in den Backstage-Bereich.

Zu dritt warten die jungen Frauen dort in einem kahlen Raum: ein schwarzes Ledersofa, ein paar Stühle, zwei Wandspiegel und ein Kühlschrank mit Cola, Wasser und Corona-Bier. Die drei kennen sich nicht, machen Small Talk, Ahrens ist sehr aufgeregt. »Mein ganzer Bauch hat sich schon so zusammengezogen.« Sie weiß inzwischen, dass ihre Freundin unabgesprochen ein Foto von ihr an Alena Makeeva geschickt hat mit der Info, dass sie auch über Nacht bleiben würde. Aber sie weiß nicht, ob Lindemann diese Nachricht bekommen hat.

Dann sei Lindemann in den Raum gekommen. Er habe nicht Hallo gesagt, habe sich nicht vorgestellt, habe die drei Frauen nicht nach ihrem Namen gefragt. Stattdessen sei er direkt zum Kühlschrank gegangen und habe ihnen Alkohol angeboten. Alle drei hätten abgelehnt.

Auf Ahrens wirkt Lindemann angestrengt, er sei herumgelaufen und habe einen unsympathischen Eindruck gemacht. Dann habe er einen Laptop auf den Tisch gestellt und das Musikvideo seiner neuen Single »Platz Eins« gestartet, zu dem sie später tanzen sollten. Es enthält brutale Sexszenen und wird daher nur auf Pornoplattformen veröffentlicht. Ahrens empfindet es in dem Moment als verstörend. Eine Zeitlang seien die Frauen dann von Lindemann und dessen Manager ignoriert worden. Irgendwann aber habe Lindemann Ahrens zu sich gewunken, weil er ihr »etwas zeigen« wolle. »Ich war noch sehr unerfahren, ich hatte noch keinen richtigen Freund. Ich dachte, kurz vor der Show will er mir wirklich was Cooles zeigen.« Sie habe angenommen, dass sie noch genug Zeit habe, sich alles Weitere noch mal zu überlegen.

»Er hat mich mit in die Garderobe genommen, die Tür zugemacht, und dann ging es halt los. Ich will nicht sagen, dass das eine Vergewaltigung war, weil ich ja zugestimmt habe, aber ich war jetzt auch nicht offensichtlich glücklich darüber, was da passiert. Das war alles ziemlich schnell und ziemlich gewaltvoll.« In dem Augenblick habe sie nur gedacht: »Oh mein Gott, das tut weh, hoffentlich ist es bald vorbei.« Sie habe Lindemann aber nicht sagen wollen, dass es wehtut, weil es eben Till Lindemann war, ihr Idol. »Nach zehn Minuten war er fertig und hat sich bedankt und gesagt, es gehe ihm jetzt besser.« Ahrens sagt, sie habe danach geblutet.

Als Ahrens aus dem Nebenraum zurückkommt, sei sie kreidebleich gewesen, berichtet eine der anderen beiden anwesenden Frauen. »Sie war ganz anders als vorher, und es musste etwas für sie sehr Negatives passiert sein. Sie sah wirklich extrem verstört aus.«

Trotzdem tanzt Ahrens dann am Abend während des Konzerts für Till Lindemann wie abgesprochen in Spitzenunterwäsche in dem großen, durchsichtigen Ball. Nach der Show, im Backstage, sei Lindemann noch einmal auf sie zugekommen und habe sie vor allen anderen geküsst, sagt Ahrens. Lindemann habe sie auf Englisch angesprochen. Offenbar sei er davon ausgegangen, dass sie nicht aus Deutschland komme. Kein Wunder, denkt sie, schließlich habe er sie nicht einmal nach ihrem Namen gefragt. Dennoch habe sie danach einen Bodyguard gefragt, ob sie noch mit zur Party in Lindemanns Hotel kommen dürfe. Der aber habe abgelehnt und sie stattdessen zu sich eingeladen. Das wiederum habe sie nicht gewollt.

Nach dem Abend in Hannover sei sie zunächst »voll verblendet« gewesen, erzählt sie, »weil ich mich in dem Moment so besonders gefühlt habe, wie ein Suchtgefühl«. In den Tagen danach fährt Ahrens sogar noch zu einem weiteren Rammstein-Konzert, diesmal nach Köln, und geht erneut in den Backstage-Bereich. Dort sei sie dann zusammengebrochen. Sie sagt, sie habe fast den ganzen Abend geheult, einige andere Frauen hätten sie getröstet, bis sie schließlich alleine in ihr Hotel zurückgekehrt sei. Eine Woche später will sie trotzdem noch zu einem Konzert nach Offenbach fahren. Am Bahnsteig dreht sie aber wieder um. In dem Moment habe sie sich gesagt: »Ich kann das nicht mehr.«

Weder Till Lindemann noch seine Anwälte beantworten unsere Fragen zu der Begegnung mit Cynthia Ahrens, auch nicht nach einer erneuten Anfrage für dieses Buch. Die Kanzlei, die die Band und zunächst auch Till Lindemann vertritt, schickt uns vor Veröffentlichung in der *Süddeutschen Zeitung* und beim *NDR* Anfang Juni 2023 ein Schreiben, in dem auf die Privatsphäre Lindemanns und allgemeine Kriterien der Verdachtsberichterstattung hingewiesen wird. Alena Makeeva antwortet auf keine unserer Anfragen.

Für Cynthia Ahrens hat die Begegnung im Februar 2020 in Hannover vieles verändert. Ein Leben lang, sagt sie, hätten ihr Männer gesagt, dass sie nicht hübsch und nicht gut genug sei, dass sie nie einen Freund haben werde. »Im Kopf war ich immer noch das kleine Mädchen, das alle hässlich finden. Und dann stehe ich in Unterwäsche auf der Bühne bei Lindemann.« Sie habe kein Gefühl dafür gehabt, welche Grenzen sie für sich selbst setzen dürfe und wie sie diese durchsetzen könne. Diese ganze Unsicherheit bringt sie mit in den Backstage-Bereich einer ihr fremden Arena, in einer fremden Stadt, mit einem Weltstar, den sie so sehr anhimmelt, dass sie am Ende Angst hat, eine riesige Szene zu verursachen, wenn sie Nein sagt.

Es dauert allerdings einige Monate, bis sie sich eingesteht, dass die Erfahrung mit Till Lindemann in ihr offenbar doch noch länger nachwirkt. Im Sommer 2020 ist sie mit Freund*innen in einer Karaoke-Bar verabredet. Sie stehen draußen vor der Tür, als drinnen jemand das Lied »Sonne« von Rammstein zu singen beginnt: »Eins, hier kommt die Sonne. Zwei, hier kommt die Sonne. Drei, sie ist der hellste Stern von allen. Vier, hier kommt die Sonne.« Ahrens fängt plötzlich an zu weinen. Von da an blockiert sie Rammstein auf Spotify, sodass keines der Lieder jemals wieder in eine ihrer Playlists rutschen kann. Der Zusammenbruch vor der Karaoke-Bar ist jedoch nur Teil einer viel tieferen Veränderung in ihrem Leben. Ahrens sagt, sie habe davor immer ganz bestimmte Vorstellungen von sich gehabt. Gerechtigkeit war ihr wichtig, Ehrlichkeit, Verlässlichkeit. Sie trank bewusst keinen Alkohol, hatte keinen Freund – vielleicht auch, weil sie immer die Kontrolle über ihr Leben behalten wollte. Nach dem Erlebnis mit Till Lindemann habe sie sich selbst nicht mehr wiedererkannt. Sie habe, sagt sie, das Gefühl, durch das ganze Geschehen, die Rekrutierung und den Sex in der Garderobe »als Sexobjekt« entmenschlicht worden zu sein. »Und dann habe ich gedacht: Wenn ich der Welt so egal bin, dann ist vielleicht einfach alles scheißegal.«

Ahrens beginnt, Alkohol zu trinken, in Nachtclubs zu gehen, harte Drogen zu nehmen. Sie ist wütend, fühlt sich wie betäubt, kann sich kaum noch über etwas freuen. Umso mehr sucht sie Dinge, die sich lebendig anfühlen. »Ich habe einfach die ganze Zeit immer noch gehofft, dass ich dieses furchtbare Gefühl irgendwie drehen kann. Dass es sich noch in etwas Gutes verwandelt. Um das Erlebnis zu überschreiben.« Sie ist sich selbst nicht mehr wichtig, begibt sich in Gefahrensituationen, wird leichtsinnig. Ihre beste Freundin ist davon überfordert und zieht sich zurück. Sie ist schockiert darüber, wie sehr sich Ahrens verändert, und weiß nicht, wie sie ihr helfen soll.

Irgendwann versucht Ahrens, das Erlebte, so gut es geht, in einer Therapie zu verarbeiten. Sie fühlt sich lange Zeit damit allein. Bis Shelby Lynn am 25. Mai 2023 mit ihren Tweets über Rammstein viral geht. In den Instagram-Storys von Lynn liest Ahrens die dort anonym veröffentlichten Erfahrungsberichte anderer Frauen. Sie schreibt Lynn: »Ich wünschte, ich könnte jemandem meine Geschichte erzählen, aber ich habe Angst.« Lynn macht ihr Mut. Kurz darauf bekommt Ahrens von einer Freundin den Link zu unserem Post auf Twitter. Noch am selben Abend entschließt sie sich, uns zu kontaktieren.

PART 2
Till's girls

Was ist das für ein System, das dem Rammstein-Sänger offenbar liefert, was immer er will? Gemeinsam mit unseren Kolleg*innen von *SZ* und *NDR* setzen wir im Verlauf des Sommers 2023 eine Art Puzzle zusammen. Wir sprechen mit Shelby Lynn und Cynthia Ahrens und mit vielen weiteren Frauen, die uns unabhängig voneinander ihre Erfahrungen schildern.

Einige liefern kleine Puzzleteile: Sie sind zwar bei Rammstein-Konzerten oder auf Instagram angesprochen worden, haben die Einladungen zu Backstage-Partys oder in Hotels dann aber aus unterschiedlichen Gründen nicht angenommen. Sie bestätigen gleichwohl die Vielzahl an Rekrutierungsversuchen, die es weltweit gegeben haben muss, und auch die Kriterien, nach denen Fans ausgesucht wurden: Es ging ausschließlich um weibliche, in der Regel sehr junge Fans.

Andere liefern große Puzzleteile: Sie haben wie Cynthia Ahrens und Shelby Lynn alle Stufen des Castings durchlaufen. Ihre Berichte fügen sich zu einem Bild, das wie die industrielle Variante des einst romantisch verklärten Groupietums wirkt. Wie viel hat das noch mit Befreiung zu tun, die der Rock 'n' Roll so lange versprach? Wie viel mit Dominanz und Unterwerfung, mit denen Lindemann in seiner Kunst spielt? Und wie einvernehmlich sind am Ende solche Begegnungen, wenn Fans dabei in Situationen geraten können, über die sie irgendwann die Kontrolle verlieren? Nur weil sie ein Angebot bekommen, das so reizvoll klingt, dass sie es nicht ablehnen wollen: Till Lindemann kennenzulernen.

Dieses Angebot, so stellt sich heraus, macht vor allem eine Frau: Alena Makeeva, die sogenannte Castingdirektorin.

Makeeva ist eine dunkelhaarige, schlanke Frau Mitte dreißig, die sich auf Instagram in schönen Kleidern zeigt – mal als Prinzessin im Ballkleid, mal als dunkle Königin der Nacht. Ihren gut 40000 Followern präsentiert sie ein aufregendes Leben zwischen Urlaub am Meer, exklusiven Partys und Konzerten. Ein Leben ganz nah dran an den großen Stars. Sie veröffentlicht Fotos mit bekannten Musikern wie Nick Cave, Iggy Pop, Marilyn Manson, Matthew Bellamy von Muse oder Chris Martin von Coldplay. Immer wieder zeigt sie sich auch mit Till Lindemann, auf Tour, aber auch privat, etwa vor einem Weihnachtsbaum, offenbar in Sankt Petersburg – er in schwarzer Flickenjeans mit Sakko, sie im roten Kleid. Makeeva nennt Lindemann einen »Freund«.

Kennengelernt hat sie den deutschen Sänger 2013 angeblich bei einem Musikfestival in ihrer Heimatstadt Samara im Südosten Russlands. Damals darf sie als eine von zehn Fans mit auf die Bühne. Vorher sei sie selbst von Vertretern der Band in einem Fanforum ausgewählt worden, erzählt sie der russischen Internetseite *Express Gazetta*. Dieser Moment habe ihr Leben verändert.

In einem Online-Magazin wird sie als »berühmtestes russisches Groupie« bezeichnet. Dabei kommt sie nach eigener Aussage aus einer Welt, die weit weg ist vom Glamour der Stars: »Als ich zum ersten Mal nach Moskau kam, war ich ein kleines Mädchen aus der Provinz, und manchmal konnte ich mir kaum ein Ticket zweiter Klasse in die Hauptstadt leisten.« Mit der Zeit habe sie ihre eigene Methode erfunden, um Künstler kennenzulernen. »Die Essenz des Könnens besteht darin, zur richtigen Zeit am richtigen Ort zu sein und die richtigen Worte zu finden.« Bei Rammstein ist ihr das offenbar gelungen: Sie tritt sogar in einem Musikvideo der Band auf und erfüllt sich damit einen Traum, wie sie in einem Interview sagt. Seit ihrer Kindheit sei sie in Rammstein verliebt, für die Band habe sie extra Deutsch gelernt. Im Video zu »Radio« klettert sie eine Fahne schwingend und oben ohne auf eine Straßenbarrikade. Später wirkt sie in zwei Musikvideos von Lindemanns Soloprojekt mit.

Es ist unklar, wie aus dem Groupie Makeeva jemand wird, der selbst Frauen für Till Lindemanns Partys und Pornodrehs organisiert.

Sie hat alle unsere Gesprächsanfragen abgelehnt. Auch Till Lindemann und das Management von Rammstein haben sich nicht dazu geäußert, in welchem Verhältnis Alena Makeeva zu ihnen steht und ob sie Geld für ihre Dienste erhält.

Ein Vertrauter der Band sagt später, Alena Makeeva habe es seiner Meinung nach auf »unbezahlten VIP-Status« abgesehen. Schon Jahre bevor sie zu Rammstein stößt, sollen ihm zufolge Crewmitglieder durch Konzerthallen gelaufen sein, um weibliche Fans für Lindemann anzusprechen. Die Gespräche unseres Rechercheteams mit den gecasteten Frauen legen nahe: Neben Joe Letz, der die Band wohl bisweilen als DJ begleitet, sind offenbar mindestens drei weitere Personen immer wieder in das Rekrutieren von Fans involviert gewesen. Aber Makeeva ist dabei am sichtbarsten.

Spätestens Ende 2018 beginnt Makeeva auf Social Media nach Frauen für Lindemann zu suchen. Anfang November schreibt sie damals auf der russischen Plattform VK, »wer ihn kennenlernen möchte, schreibt mir bitte persönlich. Kosten: 0 Rubel.« Die Anforderungen: minimale Englisch- oder Deutschkenntnisse, angenehmes Erscheinungsbild. Einige Wochen später legt sie auf Instagram nach: »Wer geht zu Rammstein-Konzerten in Russland oder Europa und möchte eine coole Party mit Musikern?«

Am Anfang, so scheint es, interessiert sich Alena Makeeva für die ganze Band. Irgendwann aber geht es in erster Linie um Lindemann. Der feiert, heißt es in seinem Umfeld, nach den Konzerten längst ohne die anderen Bandmitglieder. Auf den offiziellen Aftershowpartys von Rammstein wird er nur noch sehr selten gesichtet. Stattdessen veranstaltet er vor und nach den Konzerten, oftmals auch in Hotels, eigene Partys, für die Alena Makeeva nun offenbar weibliche Fans organisiert.

Egal ob in Russland, Europa oder Mexiko: Das Vorgehen von Alena Makeeva und ihren Helfer*innen ist überall ähnlich. Wenn Rammstein oder Lindemann touren, erhalten Frauen in den jeweiligen Tourstädten Nachrichten auf Instagram oder Facebook. Einige werden auch auf den Konzerten selbst angesprochen. Und manchmal geht Makeeva sogar ganz unabhängig von Auftritten für Lindemann auf die Suche: Eine Frau wird von ihr gefragt, ob sie nicht Lust habe auf eine Nacht im Hotel, Till sei gerade in Düsseldorf und allein. »Ich möchte ein nettes Mädchen für ihn finden … Um ein bisschen Spaß im Hotel zu haben.« Eine andere wurde kontaktiert und gefragt, ob sie mit Lindemann Weihnachten feiern würde, weil er einsam sei. Nur ihr Alter solle sie nicht verraten, das »Alterslimit« des Sängers nach oben liege unter ihrem. Die Frau war zu dem Zeitpunkt Ende zwanzig.

Jeweils rund ein Dutzend Frauen bringt Alena Makeeva pro Konzert in Whatsapp-Gruppen zusammen. Die meisten sind Anfang zwanzig, ob die Frauen volljährig sind, wird offenbar nicht kontrolliert. Wer kein Ticket hat, erhält eines über sie. In den Chats tauschen sich die Frauen aus und werden von Makeeva aufgefordert, ihr Fotos von sich in ihren Outfits zu schicken. Viele unserer Gesprächspartnerinnen vermuten, dass Lindemann sich die Frauen anhand der Fotos aussucht. Einen Beleg gibt es dafür jedoch nicht. Eine Frau berichtet, wie Lindemann sich in ihrer Gegenwart bei Alena Makeeva bedankt habe für die schönen Mädchen, die sie ihm diesmal mitgebracht habe.

Während der Konzerte stehen die ausgewählten Frauen ganz vorn an der Bühne, in der Row Zero – bis sie kurz vor Ende der Konzerte wieder backstage geführt werden. Dass sie dort ihre Handys abgeben müssen, berichten alle übereinstimmend. Ebenso, dass auf den Partys viel Alkohol angeboten wird, meist Wodka, Tequila oder Prosecco. Auch härtere Drogen, etwa Kokain, soll Frauen angeboten worden sein. Einige Frauen berichten, dass Till Lindemann auf diesen Partys Frauen für Sex ausgewählt habe. Regelmäßig werden bei Konzerten offenbar ein bis zwei Frauen gesucht, die dann – wie Shelby Lynn –

unter der Bühne mit Till Lindemann Sex haben sollen, während in den etwa fünf Minuten des »Deutschland«-Remixes Mitglieder der Band als leuchtende Strichmännchen auf der Bühne tanzen. Lindemann hat davon sogar einmal Videoaufnahmen machen lassen, die später während eines Solokonzerts hinter ihm auf eine Leinwand projiziert wurden. In dem Video zieht er sich nach dem Oralsex noch die Hose hoch, läuft ein paar Meter und fährt dann mit einer Hebebühne wieder nach oben ins Scheinwerferlicht.

Was auffällt: Sosehr sich die Abläufe und Details in den Erfahrungsberichten der Frauen gleichen, so unterschiedlich nehmen sie wahr, was sie erleben. Einige Frauen, mit denen wir sprechen, schwärmen geradezu von ihren Begegnungen mit Lindemann. Es sei die beste Party ihres Lebens gewesen, erzählt uns eine Frau, die nach einem Konzert in Zürich mit Lindemann gefeiert hat. Er habe beim Tanzen seine Hand auf ihre Taille gelegt. Als sie ihm gesagt habe, dass sie nichts von ihm wolle, habe er das akzeptiert und sich sogar entschuldigt. Eine andere Frau berichtet von einer Show in Göteborg, wo Till Lindemann sich allen per Handschlag vorgestellt habe. Er habe nahbar, extrem höflich und freundlich gewirkt. Jede der anwesenden Frauen hätte jederzeit gehen können. Andere schreiben später, dass die Row Zero und die privaten Afterpartys für sie der eigentliche Safe Space sei – ein Ort, wo sie ungestört feiern können.

Für manche ist es jedoch genau das Gegenteil. »Unangenehm, krass, wie eine Fleischbeschau, bei der die Beute vorgezeigt wurde«, so beschreibt eine der Frauen uns ihre Erfahrung. Mehrere berichten, dass Lindemann aggressiv aufgetreten sei, Gläser und Kühlschränke zertrümmert habe und die Frauen aufgefordert habe, mehr zu trinken. Dass es bei dem Casting auch um Sex gehen könnte, haben manche unserer Gesprächspartnerinnen zwar durchaus geahnt, aber nur wenige sind vorher von Alena Makeeva explizit darauf angesprochen worden. Eine Frau sagt, sie sei einen Tag vor dem Konzert angerufen und gefragt worden, ob sie bereit sei, mit Lindemann zu schlafen. »Ansonsten müsste ich eine Person mitbringen, die das machen wolle.« Das habe sie abgelehnt.

Auch Kayla Shyx erzählt in einem Youtube-Video Anfang Juni 2023 von ihren Erfahrungen bei einer Party von Till Lindemann etwa ein Jahr zuvor. Die 2002 geborene Shyx, die eigentlich Kaya Loska heißt, ist als Schauspielerin, Modedesignerin und Influencerin bekannt. Ihr sei nichts davon gesagt worden, dass sie als »Sexobjekt« ausgewählt wurde, erklärt sie in dem Video. Sie sei damals gemeinsam mit einer Freundin, die gerade achtzehn Jahre alt geworden sei, von Alena Makeeva bei einem Konzert von Rammstein im Berliner Olympiastadion im Juni 2022 angesprochen worden. Makeeva, die »extrem nett gewesen« sei und gesagt habe, dass sie für Lindemann arbeite, habe die beiden dann zur offiziellen Aftershowparty der Band gebracht. »Das war die Party, auf die ich und meine Freundin dachten, auf die wir jetzt gehen, weil uns das kommuniziert wurde.« Aber es kommt anders. Laut Schilderung von Kayla Shyx führen Makeeva und mehrere Sicherheitsmänner sie und noch weitere junge Mädchen nämlich durch die Menge und einen engen Flur in einen separaten Raum. Als die Tür zugeht, sieht Shyx, dass einige Frauen bereits wie aufgereiht auf einem schwarzen Ledersofa sitzen. Manche von ihnen wirken auf sie wie weggetreten. Plötzlich, so Shyx, sei ihr klargeworden: »Ich wurde hierhergeholt nur aus dem Grund, weil er vielleicht Bock hätte, mich zu ficken.«

Als sie daraufhin mit ihrer Freundin gehen will, habe Alena Makeeva versucht, sie zum Bleiben zu überreden, und sie gedrängt, noch einen Drink zu nehmen, sagt Shyx. Sie sei froh, dass sie sich so schnell entschieden habe, die Situation wieder zu verlassen. Aber viele Frauen würden sich das nicht trauen, schon gar nicht diejenigen, die Lindemann und Rammstein auf ein Podest stellen. »Das hat alles mit Macht zu tun. Er sucht sich Fangirls aus, die ihn idolisieren.«

Kaya Richard

Ein solches Fangirl ist auch Kaya Richard. Die Österreicherin, die anonym bleiben möchte und eigentlich anders heißt, ist eine der ersten Frauen, die sich bei uns meldet. Wir sprechen noch am Abend des Pfingstmontags mit ihr. Wir erleben eine Fünfundzwanzigjährige, die immer noch nach Worten sucht, um zu beschreiben, was sie etwa vier Jahre zuvor erlebt haben will. Am 22. August 2019 sei sie von Alena Makeeva eingeladen worden, mit ihr in ein Hotel zu gehen, um Till Lindemann zu treffen. Lange habe sie mit niemandem darüber gesprochen, was in dem Hotel passiert sein könnte. Auch weil die Band jahrelang ein großer Teil ihres Lebens gewesen sei. »Man fühlt sich auf gewisse Weise auch besonders und geehrt und lässt auch Sachen durchgehen, die man bei einer anderen Person nicht durchgehen lassen würde«, sagt sie.

Damals einundzwanzig Jahre alt, besucht Richard das Rammstein-Konzert in ihrer Heimatstadt Wien zusammen mit ihrer Mutter. In ihrem Fall sei es Lindemanns Vertrauter Joe Letz gewesen, der sie während des Konzerts ausgewählt habe, um mit auf die Aftershowparty zu kommen. Dort habe sie mit den Bandmitgliedern, aber ohne Till Lindemann gefeiert. »Die Party war sehr schön«, sagt sie, inklusive Gratisalkohol und guten Gesprächen. Dann habe sie Alena Makeeva getroffen. Als diese sie ins Hotel zu einer Party mit Lindemann einlädt, habe sie zugestimmt. »Ich habe mich gefreut, es dorthin geschafft zu haben. Alle waren so lieb, und ich habe mir gedacht, ich würde einfach gern mit Till reden, ja.« Ihr sei schon bewusst gewesen, dass »das alles eine sexuelle Komponente hat, aber ich bin nicht davon ausgegangen, dass irgendjemand etwas macht, was ich nicht will«.

In der Lobby des Hotels habe sie Lindemann getroffen, mit einigen anderen Frauen und Vertrauten Lindemanns hätten sie im Kreis gesessen, Wodka und andere Getränke seien ausgeschenkt worden. Auch sie habe getrunken, sagt Richard. Irgendwann habe sie nicht mehr alles genau wahrnehmen können. Sie erinnere sich noch, dass sie neben Lindemann gesessen habe, dass sie mit ihm und einem anderen Mann im Aufzug gewesen sei. Wie sie in ein Hotelzimmer gekommen sei, wisse sie nicht mehr: »Ich war nicht mehr bei Bewusstsein.«

Als sie wieder aufgewacht sei, sei Till auf ihr »drauf« gewesen. Ob er aufhören solle, habe er sie gefragt, als er gemerkt habe, dass sie wach geworden sei. Sie habe jedoch nicht einmal gewusst, womit er aufhören wollte. Er sei dann irgendwann gegangen. »Ich weiß nicht, ob ich von Till penetriert wurde. Ich hatte nur am nächsten Tag unerklärliche Flecken in meiner Hose, von denen ich nicht weiß, wo die herkommen.«

Kaya Richard geht es nicht gut, als wir mit ihr sprechen – nicht zuletzt weil ihre Erinnerung Lücken hat. Noch immer versucht sie für sich einzuordnen, was an dem Abend passiert ist.

Ihrer Mutter und anderen erzählt sie zunächst, dass Till Lindemann nett war und sie Spaß hatte. Aus Selbstschutz, wie sie heute sagt. »Man geht auf ein Konzert, man mag diesen Künstler, man möchte eine Sache, die einem so viel Glück bringt, auch für sich nicht ruinieren.« Am darauffolgenden Tag geht sie dann sogar zum zweiten Konzert in Wien – wieder in die erste Reihe, wieder zu einer Aftershowparty, diesmal allerdings, ohne Makeeva und Lindemann zu treffen. Einige Wochen später merkt sie, dass sie die Musik von Rammstein nicht mehr ertragen und Lindemanns Stimme nicht mehr hören kann. Auf den Besuch eines Solokonzerts von Lindemann verzichtet sie, obwohl sie Karten dafür hat. Von Alena Makeeva wird sie noch mehrmals angeschrieben und gefragt, ob sie noch einmal mitkommen wolle. Kaya Richard sagt, sie habe abgelehnt.

In die Tausende müsste die Zahl der Frauen mittlerweile gehen, mutmaßt ein Vertrauter Lindemanns bereits vor einigen Jahren in einer Nachricht. Der Sänger habe ein »Fließband«, schreibt eine andere Person aus dem Kreis um Alena Makeeva, er springe von »Fotze zu Fotze«. Wohl über Jahre läuft dieses Castingsystem. Erst als sich Shelby Lynn mit ihrer Warnung an die Öffentlichkeit wendet, kommt etwas in Bewegung. Für einen kurzen Moment, so scheint es, gerät das System ins Wanken. Doch schon wenig später ist der Kampf um die Deutungshoheit in vollem Gange.

Denn es gibt keine Zeug*innen für das, was Kaya Richard mit Till Lindemann im Hotelzimmer in Wien erlebt haben könnte. Und Cynthia Ahrens' Schilderungen von dem, was sich 2020 in der Garderobe vor dem Konzert in Hannover zugetragen haben soll, lassen sich im Detail nicht überprüfen. Das ist nicht ungewöhnlich in solchen Fällen, bei denen oft »Aussage gegen Aussage« steht. Als Journalist*innen versuchen wir, anhand von anderen Belegen die Glaubwürdigkeit der Berichte zu prüfen. Gibt es Fotos? Screenshots von Nachrichten? Haben die Frauen zuvor schon anderen Menschen davon erzählt? Und sind sie und diese Personen gegebenenfalls bereit, ihre Erinnerungen an Eides statt zu versichern, sodass wir ihre Schilderungen im Fall eines Rechtsstreits vor Gericht belegen können?

Sowohl Kaya Richard als auch Cynthia Ahrens haben Tage oder Wochen nach den Begegnungen anderen davon erzählt, die wiederum uns diese Gespräche bestätigt haben. Ein ausführlicher Fragenkatalog, den wir Till Lindemann geschickt haben, blieb unbeantwortet. Lindemann versucht allerdings, die Schilderungen von Ahrens und Richard in den Artikeln der *Süddeutschen Zeitung* und des *NDR* gerichtlich verbieten zu lassen – als unzulässige Verdachtsberichterstattung. Bei Erscheinen dieses Buches sind sie noch immer Gegenstand gerichtlicher Auseinandersetzungen vor Pressekammern. Auch Shelby Lynn und die Youtuberin Kayla Shyx – die beiden Frauen, die mit Namen und Gesicht an die Öffentlichkeit gehen – sind nach wie vor in Rechtsstreitigkeiten mit Lindemann verwickelt.

Doch Lindemann verwahrt sich bis heute ausschließlich dagegen, möglicherweise strafbare Handlungen begangen zu haben. Sexuelle Handlungen seien immer einvernehmlich gewesen und keine der Frauen sei in ihrer Willensbildung beeinträchtigt gewesen. Die Existenz des Castingsystems, die Abläufe und die Häufigkeit, mit der es zum Einsatz kam, sind von ihm bisher hingegen nicht bestritten worden. Sein Anwalt spricht später in einem Interview sogar davon, »dass die Beschreibung mehr oder weniger stimmt«. Er sagt auch: Bei Lindemann habe er eine »volle Kriegskasse«.

Schon bei der Mandatsübernahme im Juni 2023 kündigt die Kanzlei öffentlichkeitswirksam an, rechtliche Schritte gegen falsche Behauptungen einzuleiten, und zwar insbesondere gegen Vorwürfe, Frauen seien »bei Konzerten von Rammstein mithilfe von K.-o.-Tropfen bzw. Alkohol betäubt worden, um unserem Mandanten zu ermöglichen, sexuelle Handlungen an ihnen vornehmen zu können. Diese Vorwürfe sind ausnahmslos unwahr.«

Die Band engagiert derweil einen Krisenkommunikator, der Journalist*innen erzählt, Rammstein, das seien gerade »sechs Jungs, die nicht mehr wissen, wo oben und unten ist«. Außerdem kündigt das Management eine Untersuchung an. Der Name der Anwaltskanzlei, die diese innerhalb weniger Tage durchführen soll, könne dabei aber nicht genannt werden. Die Ergebnisse sind bis heute nicht vorgelegt worden.

Alena Makeeva wiederum postet auf Instagram Beiträge von Fans, die sich bedanken für die unvergessliche Erfahrung, backstage bei Rammstein und Lindemann gewesen sein zu dürfen. Sei alles super gewesen, tolle Party! Makeeva hat laut Chatnachrichten, die unserem Rechercheteam zugespielt wurden, selbst Frauen per Whatsapp um Hilfe gebeten: »Erzählt den Leuten die Wahrheit.« Die Fans sollten Storys mit Fotos und Videos von den Aftershowpartys posten und bitte die Hashtags #istandwithrammstein und #justiceforrammstein benutzen.

Als ihre Tour die Band in der zweiten Juniwoche 2023 wieder nach Deutschland führt, haben sich längst zwei Lager gebildet. Vor den Konzerten von Rammstein – erst in München, dann in Berlin – kommt es zu Konfrontationen zwischen Demonstrierenden und den vielen Fans, die die Band trotz allem hören wollen. Die Fans begrüßen die unter Polizeischutz stehenden Aktivist*innen zum Teil mit ausgestreckten Mittelfingern und Beleidigungen. Für sie, so scheint es, ist die Sache klar: alles einvernehmlich, alles Teil von Rock 'n' Roll.

Klar ist das Ganze offenbar auch für manche von denen, die Till Lindemann für einen Täter halten. Im Norden Berlins, wo die Band ihren Firmensitz mit Büros und Lagerhallen hat, werden Fenster eingeschmissen und die Außenwände beschmiert, unter anderem mit dem Satz »Keine Bühne für Täter«. In eine von Lindemanns Privatwohnungen, in einem Dachgeschoss im Prenzlauer Berg, wird eingebrochen. Einige Häuser weiter schreibt jemand »Till Lindemann is a fucking rapist« an eine Wand.

Shelby Lynn

Die Frau, die das alles losgetreten hat, sitzt Anfang Juni 2023 an einem schwarzen Tisch im Wohnzimmer ihrer Mutter in der Nähe von Belfast. Unsere Kolleg*innen Jakob Biazza, Sebastian Pittelkow und Elena Kuch treffen Shelby Lynn dort für ein Interview, nicht einmal zwei Wochen nachdem sie ihre erste Nachricht auf Twitter verbreitet hat. Sie gibt sich kämpferisch. »Die haben viel zu verlieren und viel zu verstecken«, sagt sie. »Ich habe nichts zu verstecken.«

Lynn, die in Belfast als Beamtin in der Verwaltung arbeitet, ist ungeschminkt, trägt ein Tanktop, auf ihren Armen und ihrem Brustkorb sind verschiedene Tattoos zu sehen. Sie wirkt aufgeräumt – ganz anders als in den Videos, die es von ihr von jenem Abend in Vilnius gibt. Darin erkennt sie sich selbst kaum wieder. Sie tanzt wild, umarmt die anderen Frauen. Angeblich soll sie auch mit einigen geknutscht haben. Lynn ist weiterhin überzeugt davon, bei der Pre-Party K.-o.-Tropfen erhalten zu haben. Aus diesem Grund hat sie von Belfast aus bei der Polizei in Vilnius Anzeige erstattet. Ihr Fall hat jetzt ein Aktenzeichen: M-1-01-32256-23.

In Vilnius habe sich ein Polizist am Tag nach dem Konzert noch geweigert, eine Blutprobe zu nehmen, erzählt sie. Sie solle einen Drogentest machen und sich dann wieder melden, habe er zu ihr gesagt. Lynns Test ist negativ. Als sie ihre Blutergüsse zeigen wollte, habe der Beamte nur gegrinst – prüfen lassen sich ihre Vorwürfe gegenüber der

Polizei nicht. Lynn selbst glaubt trotz allem nicht, dass irgendwer Sex mit ihr hatte. Ihre Klamotten – mehrere Schichten, darunter ein Korsett – hätten nicht gewirkt, als habe sich irgendwer daran zu schaffen gemacht.

Die Tage seit ihrem Post seien eine Achterbahn gewesen, sagt Lynn. Noch wisse sie nicht, wo das alles hinführen wird. Sie scrollt durch ihr Handy. In Kommentaren und Nachrichten: viel Solidarität. In einer Nachricht wird sie Heldin genannt. Da findet sich aber auch viel Hass. Eine Beschimpfung wie »Du bist eklig, du hässliche Schlampe« ist dabei noch harmlos. Schon am Tag ihres ersten Tweets erhielt sie eine Morddrohung. Und bald folgte dann auch schon eine Unterlassungsaufforderung von Lindemanns Anwälten. Sie solle nicht mehr behaupten, unter Drogen gesetzt worden zu sein. Shelby Lynn sagt, sie habe darüber fast lachen müssen. »Bringt mich vor Gericht. Ich habe keine Angst.« Aufhören, sagt sie, werde sie nicht. »Ich möchte einfach, dass die Mädchen sicher sind.«

Mitte Juni kündigt die Berliner Staatsanwaltschaft an, gegen Till Lindemann »wegen Tatvorwürfen aus dem Bereich der Sexualdelikte und der Abgabe von Betäubungsmitteln« zu ermitteln. Auch gegen Alena Makeeva wird ermittelt. Die Verfahren werden fast zwei Monate andauern, bis sie Ende August 2023 eingestellt werden.

PART 3
Tsunami

»Zwischen Schockstarre, Wut, Aktionismus, Mut, Selbstwirksamkeit, Angst, Zweifel, Verwirrung und Einsamkeit« – so fühlt sich Susann Hommel ein paar Tage nach Bekanntwerden der Vorwürfe gegen Till Lindemann und schreibt das auch so auf LinkedIn. Sie glaubt, dass in der Branche »jetzt nichts mehr so sein wird, wie es mal war«. Ein Erdrutsch, denkt sie, »da ist etwas in Bewegung gekommen, das ist nicht mehr aufzuhalten, und es wird einfach alles verändern«.

Susann Hommel, 34, ist Musikerin, Sängerin und Songwriterin in Leipzig. Seit 2020 ist sie das alles aber nicht mehr hauptberuflich, sondern sie macht inzwischen Presse- und Öffentlichkeitsarbeit. Nach Jahren sei sie es müde geworden zu kämpfen. Sie habe als Frau nie auf der Bühne stehen und einfach ihr Ding machen können. »Ich bin immer wieder in Situationen gekommen, die sich sehr komisch und seltsam angefühlt haben.« Männer, die ihr ihr eigenes Equipment erklären. Techniker, die nur mit ihrer Band reden, aber nicht mit ihr selbst. Bis hin zu verbalen Übergriffigkeiten. »Nach und nach dämmerte es mir, dass das eigentlich absolut nicht normal ist und dass das auch was ist, das wir nicht akzeptieren sollten.« Gemeinsam mit anderen Frauen aus der Branche gründet sie 2021 den Verein Music S Women* e.V. Das S steht für Sachsen. Ein Ableger von Music Women* Germany, einem bundesweiten Dachverband »aller Musikfrauen*«.

Für Journalist*innen ist Hommel im Sommer 2023 deswegen eine gefragte Gesprächspartnerin zu Fragen der Geschlechtergerechtigkeit in der Musikindustrie. Sie ist auch eine der wenigen, die in dieser Zeit immer wieder Interviews gibt. Sie habe das als ihre Aufgabe angesehen, erklärt sie uns später. Schließlich sei sie nicht mehr abhängig von der Branche und müsse keine Angst mehr haben, ihre Existenz zu gefährden.

»Ich kann nicht in einer Branche und für eine Branche arbeiten, die so was duldet, die solche Strukturen fördert und nicht bekämpfen will«, sagt sie an einem heißen Tag Mitte Juli. Hommel ist aus ihrem Büro in Leipzig in ein Studio am Holzmarkt in Berlin geschaltet, als Gast bei *Show Down – Der Feierkultur Podcast*. Hosts sind Leonie Gerner, DJ und Moderatorin, und Julian Krohn, der die Musikabteilung bei der Werbeagentur Scholz & Friends leitet. Krohn sagt, auch er habe das Gefühl: »So, das ist jetzt der Moment. Jetzt kommt alles auf den Tisch.« Und Leonie Gerner fragt: »Wie krass tief geht eigentlich dieser Eisberg, wo man nur die Spitze oben sieht?« und »Wo mache ich mich eigentlich auch zur Mittäterin oder zum Mittäter in dem Moment, wo ich nichts sage?«

Wie Hommel, Gerner und Krohn stellen sich zahlreiche Musikschaffende in dieser Zeit ähnliche Fragen. Sie machen sich Gedanken über ihre eigene Rolle und darüber, wie es nach den Berichten über Rammstein weitergeht. Viele derjenigen, mit denen wir für dieses Buch *on* und *off the record* sprechen, halten die Diskussion über die Vorwürfe gegen Till Lindemann für einen #MeToo-Moment der deutschen Musikindustrie. Für einen Moment, der verkrustete Strukturen aufbrechen könnte – so wie die Enthüllungen über Harvey Weinstein 2017 die Filmbranche in den USA verändert haben. Für sie ist die Debatte eine Art Schlüssel, um die Tür zu den dahinterstehenden strukturellen Problemen in der Musikindustrie zu öffnen, über die sie sprechen wollen. »Skandale dienen dazu, auf Grundsätzliches aufmerksam zu machen«, sagt uns etwa Katja Lucker, zu diesem Zeitpunkt noch Geschäftsführerin vom Musicboard Berlin, einer Einrichtung für Popmusikförderung. Die Musikjournalistin Miriam Davoudvandi erzählt uns einige Wochen später, sie trage so etwas wie ein »revolutionäres Moment« in sich. »Durch Rammstein ist es endlich so groß geworden, dass es jeder checkt, dass es ein Problem gibt. Ich habe seit Jahren das erste Mal das Gefühl, es tut sich was.« Die Diskussion über Machtverhältnisse in der Rock- und Popmusik sei prinzipiell eine wichtige, dürfe aber nicht anhand einer Person – also Till Lindemann – geführt werden, sondern müsse die ganze Szene und ihre Strukturen in den Blick nehmen, sagt uns Tim Renner, Ex-CEO der Universal Music Group in Deutschland und ehemaliger Kulturstaatssekretär Berlins. »Nur in der ganzen Breite der Musikindustrie kann das Problem diskutiert und gelöst werden.« Und ein langjähriger Musikmanager, der anonym bleiben will, erklärt im Gespräch mit uns, er führe seitdem intensive Gespräche mit vielen Kolleg*innen. Er möchte die Branche von innen heraus verändern. Lange genug habe er für Firmen gearbeitet, die begünstigten, »dass Leute sich einfach schweinisch benehmen«.

Aus dem Hashtag #MeToo, den die Aktivistin Tarana Burke 2006 erstmals bei MySpace als Kampagnenslogan nutzte, um Schwarzen Frauen bewusst zu machen, dass sie mit Erfahrungen sexualisierter Gewalt nicht allein sind, wurde nach den Enthüllungen über Harvey Weinstein bekanntlich eine weltweite Bewegung.

Seitdem hat sich in der Filmindustrie in den USA viel getan: Branchenverbände, darunter die bedeutende Academy of Motion Picture Arts and Sciences, die die Oscars vergibt, haben spürbare Maßnahmen gegen sexuelle Übergriffe und Belästigung im Filmgeschäft ergriffen. Unter dem Namen »Time's Up« gründeten Schauspielerinnen und Produzentinnen aus Hollywood Anfang 2018 außerdem eine Lobbyorganisation, die Betroffene von sexualisierter Gewalt juristisch und psychologisch unterstützt.

Die Bewegung macht auch nicht vor der amerikanischen Musikindustrie halt. Bei der Verleihung der Grammy-Awards, der wichtigsten US-amerikanischen Musikpreise, richtet sich die Soulsänger*in Janelle Monáe im Januar 2018 mit einer kurzen Ansprache ans Publikum. Es passiere eben nicht nur in Hollywood, sagt Monáe auf der Bühne. Und sie habe zwei Wörter für all jene, die sie zum Schweigen bringen wollen: »Time's Up!«. Die Zeit sei abgelaufen für ungerechte Bezahlung und für Diskriminierung, für Belästigungen jeglicher Art und für den Missbrauch von Macht. Danach stimmt die Sängerin Kesha gemeinsam mit einem Chor weiblicher Stars – darunter Monáe, Cindy Lauper, Camila Cabello – ihren Song »Praying« an. Darin hat Kesha den mutmaßlichen Missbrauch durch ihren Produzenten verarbeitet. Ganz in Weiß gekleidet steht der Chor in Solidarität mit Kesha vor den Mächtigen der Branche.

Auch in Schweden wird die Musikindustrie aufgerüttelt. Im November 2017 wird in der Tageszeitung *Dagens Nyheter* ein offener Brief veröffentlicht, der von rund 2000 Menschen aus der dortigen Branche unterschrieben ist. Darunter sind Weltstars wie Robyn oder Zara Larsson, aber auch Mitarbeiter*innen der großen Plattenlabels und des Streamingdienstes Spotify, der in Schweden gegründet wurde. Der Brief beinhaltet anonyme Erfahrungsberichte von übergriffigem Verhalten und sexueller Gewalt bis hin zur Vergewaltigung. Die Berichte »zeigen Dinge, die jeden Tag passieren«, schreiben die Autor*innen.

In Großbritannien erreicht das Thema sogar die Politik: Das britische Unterhaus hat seit Oktober 2022 »Misogynie in der Musikbranche« untersucht. Ein Jahr lang haben Abgeordnete Vertreter*innen der Branche befragt und mutmaßlich Betroffene sowie Expert*innen angehört. Die Ende Januar 2024 veröffentlichten Ergebnisse sind erschreckend: Auf allen Ebenen der Industrie würden Frauen Nachteile erfahren, heißt es in dem Abschlussbericht. Die Abgeordneten prangern darin auch den weitverbreiteten Gebrauch von Verschwiegenheitserklärungen an, die Opfer sexuellen Missbrauchs mundtot machen würden. Und sie stellen fest: »Menschen in der Industrie, die zu Preisverleihungen und Partys gehen, sitzen momentan neben Tätern, die von dem System und Kolleg*innen geschützt werden.«

»Die #MeToo-Debatte ist eine globale Frage«, bringt es Janelle Monáe in einem Interview mit dem Autor Jens Balzer 2018 auf den Punkt. »Darum singe ich in meinem neuen Stück ›Django Jane‹: What's a wave, baby? This is a tsunami.«

Wird dieser Tsunami nun infolge der Debatte um Rammstein und Till Lindemann mit Verspätung auch die deutsche Musikbranche erfassen?

Dorf

Kunst und Kultur seien konstitutiv für eine freie Gesellschaft, schreibt unser Kollege Nils Minkmar in der *Süddeutschen Zeitung*, und gleichzeitig böten sie und das Showbusiness »perfekte Bedingungen, um Systeme zu errichten, in denen kriminelles Verhalten straffrei passieren kann«. Der Artikel erscheint anlässlich der Vorwürfe gegen Till Lindemann, aber Minkmar betont, dass diese Branche nicht zum ersten Mal im Fokus stehe, und verweist auf eine Schattenwelt abseits des Scheinwerferlichts, das auf ihre Protagonisten gerichtet sei. Abseits der progressiven Inszenierung also, in der die Musikwelt das Narrativ bedient, divers und queer zu sein, glitzernd, gleichberechtigt und exzessiv. Wo Träume erschaffen und verkauft werden. Oder wie Tim Renner einmal schreibt: »In Plastik gegossene Revolution«. Bei unserer Recherche in dieser Schattenwelt begegnet uns jedenfalls nur wenig von dieser sozialkritischen Romantik.

Stattdessen stoßen wir auf eine Industrie mit großen Abhängigkeiten: Branchenverbände sprechen von einem »komplexen und miteinander verwobenen ›Ökosystem‹ der Musikwirtschaft«, andere von »einem Dorf«, in dem man sich immer wieder begegnet, oder einem »Buddy-Business«. »Jeder kennt jeden mindestens über eine Ecke«, sagt auch Fabian Schuetze, ein Indie-Musik-Manager und Betreiber eines der meistgelesenen Branchen-Newsletter, im Gespräch mit uns. Die Musikindustrie baue »ganz viel auf Vitamin B auf, viel stärker als andere Branchen«. Dadurch gebe es »schon viel Angst, über Missstände zu sprechen«. Hinzu kämen vielfach prekäre Arbeitsverhältnisse, mangelnde Planbarkeit und Sicherheit.

Gleichzeitig gibt es kaum eine Branche, in der wenige so gottgleich verehrt werden wie die Künstler*innen in der Musikindustrie. Und mit diesen Menschen lässt sich heute so viel Geld verdienen wie kaum je zuvor: Die Musikindustrie ist der zweitwichtigste Medienzweig in Deutschland nach dem Fernsehgeschäft. Eine Multi-Millionen-Industrie. Besonders nachdem die Industrie jahrzehntelange Transformationsprozesse durchlaufen hat – von Platten zu CDs, die den Plattenfirmen goldene Zeiten bescherten, bis zu einem Einbruch der Umsätze, als zeitweilig fast alles umsonst und illegal im Internet zum Download zur Verfügung stand. Einige Jahre später einigten sich die Plattenfirmen dann mit Spotify und Co. auf lukrative Streamingdeals. Drei Viertel der Umsätze kommen heute aus diesem digitalen Segment. 2022 lag der weltweite Umsatz der Industrie bei 26,2 Milliarden Dollar.

Die Rekordumsätze und die Marktmacht konzentrieren sich jedoch auf wenige Unternehmen: Die Universal Music Group ist mit mehr als dreißig Prozent Marktanteil global die größte Plattenfirma, zusammen mit Sony Music Entertainment und Warner Music Group deckt sie siebzig Prozent des Weltmarkts ab. Unabhängige oder sich selbst vermarktende Künstler*innen teilen sich den Rest.

Das Streaming hat den Plattenfirmen nie dagewesene Gewinnmargen verschafft. Die meisten Künstler*innen bekommen allerdings nur wenig davon ab, und die Verteilung ist obendrein extrem ungleich: Weniger als ein Prozent der Künstler*innen verdient neunzig Prozent des Geldes. Große Stars wie Harry Styles, Taylor Swift und Ed Sheeran zum Beispiel. Die restlichen zehn Prozent werden an alle anderen ausgeschüttet. Die Beträge sind dementsprechend zum Teil sehr überschaubar. Selbst bekannte deutsche Musiker*innen wie Rocko Schamoni und Jennifer Weist oder der Rapper Maeckes können nach eigener Aussage von den Streams ihrer Musik nicht leben.

Und dennoch kommen Künstler*innen kaum an diesen Diensten vorbei, allein schon wegen der Auffindbarkeit. Vor dem Streaming waren es laut Fabian Schuetze die Labels und ein paar Hundert Radio- und TV-Redaktionen in Deutschland, die Einfluss darauf hatten, was gespielt wird. Die Abhängigkeit habe sich aber mittlerweile stark fragmentiert. »Heute«, so Schuetze, »sind es wenige Playlist-Kuratoren und vor allem: ein Algorithmus.«

So mächtig ist dieser Algorithmus, dass sich die Popmusik zunehmend danach ausrichtet, was in die Playlists der Streamingdienste passt. Schuetze sagt, dass Gleichförmigkeit belohnt werde: Lange

Intros fallen weg, die Songs beginnen mit Refrains, sie müssen also schnell zu erfassen sein. Früher habe das Radio die Länge beeinflusst. Heute mache es Spotify. Nur wenige Songs sind noch länger als zwei Minuten, weil Spotify ohnehin nur die ersten dreißig Sekunden honoriert. Wer mehr kürzere Songs produziert, verdient mehr.

Außerdem ist eine der wichtigsten Abspielflächen für Musikschaffende gar keine Musikapp, sondern eine App für kurze Videos: TikTok. Und diese hat ebenfalls enorme Kraft: Wenn auf TikTok etwas viral geht, dann hat das direkte Auswirkungen auf den Erfolg des Songs auf Streamingdiensten. »Und dann dreht man halt TikTok-Content, für den TikTok-Algorithmus. Das hat mit künstlerischen Entscheidungen kaum mehr etwas zu tun«, sagt Schuetze. Den Druck, ständig auch auf Social Media liefern zu müssen, empfinden viele Künstler*innen als sehr ermüdend.

Auch das Livesegment wird von wenigen Playern dominiert: Die beiden börsennotierten Unternehmen CTS Eventim aus Deutschland und der US-Konzern Live Nation teilen sich den Markt größtenteils auf. Zum Ticketverkäufer CTS Eventim gehören mittlerweile Veranstalter von Konzerten, Veranstaltungsorte wie die Lanxess Arena in Köln und die Waldbühne Berlin, Bookingagenturen und sogar Riesenevents wie die beiden großen deutschen Festivals »Rock am Ring« und »Rock im Park«. Zu Live Nation gehören wiederum Festivals wie das Lollapalooza Berlin, das Melt oder das Openair Frauenfeld in der Schweiz. CTS Eventim steht aufgrund seiner enormen Marktmacht nicht nur bei Verbraucherschützern in der Kritik, auch das Bundeskartellamt hatte das Unternehmen schon im Visier. Die kleineren, unabhängigen Festivals, die es in Deutschland gibt, arbeiten dagegen oft unter prekären Bedingungen.

Als wir im Sommer 2023 mit unserer Recherche beginnen, merken wir schnell, wie schwierig es ist, in dieser eng vernetzten Musikindustrie Menschen zum Reden zu bringen. Freischaffende sind auf Aufträge angewiesen, manche haben Schweigepflichtserklärungen unterschrieben, andere haben Angst vor möglichen juristischen Schwierigkeiten – und davor, nach einem Gespräch mit uns keinen Job mehr zu bekommen.

Doch da sind auch diejenigen, die sich von sich aus bei uns melden. Schon kurz nach den ersten Veröffentlichungen über das Castingsystem von Lindemann in der *Süddeutschen Zeitung* und beim *NDR* erreichen uns Nachrichten von Frauen aus der Branche, die uns ihre Erfahrungen abseits der Show schildern wollen.

Am Ende werden es sehr viele Menschen sein, mit denen wir uns treffen. Die Gespräche werden uns ins Berliner Olympiastadion, in die »Große Freiheit« in Hamburg, in Tonstudios, zu Plattenfirmen, auf Industrie-Events und Festivals führen. Wir werden Expert*innen wie Susann Hommel wiederbegegnen, dem Ex-Universal CEO Tim Renner und der Musikjournalistin Miriam Davoudvandi.

Beginnen müssen wir jedoch dort, wo die Figur des Rockstars überhaupt erst geprägt wurde: in den 1960ern und 1970ern, bei Sex, Drugs and Rock 'n' Roll. Und bei den Groupies.

PART 4
Revolution

Es ist 1966, Pamela Ann Miller ist sechzehn Jahre alt. Eigentlich muss sie noch ihre Highschool abschließen, aber das Mädchen aus dem San Fernando Valley verbringt die Zeit viel lieber auf dem Sunset Strip, der Ausgehmeile in Downtown Los Angeles. Die glitzernde Welt fasziniert sie, genauso wie die Musik. Wie viele andere liebt sie die Beatles und die Rolling Stones. Die erste einheimische Gruppe, für die sie sich begeistert, ist die Folkband The Byrds. Miller ist noch zu jung, um in den Club zu gehen, in dem sie spielen, daher lungert sie vor dem Künstlereingang herum in der Hoffnung, mit der Band in Kontakt zu kommen.

Was bei den Byrds nicht gelingt, klappt schließlich bei anderen Musikern: Kurz darauf trifft Miller auf die Gruppe Iron Butterfly aus San Diego. Wie sie – unter ihrem heutigen Nachnamen Des Barres – in ihrer 1987 erschienenen Autobiografie *Light My Fire. Bekenntnisse eines Groupies* (Originaltitel: *I'm With the Band*) schreibt, kommt es zum Oralsex. Sie habe ihnen damit nur zeigen wollen, wie sehr sie ihre Musik zu schätzen weiß. »Ich verschmolz mit ihrer Musik (…) und schlussendlich mit allen Mitgliedern der Gruppe, ausgenommen dem Bassisten – er war einfach nicht mein Typ.« Die junge Miller wird Stammgast in der Szene. Sie fängt an, Drogen zu nehmen, trifft zufällig Jim Morrison und knutscht einen Abend mit ihm herum. »Rock-'n'-Roll-Gruppen waren einfach mein Leben«, erklärt sie. Sie schließt sich mit anderen Frauen zusammen, die es wie sie auf Musiker abgesehen haben. Gemeinsam erstellen sie sogar Listen der Männer, denen sie nahekommen wollen. Miller verwahrt ihre Liste in einem kleinen goldenen Notizbuch mit losen Blättern in ihrer Handtasche. »Die

Nummer eins, in flammendem Rot, war Mick Jagger.« Schon bald wird sie ihn abhaken können, es folgen Affären mit weiteren Weltstars. Kurzzeitig steht auch eine eigene Musikkarriere im Raum: Frank Zappa will aus Miller und ihren Freundinnen eine Band namens GTO machen, die »Girl's together Outrageous«, die sich aber schnell wieder auflöst. »Meine Mom und mein Dad wollten wissen, was ich mit meinem Leben anzufangen gedenke. Wussten sie denn nicht, dass ich zu jenen gehörte, die sich inmitten einer Revolution befanden?«, schreibt DesBarres.

Rock 'n' Roll ist damals der größtmögliche Bruch mit der Enge und dem Mief der Nachkriegsjahre. Weit mehr als nur Musik, ist er eine Jugendbewegung, die die rigide Sexualmoral und die Geschlechterrollen der Zeit infrage stellt und auch Frauen Befreiung verspricht. Ein Phänomen, das in diesem Zusammenhang in den 1960er-Jahren zunächst in L. A. und dann in verschiedenen amerikanischen Großstädten entsteht, wird schließlich 1969 in einer Titelgeschichte des Musikmagazins *Rolling Stone* prominent beschrieben – eine Subkultur, die mit dem Artikel erstmals einen Namen bekommt: Groupies. Er steht für ebenjene junge Frauen, manchmal noch Mädchen, die sich Bands anbieten, mit ihnen auf Tour fahren und stets für sie verfügbar sind. Jimmy Page, Gründer und Gitarrist der britischen Rockband Led Zeppelin, wird in dem Artikel mit den Worten zitiert: »Groupies sind besser im Bett (…). Sie haben mehr Erfahrung und sind bereit zu experimentieren. Die Sache mit dem Sex ist wichtig, aber genauso wichtig sind Mädchen, die auch gute Freundinnen sind und dir das Gefühl geben, eine Familie zu sein.«

Die heute 75 Jahre alte Pamela Des Barres, geborene Miller, gilt als »Königin der Groupies«. Sie hat sechs Bücher veröffentlicht, in denen sie Details über ihre Begegnungen mit den ganz großen Stars und über deren Eigenheiten ausbreitet. Auch mit der Bezeichnung »Groupie« setzt sie sich darin auseinander, die sie zunächst nicht selbst für sich gewählt hat, aber heute mit Stolz trägt. Angeblich prangt das Wort sogar auf ihrem Nummernschild. In dem Buch *Im Bett mit den*

Rockgöttern schreibt sie, der Begriff werde meist abwertend und mit erhobenem Zeigefinger gebraucht. Sie hält nichts von dieser Abwertung, denn letztlich sei es ihr um Selbstverwirklichung gegangen und natürlich um die Musik: »Das verführerische Aufjaulen der E-Gitarre, das Wummern des Basses und die sinnlich gehauchten Versprechungen ließen mir das Herz in die Hose rutschen. (…) Ich wollte der Musik so nahe sein, dass ich sie schmecken konnte.«

Die sexuelle Revolution war damals in vollem Gange, und Pamela Des Barres war mittendrin. »Es ging um Liebe, Freiheit und Selbstverwirklichung, vor allem für Frauen. Ich habe meinen Feminismus und meine Weiblichkeit behauptet«, erklärt Des Barres im Sommer 2023 in einem Interview mit dem *ZDF*. Und ganz nebenbei war aus dem Mädchen aus dem Valley, das sich nach Paul McCartney sehnte, backstage »Miss Pamela« geworden, ein weltweit bekanntes Supergroupie. Auch in Deutschland gelangten einige Frauen auf diese Weise zu erheblichem Ruhm. Uschi Obermaier zum Beispiel. Die Münchnerin will sich selbst allerdings nie als Groupie verstanden haben, wie sie in einem Interview betont. »Ich fand nun mal Musiker gut, weil sie gesetzlose, kreative Männer sind. Der Rest hat sich zufällig ergeben.«

Heute würden Groupies mit »einem Zehn-Minuten-Quickie im Besenschrank« in Verbindung gebracht, sagt Des Barres in dem erwähnten *ZDF*-Interview. »So war es nicht für mich. Wir hatten Beziehungen. Wir haben uns aneinander auf jede erdenkliche Weise erfreut.« Unter anderem habe sie mit den Bandmitgliedern von Led Zeppelin in Secondhandläden eingekauft oder das Make-up von Alice Cooper entworfen. Sie wehrt sich dagegen, als Groupie darauf reduziert zu werden, Sex mit Rockstars zu haben – sie habe immer auch ihr Herz gegeben. Das unterscheide sie wesentlich von sogenannten »Star-Fuckers«, die es laut dem Artikel im *Rolling Stone* wirklich nur darauf angelegt hätten, die Stars ins Bett zu kriegen. »Ich war Teil der Szene«, sagt Des Barres. Eine Muse. Gegenüber dem *Guardian* erklärt sie einmal, Groupies hätten das Leben der Rockstars deutlich verbessert. »Ohne uns wären sie nicht das, was sie heute sind.«

Groupies spielten tatsächlich eine entscheidende Rolle in der Musikgeschichte, sagt uns die freie Musikjournalistin aus Berlin, Aida Baghernejad. Weil sie exklusiven Zugang zu den Bands hatten, verbreiteten sich über sie Details aus deren Privatleben, so wie Pamela Des Barres es in ihren Büchern getan hat. Was wiederum erheblich zum Mythos des wilden Rockstar-Lebens beitrug und zu dem Bild des unermüdlichen Sexgotts, das sich bis heute hält. »Sie waren das, was heute Influencerinnen sind – aber ohne den Instagram-Account«, meint Baghernejad. Auch Plattenfirmen erkannten das Marketingpotenzial der Groupies und ließen unbekanntere Bands mit ihnen ablichten. Weil diese Frauen als cool galten, strahlte das auf die Bands ab. Für Baghernejad sind Fans und Groupies daher ein wesentlicher Aspekt kultureller Produktion. »Diese Leistung wird oft übersehen«, erklärt sie.

In ihren autobiografischen Büchern schildert Des Barres die Zeit zwischen den Begegnungen mit den Rockstars allerdings auch als wenig glamourös: ein eher bescheidener Lifestyle und wochenlanges Warten, Hoffen und Sehnen nach den von ihr vergötterten Männern – insbesondere nach Jimmy Page, in den sie sich 1969 verliebt. Einmal lädt der Gründer und E-Gitarrist von Led Zeppelin sie ein, ihn auf Tour nach New York zu begleiten. In *Light My Fire* beschreibt sie, wie sie am Rand der Bühne steht, davor »achtzigtausend Led-Zeppelin-Besessene«, und stolz ist: »Tränen stiegen mir in die Augen bei dem Gedanken, daß es mir vergönnt war, ihm nach der Schau das triefend nasse Chiffonhemd auszuziehen.« Sie hofft, dass er sie heiraten und wie versprochen mit nach England nehmen wird. Doch dann lässt er sie plötzlich fallen.

Erst 1974 geht ihr Traum in Erfüllung: Sie trifft den britischen Rockstar Michael Des Barres von der Glitterrockband Silverhead. 1977 heiraten sie und bekommen einen Sohn. Bis auf die Enttäuschung mit Jimmy Page und die vielen Drogen bereue sie überhaupt nichts, sagt Pamela Des Barres 2018 in einem Interview mit *Big Issue*.

Als ihr erstes Buch nach dreißig Jahren 2018 neu aufgelegt wird, hat die #MeToo-Bewegung gerade Fahrt aufgenommen. Und auch Pamela Des Barres sieht ihre Geschichte damit konfrontiert. In einem Interview mit dem *Guardian* wehrt sie sich dagegen, dass ihre Erlebnisse mit denen von anderen Frauen vermischt werden. Die Dinge seien damals in Ordnung gewesen. Sie jedenfalls, darauf besteht Des Barres auch in dem Interview mit *Big Issue*, habe immer genau das gemacht, was sie wollte und mit wem sie wollte. »Ich bin nie verletzt worden.«

Bleibt die Frage, ob alle Groupies das Machtgefälle zwischen ihren Idolen und sich selbst so gut kontrollieren konnten, wie es – zumindest ihrer eigenen Aussage nach – Pamela Des Barres gelungen ist. Immerhin schildern sogar etliche Rockstars in Biografien oder Interviews grenzwertige Situationen, wie der *Tagesspiegel* 2023 zusammentrug: Axl Rose von den Guns N' Roses zum Beispiel soll seinem Bandkollegen Slash zufolge 1989 in Chicago einmal ausgerastet sein, als zwei Mädchen zwar bereit waren, mit ihm und einigen Band- und Crewmitgliedern Oralverkehr zu haben, sich jedoch weigerten, mit ihnen zu schlafen. »Er warf die beiden rasend vor Wut hinaus, dass einem angst und bange werden konnte«, schreibt Slash in seiner 2007 erschienenen Biografie. Und der britische Rockmusiker Billy Idol räumt in seiner Biografie von 2014 ein, dass er in Rochester, New York, wegen »sexuell abweichenden Verhaltens« angeklagt worden sei. »In diesem Fall hatte ich ein Mädchen aus meinem Hotelzimmer hinausbefördern wollen und ihr gesagt, sie dürfe nur bleiben, wenn sie es mit dem anderen anwesenden Mädel treiben würde, das schlichtweg jünger war und besser aussah.« Frank Zappa widmete den »Crew Sluts«, den Crew-Schlampen, sogar einen gleichnamigen Song, in dem Groupies der Entourage von Rockbands Blowjobs geben, um gratis backstage zu kommen. Und in Pamela Des Barres' Büchern finden sich ebenfalls entsprechende Stellen: In *Im Bett mit den Rockgöttern*, das aus Interviews mit anderen Groupies besteht, erzählt eine von ihnen, dass sie als Sechzehnjährige von Jimmy Page fast vergewaltigt worden sei. »Er tat mir nicht weh, aber er war sehr beharrlich und wollte einfach nicht aufhören, obwohl ich ›Stopp‹ gesagt hatte!« Sie habe sich gerade so halbnackt auf den Hotelflur retten können.

Es sind Äußerungen und Textzeilen wie diese, die in den Blick geraten, als mit dem Aufkommen der #MeToo-Bewegung der manchmal schmale Grat zwischen sexueller Selbstbestimmung und Machtmissbrauch auch in der Musikwelt neu vermessen wird. Keine andere Gruppe steht dabei so im Fokus wie die sogenannten Baby Groupies: minderjährige Mädchen, die Anfang der 1970er-Jahre auf dem Sunset Strip auftauchen, wie Pamela Des Barres einige Jahre zuvor. Mit dem Unterschied, dass einige von ihnen nicht einmal vierzehn Jahre alt sind.

Die zwei bekanntesten damaligen Baby Groupies sind Lori Mattix und Sable Starr. Die mittlerweile verstorbene Starr galt als Anführerin der Gruppe, die Des Barres einmal als »Mädcheninvasion« bezeichnet. Starr will mit vielen Musikern Sex gehabt haben, unter anderem mit dem »Godfather of Punk«, Iggy Pop, da war sie angeblich fünfzehn Jahre alt. Der wiederum besang Starr in seinem Lied »Look Away« von 1996: »I slept with Sable when she was 13. / Her parents were too rich to do anything.«

In einem viel beachteten Interview mit der Medien-Website *Thrillist* aus dem Jahr 2015 erzählt Lori Mattix, Starr habe dafür gelebt, mit Stars zu schlafen, und sie, Mattix, habe sie dafür verehrt. Sie selbst habe mit bekannten Musikern wie Mick Jagger Sex gehabt – und sei von David Bowie im Alter von vierzehn Jahren entjungfert worden. Die Begegnungen seien stets einvernehmlich gewesen. Mit Jimmy Page habe sie eine längere Beziehung geführt. »Ich war Jimmys kleiner Engel«, sagt Mattix in dem Interview.

Nicht nur Iggy Pop hat über Sex mit Minderjährigen gesungen, auch die Rolling Stones haben es getan, etwa in »Stray Cat Blues«, eindeutig in dem Bewusstsein, dass so etwas illegal ist, aber eben auch kein »capital crime«, kein Kapitaldelikt. Elvis Presley lernte bekanntlich seine spätere Frau Priscilla kennen, als diese erst vierzehn Jahre alt war. Pamela Des Barres fragt sich in ihrem Buch *Im Bett mit den Rockgöttern*: »Wie kam es, dass sich Lori Mattix in solch zartem Alter auf dem Sunset Strip herumtrieb? Wo war ihre Mutter, als sie das Haus mit zwölf Zentimeter hohen Absätzen, knappen glänzenden Oberteilen und so kurzen Höschen verließ, dass sie mit bloßem Blick gar nicht als solche zu erkennen waren?« Mattix selbst erklärt Des Barres in einem Gespräch, das sich in Auszügen in dem Buch findet, ihre Mutter habe ihre vier Töchter alleine großgezogen und abends gekellnert, sodass sie, Lori, sich heimlich habe rausschleichen können. Als sie mit Jimmy Page zusammengekommen sei, habe der ihre Mutter sogar um Erlaubnis gefragt. »Ich glaube«, erzählt sie Des Barres, »weil sie noch drei andere Töchter hatte, die in Schwierigkeiten steckten, kam ihr mein wildes Leben harmlos vor. Meine Schwestern wurden wegen schweren Autodiebstahls verhaftet, und ich traf mich mit einem Rockstar. So schlimm war das nicht.« Gegenüber *Thrillist* erzählt Mattix später, ihre Mutter habe sich sogar gefreut, dass ihre Tochter nun eine »Priscilla« sei.

Etliche Fotos aus der Zeit zeigen Mattix mit großen dunklen Augen und braunen Locken oder die blonde Sable Starr sowie ihre Freundinnen vom Sunset Strip in aufreizenden Posen. Oftmals haben sie statt eines Tops nur Schals um den Oberkörper gewickelt. Bisweilen sind bekannte Musiker mit auf dem Bild. Eine solche Fotostrecke findet sich auch in einer Ausgabe des Teenie-Magazins *Star* von 1973, dazu ein Interview mit Sable Starr und einer Freundin. Starr ist zu diesem Zeitpunkt fünfzehn. Wie sie in Kontakt mit den Musikern kämen, werden sie gefragt. Ihre Antwort: »Wir hängen mit den Leuten von den Plattenfirmen, den Konzertsälen oder den Agenten der Bands ab. Du kannst nicht von ihrer Seite weichen, denn du weißt nie, was sie noch für dich tun könnten. Auch wenn der Typ 120 Jahre alt ist, musst du bereit sein, ihm mal ein Küsschen zu geben, weil er dir einen guten Kontakt verschaffen könnte.«

Der einflussreiche Radiomoderator Rodney Bingenheimer ist damals so ein »Typ«. Er wird als »Bürgermeister des Sunset Strip« bezeichnet, in den 1970er-Jahren betreibt er Rodney Bingenheimer's English Disco, einen der Clubs, in die Weltstars wie Elvis Presley, Keith Moon und David Bowie kommen, sobald sie in der Stadt sind.

Die English Disco ist allerdings auch bekannt dafür, dass sich dort Minderjährige tummeln, darunter Sable Starr und Lori Mattix. Oder Kari Krome, die sich in einem Dokumentarfilm an den Club erinnert: »Es gab dort diesen kleinen Dancefloor (...), und die Männer saßen drum herum und zeigten auf die Mädchen, diese, diese und diese.« Die Mädchen, so Krome, hätten oben ohne getanzt, die Männer hätten ihnen einfach an die Brüste gegriffen.

Krome schildert dem Magazin *Rolling Stone*, dass die Musikszene sie, ein Mädchen aus zerrüttetem Elternhaus, wie magisch angezogen habe. Rodney Bingenheimers Club sei wie ein »Märchenland« für sie gewesen. Sie habe gehofft, als Songwriterin arbeiten zu können. Sie gibt allerdings zu: »Ich war eigentlich fehl am Platz. Mir ging es um die Kreativität. Ich war nicht an Männern interessiert, ich war zu jung.«

Ausführlich erzählt Kari Krome ihre Geschichte in dem 2021 veröffentlichten Dokumentarfilm *Look Away*. Der Film ist das Regiedebüt von Sophie Cunningham. Die Fünfunddreißigjährige hat davor zehn Jahre lang als Produzentin im Dokumentarfilmbereich gearbeitet. In einem Videocall Anfang Februar 2024 sprechen wir mit ihr über *Look Away*, benannt nach dem Iggy-Pop-Song über Sable Starr. »Als wir angefangen haben zu recherchieren«, erklärt uns Cunningham, »hatten eine Reihe von Branchen schon ihren #MeToo-Moment. Aber die Musikindustrie hatte sich noch niemand wirklich angesehen.« Einige Rockstars hätten ihr teils grenzverletzendes Verhalten in Songtexten und in ihren Biografien zwar schon seit Jahrzehnten unumwunden offengelegt, »aber das wurde akzeptiert, und niemand hat das hinterfragt. Wie ein offenes Geheimnis.« Sie habe mit ihrem Film die Perspektive der Frauen abbilden wollen – denn im Gegensatz zu den Männern habe man von den Frauen bis zu diesem Zeitpunkt sehr wenig gehört. »Viele hatten auch einfach eine tolle Zeit«, meint Cunningham. »Und selbst einige von denen, die gemischte Erfahrungen gemacht haben, sind dadurch nicht zwangsläufig traumatisiert. Für Einzelne spielt diese Zeit auch überhaupt keine Rolle mehr in ihrem Leben. Andere wiederum hatten Sex mit Rockstars und sagen rückblickend, dass es nicht wirklich einvernehmlich war. Und genau deswegen müssen wir den Frauen zuhören. Man kann die Erfahrungen aus dieser Ära nicht einfach alle in eine Schublade stecken.«

Vier mutmaßlich von sexuellen Übergriffen und Vergewaltigungen betroffene Frauen kommen in Cunninghams Film ausführlich zu Wort. Eine von ihnen ist die schon erwähnte Kari Krome. Sie berichtet von dem Risiko, dem sich Teenager ihrer Meinung nach auf dem Sunset Strip ständig ausgesetzt gesehen hätten. Sie selbst sei einmal an einem Nachmittag in Bingenheimer's English Disco von einem Barmann aus heiterem Himmel gepackt und vergewaltigt worden. »Danach hat er mir eine Cola angeboten. Er hat so getan, als wäre das kein großes Ding gewesen, und ich, die gerade versuchte, das zu verarbeiten, dachte dann auch, vielleicht ist es kein großes Ding.«

Rodney Bingenheimer stellt Krome dem Musikmanager Kim Fowley vor, der ihr an ihrem vierzehnten Geburtstag einen Vertrag als Songwriterin vorlegt. Sie beginnt Lieder für eine weibliche Teenie-Rockband namens Runaways zu schreiben, die Fowley gerade aufbaut. Zur Band gehört auch die damals sechzehnjährige Bassistin Jackie Fuchs, in Aufnahmen von den damaligen Auftritten steht sie lässig auf der Bühne, in glitzerndem Einteiler mit schulterlangen Haaren und Pony. »Ich wollte unbedingt in einer Band spielen«, sagt sie in Cunninghams Film rückblickend. 1975 beginnen die Mädchen mit Fowley zu proben, am Silvesterabend treten sie in einem kleinen Club außerhalb der Stadt auf. Für Jackie Fuchs geht damit zunächst ein Traum in Erfüllung.

Der Auftritt wird mit Fans und Freundinnen in einem Motel gefeiert, auch Krome ist dort. Doch der Abend nimmt einen dramatisch anderen Verlauf: Fuchs sagt, sie sei dort unter Drogen gesetzt und von Kim Fowley, ihrem Manager, vergewaltigt worden – vor den Augen der anderen Bandmitglieder, die offenbar zu eingeschüchtert waren, um einzuschreiten. Kari Krome bezeugt die Szene: Fowley habe daraus so etwas wie eine Performance gemacht. Und Jackie Fuchs »sei wie tot gewesen«. Ihre Arme hätten einfach runtergehangen. Ein weiteres Bandmitglied bestätigt die Aussagen der beiden Frauen.

Fast fünfzig Jahre später, Ende 2022, reicht Kari Krome in Kalifornien eine Zivilklage ein, in der sie darlegt, damals ebenfalls sexuelle Übergriffe durch Fowley, aber auch durch Rodney Bingenheimer erlebt zu haben. Möglich ist die Klage dank der Assembly Bill 218, einer Gesetzesänderung, die die Verjährungsfristen für sexuellen Missbrauch in Kalifornien für einen Zeitraum von drei Jahren aussetzt. Innerhalb dieses Zeitfensters können Menschen, die als Kinder oder Jugendliche sexuellen Missbrauch erlebt haben, nun gegen die mutmaßlichen Täter zivilrechtlich vorgehen, egal wann die angeblichen Taten begangen worden sein sollen. Jahrelang hatten Missbrauchsopfer der katholischen Kirche sich für eine solche Gesetzesänderung eingesetzt, weil viele der mutmaßlich Betroffenen erst nach Jahrzehnten die Kraft finden, darüber zu sprechen oder rechtliche Schritte einzuleiten. Auch in verschiedenen anderen Bundesstaaten der USA werden ähnliche Regelungen eingeführt.

Kari Krome erklärt gegenüber dem *Rolling Stone*, schon lange vorher über die sexuellen Übergriffe gesprochen zu haben, »es hat nur niemanden interessiert«. Die Zeit und die Szene von damals würden immer noch glorifiziert.

Julia Misley

Neben Krome und etlichen anderen nutzt auch Julia Misley die durch die Assembly Bill 218 geschaffene Gelegenheit und entscheidet sich nur wenige Tage vor Ablauf der Frist Ende 2022, eine Zivilklage einzureichen. Misley ist heute Mitte sechzig und lebt in Texas. Vor vierzig Jahren zum Katholizismus konvertiert, setzt sie sich heute gegen Abtreibungen ein. Kaum etwas an ihrem Leben als Mutter von sieben Kindern erinnert an den Teenager, der sich mit einem der größten Rockstars aller Zeiten einließ: Steven Tyler, dem exzentrischen Sänger der Band Aerosmith.

Auch Julia Misley, die damals Julia Holcomb hieß, schildert ihre Geschichte im Dokumentarfilm *Look Away*, obwohl sie dies eigentlich nie vorgehabt habe, wie sie sagt. »Ich hatte meinen Kindern nichts über Steven Tyler erzählt, und ich wollte das von ihnen weghalten, es sollte ihre Welt nicht berühren.« Doch dann ist es Tyler selbst, der Details über die fast dreijährige Beziehung zwischen ihm und der jungen Julia verrät. 2011 schreibt der Sänger in seinem Memoir *Does the Noise in My Head Bother You?*, er habe damals fast eine Teeniebraut geheiratet. Ihre Eltern seien in ihn verliebt gewesen und hätten ihm die Vormundschaft über das Mädchen gegeben, damit sie ihn außerhalb des Bundesstaats auf Tour begleiten konnte: »Mein böses Ich war 26 und sie kaum alt genug, um Auto zu fahren. Da verliebte ich mich Hals über Kopf. Sie war ein niedlicher, dürrer kleiner Wildfang, verkleidet als Little Bo Peep (eine amerikanische Kinderbuchfigur). Sie war mein Herzenswunsch, meine Komplizin der Leidenschaft«, heißt es darin. Tyler benutzt für das Mädchen zwar ein Pseudonym, doch ein Boulevardmagazin greift die Geschichte über Tylers »Teen-Lover« auf, mit einem Foto der jungen Julia auf dem Cover, das wiederum Julia Misleys ältester Sohn am Kiosk entdeckt. Misley fühlt sich genötigt, sich dazu zu äußern, und veröffentlicht einen längeren Artikel auf einer Pro-Life-Website. Darin beschreibt sie, wie sie 1973 – gerade sechzehnjährig – überhaupt dazu gekommen ist, in Portland, Oregon, in der Backstage des Aerosmith-Konzerts zu landen. Sie berichtet von ihrer von einem Autounfall traumatisierten Familie, bei dem ihr jüngerer Bruder zwei Jahre zuvor getötet worden sei. Danach seien sie und ihre Schwester rebellisch geworden, hätten mit Freunden abgehangen, die Drogen nahmen. Misley will damals eine Frau kennengelernt haben, die Zugang zu Backstage-Partys hatte und die sie, den Teenager, als Köder für Rockstars benutzen wollte.

Julia Misley schildert den Abend selbst ausführlich in dem Dokumentarfilm *Look Away*: Die Frau sei mit ihr in einen Secondhandladen gegangen und habe sie für das Konzert zurechtgemacht. »Ich sah aus wie eine Lolita.« Von Steven Tyler sei sie damals fasziniert gewesen, sie habe sich sehr gewünscht, ihn zu treffen. Nach dem Konzert seien sie sich tatsächlich begegnet. »Als wir uns trafen, passierte etwas«, sagt Misley. »Wir konnten die Blicke nicht mehr voneinander abwenden.«

Auch in der Klageschrift, die Misley fast fünfzig Jahre später beim

Superior Court of the State of California einreicht, finden sich Details: Noch in derselben Nacht habe er die junge Julia mit in sein Hotelzimmer genommen und mit ihr Sex gehabt. Am nächsten Morgen habe er sie mit einem Taxi nach Hause geschickt. Er habe sie nach Seattle einfliegen lassen, wo die Band das nächste Konzert spielte, und sie danach immer wieder angerufen und sie gebeten, ihn wieder zu besuchen. Tyler soll ihr gesagt haben, dass er ein Lied für sie aufgenommen habe und es ihr gerne vorsingen würde. Immer wieder habe er Treffen arrangiert und Julia letztlich zu sich nach Boston geholt. Zu dieser Zeit habe sie gedacht, er sei das Beste in ihrem Leben. In *Look Away* sagt Misley dazu: »Am Anfang fand ich es großartig, mit einem sechsundzwanzigjährigen Rock-'n'-Roll-Sänger zusammen zu sein (...) Es gab Drogen und Alkohol. Es schien, als würde das Gesetz nicht für uns gelten, wir standen über allem.« 1974 schlägt Tyler ihrer Mutter vor, ihm die Vormundschaft über sie zu überschreiben, damit er legal mit ihr auf Tour gehen kann. »Meine Mutter hatte wohl das Gefühl, mich ohnehin nicht mehr kontrollieren zu können, oder sie dachte, dass wir heiraten würden«, erklärt Misley. Ihre Mutter habe darüber nie wirklich mit ihr gesprochen. Steven Tyler habe ihr irgendwann mitgeteilt, dass sie jetzt sein Mündel sei. Sie bricht die Schule ab und tourt durchgehend mit der Band. »Ich hatte das Gefühl, da ist ein Mensch, der von allen geliebt und bewundert wird. Und er liebt mich. Dann wird schon alles okay sein.« Doch wenn sie heute zurückblicke, sei sie total von Tyler abhängig gewesen. »Wir waren nicht verheiratet, und er war so etwas wie eine Vaterfigur. Gleichzeitig hatten wir eine Beziehung (...). Er konnte quasi über mich bestimmen.«

1975 wird die junge Julia schwanger. Zunächst soll Tyler sich gefreut haben und ihr versprochen haben, sie zu heiraten. Doch die Hochzeit scheitert angeblich am Veto seiner Großmutter. In der Klageschrift heißt es, Tyler habe Julia daraufhin verboten, ärztliche Hilfe aufzusuchen, angeblich aus Sorge, er könnte juristische Probleme bekommen, wenn klar würde, dass er sein Mündel geschwängert hatte. Julia sei von da an alleine in Tylers Wohnung geblieben, während die Band weiter auf Tour ging. Als ein Feuer in dem Haus ausbricht, wird sie schwer verletzt. Obwohl ihr im Krankenhaus mitgeteilt worden sei, das Baby in ihrem Bauch sei unversehrt, habe Tyler von ihr eine Abtreibung verlangt. Die junge Frau wehrt sich dagegen, sie habe das Baby behalten wollen. Aber sie kann sich angeblich nicht gegen Tyler durchsetzen. »Das war«, wie sie in *Look Away* sagt, »der einzige Moment in meinem Leben, in dem ich mich wirklich machtlos gefühlt habe (…) Er hatte alles vorbereitet.« Steven Tyler sei bei ihr gewesen, als die Abtreibung vorgenommen wurde, und habe ihr danach nicht mehr richtig in die Augen sehen können. Einige Monate später sei sie von seinen Anwälten darüber informiert worden, dass sie wieder nach Hause zurückkehren solle. Sie hätten sie in eine Taxi gesetzt und zum Flughafen gebracht. Von Steven Tyler habe sie sich nicht einmal mehr verabschiedet.

Dessen Anwälte weisen die Vorwürfe zurück und argumentieren, Misley habe der sexuellen Beziehung zugestimmt, Tyler jedoch habe Immunität als ihr Vormund zu der Zeit, aus der die Vorwürfe stammen. Sie verlangen, die Klage vollumfänglich fallen zu lassen. Auf unsere Anfrage hat seine Anwältin nicht reagiert.

Sophie Cunningham, die Regisseurin von *Look Away*, will ihren Dokumentarfilm nicht als reine Abrechnung mit den 1970ern verstanden wissen. Natürlich habe sie Übergriffe von Rockstars thematisieren wollen. Gleichzeitig sei es ihr aber auch darum gegangen, die Ära, die den Mythos Sex, Drugs and Rock 'n' Roll und unsere Bilder vom superpotenten Rockstar bis heute prägt, mit einer anderen Brille zu betrachten. So wie Lori Mattix es tut, das ehemalige Baby Groupie. Ihre Sicht auf damals verändere sich dadurch, dass sie älter und zynischer werde, erklärt Mattix 2018 dem *Guardian*. Heute sei das etwas, was sie »niemandem für seine Tochter« wünschen würde. »Aber ehrlich gesagt, hatte ich eine wirklich gute Zeit.«

Die Zurschaustellung von Virilität scheint bis heute Teil der Inszenierung großer Rock-Ikonen zu sein – egal welchen Alters. Noch immer wird sie in den Medien reproduziert – und offenbar von Fans erwartet. Zum Beispiel Mick Jagger und Keith Richards: Tausende Sexualpartnerinnen werden ihnen nachgesagt. Wer sich dafür interessiert, kann sich auf Gossip-Portalen sogar Klickstrecken der Best-ofs ihrer angeblichen Verflossenen anschauen.

In einem Beitrag zur Veröffentlichung des neuen Stones-Albums Hackney Diamonds im Herbst 2023 hat *RTL* Aufnahmen aus dem Archiv neu aufbereitet. Darin ist die junge Reporterin Frauke Ludowig zu sehen, wie sie 1995 erstmals Mick Jagger und Keith Richards interviewt. Richards wirkt angetrunken und brüstet sich mit seinen Affären. »Wenn ich die alle aufzählen müsste, würde Ihnen der Film ausgehen«, sagt er in dem Ausschnitt. Zum Abschied zieht er Ludowig an sich und drückt ihr einen Kuss mitten auf den Mund. Ludowig dreht sich sichtlich angewidert weg. Trotz oder gerade wegen des offenbar ungewollten Kusses nennt *RTL* den Vorfall knapp dreißig Jahre später ein »unvergessliches Interview«, keine anderen »Rockstars sind so cool und so frech wie die Rolling Stones«. Auf unsere Anfrage lehnt *RTL* eine Stellungnahme ab.

Eine ähnlich reflexhafte Bewunderung erfährt Till Lindemann in der Talkshow *Hart aber fair* am 20. Juni 2023. Thomas M. Stein, ehemaliger Musikproduzent und Ex-Jury-Mitglied von *Deutschland sucht den Superstar*, verteidigt Till Lindemann gegen die Vorwürfe des Castingsystems. Dies sei so gar nicht möglich, argumentiert Stein: »Wie der mit 60 auf der Bühne rennt, und dann soll der da runtergehen und noch jemanden beglücken – also da muss er ins Museum, das ist eine Kraft, die kannst du eigentlich gar nicht aufbringen.« Als wir Thomas M. Stein danach fragen, antwortet er, er lege Wert auf die Feststellung, dass er sich gegen eine, wie er sagt, Vorverurteilung von Lindemann habe wehren wollen, rechtskräftig festgestellten Missbrauch aber verurteile. Im Nachhinein gebe er zu, dass das Wort »beglücken« eine unglückliche Formulierung gewesen sei.

Die Musikjournalistin Aida Baghernejad beschäftigt sich schon lange mit Fankultur und ihrer Meinung nach gefährlichen Narrativen in der Popmusik. Sie hält die vorherrschenden Bilder von und Erwartungen an Rockstars für »komplett überkommen« und erklärt: »Diese Klischees müssen sterben.« Sie würden benutzt, um grenzüberschreitendes und sexistisches Verhalten zu entschuldigen. Viel zu oft, sagt Baghernejad im Gespräch mit uns, müsse der Groupie-Mythos herhalten, um Gebaren zu rechtfertigen, das einfach nicht mehr zeitgemäß sei. »Das ist eine Form von Victim Blaming: Die Fans wollen das doch, was erwarten sie denn, heißt es dann.«

Hinzu komme, dass überhaupt nur weibliche Fans, die ihre Idole treffen wollen, als Groupies bezeichnet würden. »Für männliche Fans gilt das nicht«, meint Baghernejad. Denen werde per se unterstellt, ihnen gehe es primär um die Musik. In einem Artikel für den *Musikexpress* schreibt Baghernejad, Groupies würden zudem nie als eigenständig handelnde Frauen wahrgenommen, sondern entweder als berechnend, weil sie es ohnehin nur auf den Star abgesehen hätten, oder als naiv, weil sie hätten wissen müssen, wie eine richtige Rock-'n'-Roll-Party aussieht. »Groupies«, so Baghernejad, »haben, wenn man dieser Argumentation folgt, eben kein Recht darauf, auch eigene sexuelle und emotionale Bedürfnisse zu haben.«

Roxana Shirazi

Eine, die mit genau solchen Vorurteilen kämpft, ist Roxana Shirazi. Anfang der 2000er-Jahre ist sie backstage unterwegs bei Weltstars wie Nikki Sixx und Tommy Lee und auf Tour mit Guns N' Roses, Velvet Revolver und der britischen Punkband Towers of London. Rockstars sind ihr Fetisch, ihre sexuelle Fantasie. Und die lebt sie aus, wie sie es in ihrem 2010 erschienenen Buch *The Last Living Slut* detailreich und explizit schildert. Das erste Mal mit Anfang dreißig, gemeinsam mit ihrer Freundin Lori und mit Mitgliedern von Poison the Well, einer Metalcore Band aus Miami, obwohl sie deren Musik bei dem Konzert in London kaum ausgehalten habe. Eigentlich habe sie es auf die Briten von Bullet for my Valentine abgesehen gehabt, aber deren Managerin habe sie aus dem Backstage-Bereich verscheucht. Also geht Shirazi kurzerhand mit der Vorband ins Hotel. Auf dem Weg dorthin habe sie sich mit einem Kugelschreiber in Großbuchstaben das Wort »Groupie« auf den Arm geschrieben.

Roxana Shirazis Geschichte ist die einer Frau, die im Rock 'n' Roll die ultimative Befreiung sucht und doch immer wieder an Grenzen stößt. Als Groupie habe sie sich sehr schnell nicht mehr bezeichnet, sagt sie uns, als wir mit ihr an einem Sonntagabend im Januar 2024 telefonieren. »Ich bin zu wild und zu sexuell, um ein Groupie zu sein. Das ist so, als würde man einen Tiger Kätzchen nennen.« Sie habe erlebt, dass Groupies nur eine Nebenrolle spielen, als Unterstützung für den Rockstar. Sie aber habe eine Hauptrolle angestrebt. »Ich bin nicht unterwürfig und kleinlaut, das passt nicht zu mir.«

Shirazi wächst im Teheran der 1970er-Jahre auf und verbringt Teile ihrer Kindheit im berüchtigten Evin-Gefängnis. Ihre Eltern sind getrennt, die Mutter ist Sozialistin und engagiert sich politisch gegen das Regime von Schah Mohammad Reza Pahlavi. Nach der Revolution sei es Teil ihres Alltags geworden, dass Menschen verschwinden, schreibt Shirazi in ihrem Buch. »Ich hörte Horrorgeschichten über die Foltermethoden, die im Evin-Gefängnis angewendet würden, und zu oft ging es dabei auch um Verwandte, die exekutiert wurden.« Als sie zehn Jahre alt ist, schickt ihre Mutter sie zu Verwandten nach England. Die Mutter flüchtet später ebenfalls, auch ihr Stiefvater kommt dazu, der anfängt, Shirazi und ihre Mutter brutal zu verprügeln. Shirazi flüchtet daraufhin als Teenager von ihrem Elternhaus in Bristol nach London. Später studiert sie Kulturwissenschaften, geht an die Schauspielschule und verdient sich ihren Lebensunterhalt als Stripperin und Bauchtänzerin.

Die zufällige sexuelle Begegnung mit einem ehemaligen Mitglied der britischen Band Stereophonics hinterlässt bei ihr einen bleibenden Eindruck. »Die Antwort auf alles, was ich im Leben wollte, entstand durch dieses Erlebnis (…) Auf der Suche nach dem Heiligen Gral begann ich Rockzeitschriften durchzublättern. Diese Rocker, dachte ich, würden meinen Hunger nach einem freigeistigen Leben stillen, meine Sehnsucht danach, Regeln zu brechen.«

Von da an zieht sie mit ihrer Freundin Lori los und erobert diese Stars. Bald schon eilt ihnen ihr Ruf voraus, schreibt Shirazi. Sie sucht sich die Männer aus, und in der Regel kommt sie ans Ziel. Dennoch zieht sie im Gespräch mit uns eine gemischte Bilanz: »Das war nicht das, was ich gesucht habe. Für manche Frauen mag es erfüllend sein, mich hat es ein bisschen leer zurückgelassen.« Sie habe sich oft verstellen müssen, sei nicht als Intellektuelle, als Autorin und Journalistin aufgetreten, die sie mittlerweile geworden war. »Ich habe festgestellt, dass eine Frau, die sich mit Rockstars einlässt, sehr speziellen Verhaltensregeln entsprechen muss. Viele der Rocklegenden, die ich getroffen habe, und ich spreche von sehr berühmten Männern, konnten es nicht ertragen, wenn eine Frau mehr sexuelle Erfahrung mitbrachte oder neue Sachen ausprobieren wollte. Das geht nicht, du musst harmlos sein.« Ihr sei das einfach zu eng gewesen.

In ihrem Buch beschreibt Shirazi auch Situationen, die sich so lesen, als hätte sie die Kontrolle verloren. So beispielsweise 2005 mit einem Mitglied der Towers of London. Shirazi hat an dem Abend zu viele Drogen konsumiert, kann kaum noch stehen und übergibt sich. Trotzdem hätten sie weiter Sex gehabt – »als wäre das ein Ritual, dem er nachkommen müsse, einfach weil sein Selbstbild ihn dazu zwingt. Ich fragte mich, ob er es wirklich genoss.« Irgendwann »zwischen Analsex und den frühen Morgenstunden« sei sie bewusstlos geworden.

Und dann ist da noch das Erlebnis mit Dizzy Reed, dem Keyboarder von Guns N' Roses. In ihn verliebt sie sich, obwohl sie sich vorgenommen hatte, diese Grenze niemals zu überschreiten. Als sie schwanger wird, ist ihr klar, dass sie das Baby nicht behalten kann, und dennoch leidet sie sehr unter der Abtreibung. »Ich war ein Groupie«, schreibt sie. »Es geschah mir recht. Schmerz und Tränen und gebrochene Herzen dürfen nicht die Sphäre des Groupietums erreichen (…). Ich war nachlässig geworden und musste jetzt den Preis dafür bezahlen.« Beim nächsten Treffen einige Wochen später sei Dizzy Reed extrem kalt zu ihr gewesen. Später fängt er an, ihr bedrohliche Nachrichten zu schreiben, beschimpft sie als Schlampe. Sie habe lange gebraucht, um sich von dem Erlebnis zu erholen.

Roxana Shirazi, die schon in der Einleitung ihres Buchs die Abwertung thematisiert, die Frauen erfahren, sobald sie sexuell sehr aktiv oder womöglich sogar promisk sind, sieht solch eine Doppelmoral auch im Rock 'n' Roll, von dem sie sich doch eigentlich Befreiung erhofft hatte.

Dieser, sagt sie uns, werde als »utopischer Spielplatz« verkauft, als ein Ort der Transgression, wo gesellschaftliche Normen infrage gestellt würden. Diese Freiheit sei ihrer Erfahrung nach jedoch nicht für alle da. Sie sei nur für Männer. Rock 'n' Roll feiere geradezu die Misogynie. »Je mehr Grenzen dabei von jemandem überschritten werden, umso mehr wird er zum Rockgott, zur Legende.«

PART 5
Backstage

Wie eine Trutzburg thront der Hochbunker über Hamburg. Ein grauer Klotz mitten in St. Pauli neben dem Fußballstadion. Das fast sechzig Meter hohe Gebäude beherbergt im vierten Stock einen der angesagtesten Clubs der Stadt: das Uebel & Gefährlich. Hinter den meterdicken Mauern feiert in der Nacht vom 17. Februar 2018 die Menge einen Mann, der zu diesem Zeitpunkt noch ein Newcomer ist. Der Rapper Luciano, damals 24 Jahre alt, tourt mit seinem ersten Album.

Heute ist Luciano einer der erfolgreichsten Künstler Deutschlands. Kein Song ist im Jahr 2022 in Deutschland so oft auf Spotify gestreamt worden wie »Beautiful Girl«. Alle seine Alben sind seit seinem Debüt in den Top 10 gelandet. Patrick Großmann, wie Luciano bürgerlich heißt, ist Werbegesicht und Idol für Millionen Jugendliche. Sogar Nicki Minaj, Rap-Ikone aus den USA, ist auf den Berliner aufmerksam geworden.

Seinen Ruhm und seinen Reichtum stellt Luciano gerne in den sozialen Medien zur Schau: Auf Instagram zeigt er teure Autos, teure Taschen, Privatjets, Yachten und Diamanten. Es ist die übliche Inszenierung eines erfolgreichen Rappers. Üblich ist auch, dass es einen Bereich gibt, der der Öffentlichkeit verborgen bleibt.

So auch im Februar 2018, als Luciano in Hamburg auftritt. Von dem Auftritt gibt es einige wackelige Handyvideos. Von dem, was backstage geschieht, gibt es keine Aufnahmen. Offenbar sind an diesem Abend nach dem Konzert weibliche Fans hinter der Bühne. Sie dürfen ihr Idol treffen, müssen dafür aber – auch das ist im Backstage-Bereich meist üblich – ihre Handys abgeben. Überliefert von dem Abend ist dieser eine Satz: »Erst wird noch ordentlich gefickt, und dann schmeißen wir die Fotzen aus dem Backstage, und dann gehen wir selbst.« Gesagt haben soll ihn einer aus Lucianos Crew. Gehört haben will es ein Mitarbeiter des Uebel & Gefährlich.

Weder Luciano noch sein Management Streetlife beantworten unsere Fragen zu dem Abend. Aber es gibt E-Mails zwischen Veranstalter und Management, die uns zugespielt wurden.

In einer dieser E-Mails schreibt eine Mitarbeiterin des Clubs an das Management von Luciano. Darin zeigt sie sich besorgt über den Umgang mit Frauen im Backstage und zitiert auch den eben erwähnten Satz, den ihr Kollege an jenem Abend gehört haben will. Die Verantwortlichen des Uebel & Gefährlich hätten erst später davon erfahren.

Keine zwei Stunden später schreibt eine Mitarbeiterin von Streetlife zurück, die Abnahme der Handys sei »IMMER UND ÜBERALL der Fall bei unseren Künstlern«, damit solle »verhindert werden, dass private Videos oder nicht freigegebene Bilder in Umlauf gebracht werden«. Die Frauen hätten teilweise ein sogenanntes Meet & Greet gewonnen oder seien eingeladen worden. Niemand sei unter achtzehn Jahren gewesen.

Die Mitarbeiterin des Clubs gibt sich am Ende versöhnlich. Man wolle nur, »dass alles vernünftig läuft«, schreibt sie. Damit scheint die Sache für sie erledigt zu sein. Zumindest für den Club ist sie es jedoch nicht. Für das Uebel & Gefährlich ist sie vielmehr der Anlass, von da an genauer hinzuschauen, was hinter der Bühne geschieht. Dort also, wo Künstler*innen bisher ziemlich uneingeschränkt walten konnten: im Backstage.

Der Backstage-Bereich ist ein Ort, um den sich beileibe nicht nur in der Popmusik, sondern auch im Theater, in der Oper oder beim Ballett Mythen ranken, weil er das Gegenteil von dem bietet, was sich unter den Augen aller auf der Hauptbühne vollzieht: größtmögliche Privatheit. Hier ziehen sich Künstler*innen um, bereiten sich auf ihre Auftritte vor oder kommen danach wieder runter. Es ist geradezu das Wesen des Backstage-Bereichs, dass das, was dort vor sich geht, vertraulich bleibt.

Vor allem deshalb ist dieser Bereich für viele Fans so verlockend. Ein Sehnsuchtsort, an dem man seinem Idol ganz nahekommen kann. Das muss nicht unbedingt wörtlich hinter der Bühne sein, oftmals heißt backstage einfach, dass dort nur die Stars und ihre Entourage, ihre Mitarbeiter*innen, Freund*innen und Familien Zugang haben. Manchmal ist es auch ein Hotel oder ein Club, in dem man zusammen feiert. Auf jeden Fall ist man dort vor fremden Blicken geschützt und ungestört. Wer reindarf, wird streng reguliert – meist nach genauen Vorgaben der Künstler*innen. Von denen haben einige das magische Potenzial des Backstage-Bereichs längst erkannt und verkaufen deshalb bei ihren Auftritten Nähe gleich mit: Beim »Meet & Greet« lassen sich die meisten das Händeschütteln und das Selfie teuer bezahlen.

Der Zutritt kann aber auch nach anderen Kriterien gewährt werden. Gerade in Amerika, schreibt etwa Rammstein-Keyboarder Christian »Flake« Lorenz in einem seiner Bücher, gelte der Backstage-Bereich als »eine Art Paradies«. Die altgedienten Musiker würden »no ass, no pass« sagen, was so viel heißt wie: Wer keinen geilen Arsch hat, der kommt auch nicht rein. »Damit«, so Lorenz, »meinen sie natürlich nur die Frauen. Männer haben hier sowieso eher nichts verloren.«

Ob nun der Hintern, das Geld oder ganz andere Kriterien den Ausschlag geben: In dem streng regulierten Zugang nach Gusto der Stars manifestiert sich letztlich auch das Machtgefälle zwischen ihnen und den Fans. Diese wollen ihren Idolen nahekommen, doch im Backstage entscheiden diese Idole allein darüber, ob und in welcher Form sie diese Nähe ermöglichen – und zu welchen Konditionen. Natürlich muss niemand diesen Raum betreten. Wer es aber tut, unterwirft sich ganz klar den Regeln des Stars.

Im Backstage-Raum, »da gelten die Scooter-Gesetze«, sagt auch der Sänger H. P. Baxxter in einer Dokumentation – mit einem Augenzwinkern, wie sein Manager auf Anfrage betont. Backstage, das sei »Anarchie. Egal, wo wir sind.« Was er in seinem Fall damit meint: »Mörder-Anlage, Lautstärke, Räucherstäbchen, Wodka-Red Bull, Zigaretten, jeder, was er will.« Auch der »Bar-Zwang« gehört offenbar dazu, den Baxxter seinen Band- und Crewmitgliedern auferlegt, weil er nach den Shows nicht direkt schlafen gehen kann. Ansonsten sei der Backstage-Bereich bei ihm eine »gesetzesfreie Zone«.

Nicht nur für Scooter-Frontmann Baxxter ist backstage der Raum zum Runterkommen. Viele Künstler*innen finden dort auf unterschiedliche Weise einen Übergang zwischen dem oft als rauschhaft beschriebenen Zustand auf der Bühne und der Normalität abseits davon. Für manche ist der Backstage-Bereich dabei allerdings offenkundig auch ein Ort der Eskalation. Auf bestimmten Festivals oder in Konzerthallen, das berichten uns Menschen, die Zugang zu diesen Räumen bekommen haben, markieren einige Musiker und ihre Entourage den Bereich durch mehr oder weniger exzessives Verhalten als ihr Revier: Da spuckt ein Rapper auf Mitglieder einer Frauencombo und schüttet Getränke auf sie. Oder da fahren gleich mehrere Künstler mit Motocross-Maschinen durch den Catering-Bereich und spucken andere im Vorbeigehen an.

In der Dokumentation *Rammstein in Amerika*, die 1999 die Tour der Band in den USA begleitet, sieht man, wie die Musiker nach einem Konzert Styroporplatten einer abgehängten Decke zerschlagen. Außerdem sagt Till Lindemann darin an einer Stelle: »Man hat, wenn man von der Bühne kommt, eine ganz eigenartige Chemie im Körper. Und die muss irgendwie kompensiert werden.« Dafür sei eine Party gut, »dass man so langsam wieder runterkommt«. Auf den Aufnahmen sind auch junge Frauen zu sehen, die mit der Band backstage feiern, tanzen und ihre Brüste entblößen.

Chicken-Room

Für dieses Buch sprechen wir mit zahlreichen Menschen, die seit Jahren in verschiedenen Clubs, in Stadien und auf Festivals arbeiten und erlebt haben, dass Künstler oder ihre Crewmitglieder weibliche Fans gezielt auswählen und ins Backstage holen – für Partys, aber auch für Sex. Sie berichten uns, dass sie häufig beobachtet hätten, wie Crewmitglieder durch das Publikum streifen, um während des Konzerts gezielt Frauen anzusprechen. Wir sprechen auch mit einigen Fans, die bei Konzerten gefragt wurden, ob sie die Künstler treffen wollen. Das Auswählen junger Frauen scheint genreunabhängig – im Rap, aber auch im Pop oder Rock – so gängig zu sein, dass es in der Branche feststehende Begriffe dafür gibt. Einer davon ist »Girlscouting«. Backstage-Bänder oder -Karten für diese Frauen werden als »Pussy-Pässe« bezeichnet. Bushido nennt sie in seiner Autobiografie »goldene Bändchen«. Einem Insider zufolge, mit dem der *Tagesspiegel* gesprochen hat, wurden sie auch »Fickbänder« oder »Gangbang-Bändchen« genannt. Ein Manager erzählt uns, dass eine bekannte Rockband vor einigen Jahren stets einen der Backstage-Räume zum »Chicken-Room« ernannt habe. An die Tür habe die Band demonstrativ ein gerupftes Huhn aus Plastik genagelt.

Natürlich gibt es Frauen, die genau das wollen: die Nähe zu ihren Stars und den Sex mit ihnen. Einige Fans legen es geradezu darauf an, mit ihren Idolen ins Bett zu kommen. Sie machen aus dem Publikum heraus eindeutige Angebote, stehen Schlange vor Tourbussen oder dringen sogar in Hotelzimmer ein. Mit steigender Prominenz wird für männliche Künstler ganz offensichtlich auch das »Angebot« an verfügbaren weiblichen Fans größer. »Die Weiber waren so heiß auf uns, dass ich es am Anfang gar nicht glauben konnte«, schreibt etwa Patrick Losensky alias Fler in seiner Autobiografie über seine erste Tour mit den Rappern B-Tight, Sido und Bushido, die Anfang der 2000er-Jahre Szenegrößen waren und sich als harte Gangster inszenierten. »Ich staunte, wie die anderen auf einmal jeder mit einer hübschen Ollen im Backstage-Bereich herumsaßen.« Fler schreibt weiter: »Ich holte alles nach, was ich bis zu meinem 18. Lebensjahr nie bekommen hatte. Plötzlich musste ich nur mit dem Finger schnippen und konnte jedes Mädchen haben.«

Das gezielte Ansprechen solcher Frauen bei Konzerten, der Organisationsgrad samt Einbindung der Crew bei der Rekrutierung – vielleicht ist all das zumindest in Teilen auch eine logische Konsequenz des Ruhms dieser Musiker. Entspannt und ungestört eine Bar zu besuchen ist ab einer gewissen Bekanntheit nicht mehr möglich. Der britische Pop-Superstar Robbie Williams soll früher durch Hotelbars gelaufen sein und sich dort umgesehen haben – nur um dann seinem Leibwächter Bescheid zu geben, welche der anwesenden Frauen, die dort schon auf ihn gewartet hätten, ihm gefalle. Wie Chris Heath in seiner mit dem Künstler abgestimmten Biografie *Feel: Robbie Williams* schreibt, habe der Leibwächter der Frau dann erklärt, »dass sie Rob aufgefallen ist, es aber schwierig für ihn ist, sich in der Bar zu unterhalten, und er sich deswegen freuen würde, wenn sie Lust hätte, auf sein Zimmer zu kommen, um ihm Gesellschaft zu leisten«. In der Regel hätten die Frauen eingewilligt.

Vor einigen Jahren berichten Tom und Bill Kaulitz von Tokio Hotel in der *NDR*-Sendung *Inas Nacht*, dass ihr Manager ihnen Kontakte zu an Sex interessierten Fans organisiert habe. Demnach sorgte er damals dafür, dass die Fans keine Kameras mit ins Zimmer brachten – und dass sie sich vor dem Besuch bei Bill und Tom erst einmal wuschen. Die Fans, bestätigen die beiden Stars von Tokio Hotel, seien schon halbnackt und entsprechend vorbereitet in die Hotelzimmer gekommen.

Unter denjenigen, die das Girlscouting seit Jahren beobachten, gibt es nicht wenige, die dabei mittlerweile ein deutliches Störgefühl entwickelt haben. Runa Hoffmann ist eine von ihnen. Die Siebenunddreißigjährige trifft uns in ihrem Büro in einem Hinterhaus am Görlitzer Park in Berlin-Kreuzberg, wo sie mit ihrem Geschäftspartner seit einigen Jahren eine Agentur leitet, mit der sie Institutionen und Unternehmen aus der Kulturbranche dabei berät, sich mit Themen wie Awareness, Diversität und jeglichen Formen von Diskriminierung auseinanderzusetzen. Hoffmann hat lange in Berliner Clubs und auf Festivals gearbeitet und dort Künstler*innen betreut, war vor Ort verantwortlich für den Backstage-Bereich. Immer wieder hat sie mitbekommen, dass Fans von Crewmitgliedern aus dem Publikum hinter die Bühne geführt wurden. »Gerade junge Frauen fühlen sich wahnsinnig geehrt, ausgewählt zu werden«, sagt Hoffmann. »Dabei geht es nicht um sie als Person – die Fans entsprechen einfach dem Schema, das der Künstler sich wünscht.«

Runa Hoffmann erzählt auch, dass sie bei einem Festival vor einigen Jahren einmal gemeinsam mit Kolleg*innen interveniert habe, als ein internationaler Künstler mehrere weibliche Fans vom Festivalgelände mit in sein Hotel nehmen wollte. Ein Fahrer habe sich damals an sie gewandt, weil er sich mit dem, was sich in seinem Wagen abspielte, nicht wohlgefühlt habe. Der Künstler sei nicht ansprechbar gewesen und habe offensichtlich unter Drogen gestanden. Hoffmann sagt, sie hätten den sehr jung erscheinenden Frauen klargemacht, dass sie in einer fremden Stadt landen würden, ohne Handys und ohne die Möglichkeit, wieder von dort wegzukommen. »Die waren total verschreckt. Uns wurde im Gespräch klar, dass ihnen überhaupt nicht bewusst war, was da im schlimmsten Fall passieren kann.« Die Frauen seien letztlich wieder aus dem Auto gestiegen. Erst nach längerer Diskussion habe der Tourmanager des Künstlers widerwillig die Handys an sie ausgehändigt.

Schilderungen wie diese von Runa Hoffmann und Aussagen anderer zum Girlscouting werfen natürlich Fragen auf: Wie klar wird beispielsweise den Fans im Vorhinein kommuniziert, was hinter der Bühne oder im Hotel passieren kann? Und selbst wenn junge Frauen Interesse an Sex mit ihrem Star haben – wie gut können sie die Dynamiken kontrollieren, die sie dort im Backstage-Bereich erwarten? Wie selbstbewusst können sie Angebote ablehnen, wenn sie ihrem Idol so nah sind wie niemals zuvor und wohl auch niemals wieder danach? Und wie verantwortungsbewusst verhalten sich umgekehrt die Rock-, Pop- und Rapstars, die Schlagersänger und Techno-DJs selbst in solchen Situationen? Manche von ihnen scheinen sich ihrer Macht jedenfalls durchaus bewusst zu sein, zumindest wenn man ihre Liedtexte und ihre Äußerungen in Interviews und Autobiografien betrachtet. In dem Lied »Beifahrersitz« von Apache 207, einem der aktuell erfolgreichsten Rapper Deutschlands, heißt es beispielsweise: »Telefone werden eingesammelt nach meinem Konzert, denn ich steh nicht so auf ›No Risk, No Fun‹. Was im Backstage so passiert, bleibt auch hier im Backstage, denn manchmal wird es einfach nur zu brutal.«

Die Maßnahme, Telefone von Gästen oder sonstigen fremden Besucher*innen im Backstage-Bereich einzusammeln, wird von den

Künstler*innen oder – wie bei Luciano – von deren Managements meist mit der Privatsphäre begründet, die dringend geschützt werden müsse. Die Künstler sollen ihre Außendarstellung so weit wie möglich selbst kontrollieren können, und deshalb will man verhindern, dass unerwünschte Fotos oder Videos in den sozialen Medien landen.

Den Fans wird in der konkreten Situation mit den Handys aber auch ihr Kontakt zur Außenwelt genommen. Es wird schwieriger, Hilfe zu rufen, sollte es notwendig sein. Und sie können den Backstage-Bereich auch nicht so einfach wieder verlassen, weil sie erst mal die Crew des Künstlers fragen müssen, ob sie ihre Handys wiederhaben dürfen. Viele unserer Gesprächspartner*innen halten das Einsammeln der Telefone daher nicht nur für eine Kontrollmaßnahme, sondern auch für eine Machtdemonstration.

Wie ausgeliefert Fans sein können, die ihrem Idol trotz allem nahe sein wollen, ist unter anderem auf einem Video von 2004 festgehalten. Es ist in einem Hotelzimmer in Münster aufgenommen worden und zeigt eine junge Frau auf einem Bett. Die damals Sechzehnjährige trägt nur Unterwäsche und ist offenbar angetrunken. Vor dem Bett hockt halb nackt der Rapper Bushido.

Der Musiker ist damals Mitte zwanzig und erlebt gerade seinen Durchbruch in den Mainstream. Frisch bei Universal unter Vertrag, macht er mit dem Album *Electro Ghetto* den harten Gangster-Rap in Deutschland erstmals kommerziell erfolgreich. Auf dem Album finden sich Lieder wie der später indizierte Song »Gangbang« mit der Zeile: »Ein Schwanz in den Arsch, ein Schwanz in den Mund, Ein Schwanz in die Fotze, jetzt wird richtig gebumst.«

In dem Video aus dem Hotelzimmer in Münster sieht es so aus, als wollten Bushido und seine Freunde das Mädchen zum Sex überreden. Teile davon sind nicht mehr online, aber dem Medium *Legal Tribune Online* zufolge soll darin das Mädchen gefragt worden sein, ob es seine Hose ausziehen wolle. Und auch »ob sie etwas für die Kamera zeigen« oder »ficken« will. In einem Ausschnitt des Videos, der weiterhin online steht, ist zu sehen, dass Bushido das Mädchen bedrängt, sie solle sich jetzt mal entscheiden. Ein »Weiß ich nicht« wolle er von ihr nicht hören. »Wohin willst du denn jetzt gehen? Draußen in den Wald?« Bushido sagt an einer Stelle auch die Worte: »wenn du überhaupt 18 bist«. Ihm war also offenbar bewusst, dass er es mit einer Minderjährigen zu tun haben könnte.

Schon in seiner 2008 veröffentlichten Autobiografie hat Bushido geradezu damit angegeben, wie ihm nach Konzerten durch seine Crew regelmäßig Frauen zum Sex zugeführt worden seien. Mit mehr als 500 Frauen, schreibt er damals, habe er bereits geschlafen. In seinem Buch nennt er sie »Huren«, »Tour-Olle« oder »Schlampen«. Bei mindestens einer seiner Touren habe es auch einen designierten »Gangbang-Koordinator« gegeben. Eine unserer Gesprächspartnerinnen, die eng mit dem Rapper gearbeitet hat, erzählt uns, dass in Bushidos Umfeld über die Frauen ganz offen auch als »Staubsauger« oder – bei besonders guten Blowjobs – »goldene Staubsauger« gesprochen worden sei.

Wie die Kontakte in etwa ablaufen, erklärt Bushido in der Autobiografie am Beispiel eines Auftritts. So habe er kurz vor Ende eines Konzerts in Augsburg von einem Crewmitglied auf seine Ohrhörer gesagt bekommen: »Du, ich habe was für dich. Rosa, gestern 18 geworden, kein Problem, ich habe den Ausweis gesehen. Sie ist bildhübsch und zu allem bereit.« Bushido schreibt weiter, er habe schließlich keinen Sex mit ihr gehabt, weil sie offenbar Ecstasy genommen habe und er Angst davor hatte, ins Gefängnis zu müssen.

Bushido beschreibt in seinem Buch immer wieder weibliche Fans, die angeblich unbedingt mit ihm schlafen wollen und denen er die Bedingungen diktiert. Viele Frauen hätten damals alles mit sich machen lassen. Einer Frau, die ihm zu aufmüpfig gewesen sei, habe er in den Mund gespuckt. »Mit diesen Weibern kannst du machen, was du willst, sie kommen immer wieder angekrochen. Vor solchen Mädchen soll ich Respekt haben? Dass ich nicht lache!« Bushido behauptet darin auch, er und sein Team hätten stets penibel darauf geachtet, dass die Frauen volljährig seien. Zumindest bei der Sechzehnjährigen in Münster 2004 war das jedoch nicht der Fall, wie sich später in einem Rechtsstreit herausstellte.

Das Video wird 2021, also erst viele Jahre später, von einem offenbar mit Bushido verfeindeten Rapper veröffentlicht. Anis Ferchichi, wie Bushido bürgerlich heißt, hat in der Zwischenzeit einen Imagewandel vollzogen: 2011 hat er beispielsweise auf großer Bühne den »Integrations-Bambi« entgegengenommen und kurz darauf im Anzug und mit ordentlicher Frisur als Praktikant eines CDU-Bundestagsabgeordneten auf der Zuschauertribüne im Plenarsaal des Reichstags gesessen. Heute inszeniert sich der Rapper längst als fürsorglicher Familienvater von acht Kindern, die er zusammen mit seiner Frau in Dubai großzieht. Er hat mit seinen Verstrickungen ins Clanmilieu gebrochen und gibt sich als anständiger Bürger. In einer Botschaft auf Instagram entschuldigt er sich für sein Verhalten damals, in dem Hotelzimmer 2004. »Ja, das, was dort gezeigt wurde, ist tatsächlich passiert«, sagt er darin, und es sei »absolut nicht in Ordnung gewesen«. Anschließend interviewt er sich gewissermaßen selbst: »War es richtig, mit Frauen so umzugehen? Nein, auf gar keinen Fall. Haben wir es trotzdem gemacht? Ja. Hat die Öffentlichkeit gefeiert? Ja. Hat man dadurch das Gefühl gehabt, noch verruchter zu sein? Ja, auf jeden Fall. Haben sich dadurch noch mehr Mädchen gemeldet nach dem Konzert? Ja.«

Am Ende betont Bushido noch, dass er sich mittlerweile geändert habe. Er hoffe, dass seine Töchter niemals jemandem über den Weg laufen würden, der so sei wie er damals: ein bekannter Musiker, der versucht habe, mit seiner Bekanntheit »die Dose zu knacken«. Eine Interviewanfrage für dieses Buch hat Bushido abgelehnt, ein Fragenkatalog blieb unbeantwortet.

Entourage

Wenn es einigen Musikern vor allem darum geht, »die Dose zu knacken«, wie Bushido es formuliert. Wenn manche Stars das Gefühl dafür verlieren, wo die Einvernehmlichkeit endet und welche Verantwortung sie in der Beziehung zu ihren eigenen Fans tragen. Und wenn es für diese Fans im Backstage schwierig sein kann, klar und deutlich

Nein zu sagen, so drängt sich die Frage auf, wer dann eigentlich dafür sorgt, ja dafür sorgen müsste, dass es in dieser Dynamik nicht zu Übergriffen und Missbrauch kommt? Das Management des Künstlers? Die Veranstalter? Die Crew? Die Security?

Genau dazu würden wir gerne mehr erfahren. Allerdings scheinen gerade die Menschen, die am nächsten dran sind, die diskretesten Männer und Frauen der Branche zu sein. Als wir dann zum ersten Mal mit einem Mann in Kontakt kommen, der prominente Künstler*innen betreut, ist er nur unter der Bedingung absoluter Anonymität bereit, mit uns zu sprechen.

Er soll hier Mert Sadighi heißen und weil er fürchtet, dass Rückschlüsse auf die von ihm betreuten Künstler*innen gezogen werden können, an dieser Stelle keine Details zu den Acts. Schließlich ist Sadighi jemand, der als Manager für sein großes Netzwerk, seine Zuverlässigkeit, insbesondere aber auch für seine Diskretion gebucht und bezahlt wird. Männer wie er sind auch dafür zuständig, die Künstler*innen auf Tour mit allem zu versorgen, was sie wollen, seien es Drogen, schnelle Autos oder Frauen. Er sagt: »Die Mädels wollen, die jungen Künstler wollen, da guckt man dann drauf, ob da die Spielregeln geklärt sind.« Die Spielregeln umfassen dabei vor allem die Frage, ob die Frauen volljährig sind. Sadighi sagt, er habe bei der Kontrolle der »sehr vielen, sehr jungen Fans« geholfen, die in den Backstage-Bereich gekommen seien. Er habe sichergestellt, dass Künstler und Fan unter sich seien – und die Frauen danach das Hotelzimmer auch wieder verlassen. Er kenne jedoch genug Künstler, die in ihrer Karriere noch nie eine Ausweiskontrolle gemacht hätten. Von einigen, die es aus seiner Sicht »übertrieben« hätten, habe er sich durchaus auch schon getrennt. Aber es gebe Manager, die diesen Mut nicht hätten. »Die trauen sich nicht, dem Künstler Grenzen zu setzen«, sagt Sadighi. Schließlich gelte man schnell als Spielverderber. Sie hätten Angst um ihre Position.

Generell lässt sich wohl festhalten: Managements und ihre Künstler sind meist eng verbunden, neben den finanziellen Abhängigkeiten entstehen über die Jahre oft Freundschaften. Problematisch werde es bisweilen, so berichten Insider, wenn sich Künstler vom Kumpel aus Kindheitstagen, vom Bruder oder vom Cousin betreuen ließen. »Artist Pleaser« nennt eine Person aus dem Festivalbereich solche Agenturen und Manager, die alles dafür geben, ihre Künstler glücklich zu machen, sei es nun moralisch oder unmoralisch, legal oder illegal.

Oft reisen Stars mit einer ganzen Entourage zu Konzerten, mit Freund*innen, Produzent*innen, Sicherheitskräften. Wochen-, teils monatelang sind diese Gruppen gemeinsam unterwegs, nicht selten bestehen sie überwiegend aus Männern. Und immer wieder wird uns erzählt, dass manche Mitglieder der Crew ihre Nähe zu den Stars ausnutzen, um selbst bei Fans zum Zug zu kommen. In Einzelfällen ist es dabei schon zu Straftaten gekommen.

Ende November 2023 etwa wurde ein niederösterreichischer Musikproduzent vor dem Landesgericht Korneuburg wegen Vergewaltigung zu vierzehn Jahren Haft verurteilt. Zwei Frauen hatten 2021 laut Staatsanwaltschaft unabhängig voneinander Strafanzeige gegen den Mann erstattet, später noch fünf weitere. Der Mann habe seine Kontakte zu Deutschrappern für sexuelle Kontakte ausgenutzt, soll sein Strafverteidiger Klaus Ainedter laut Medienberichten schon bei Prozessbeginn eingeräumt haben. Der Mann soll junge Frauen mit Konzerttickets gelockt, einer Betroffenen auch eine Musikkarriere und Auftritte in Videos versprochen haben. In vier Fällen soll er K.-o.-Tropfen verwendet und die wehrlosen Frauen in seinem Tonstudio vergewaltigt haben. Das Urteil ist noch nicht rechtskräftig.

Fälle wie dieser sind nach allem, was man weiß, verstörende Einzeltaten. Aber sie zeigen eben durchaus, welche verheerende Dynamiken Ruhm und die Nähe zu ihm entwickeln können. Und auf diese Dynamiken sind die wenigsten Künstler*innen gut vorbereitet.

Runa Hoffmann, die ehemalige Clubleitung, arbeitet mit ihrer Diversity-Agentur in Kreuzberg auch mit Bands und Musiker*innen, denen übergriffiges Verhalten vorgeworfen wird. Sie versucht sie für Begleiterscheinungen steigender Bekanntheit zu sensibilisieren. Sie sagt, sie kenne viele Künstler, die Schwierigkeiten hätten, sich an ihre neue Rolle zu gewöhnen. »Die sagen: Gestern war ich Martin, und heute bin ich Künstler XY. Ich kann nicht mehr unterscheiden: Sprechen die Leute jetzt mit mir, weil ich Martin bin, oder sprechen sie mit mir, weil ich Künstler XY bin? Spricht mich eine Frau auf der Straße an, weil ich Martin bin, weil sie mich schön findet und attraktiv? Oder spricht die mich an, weil sie weiß, dass ich Künstler XY bin?« Es sei, so Hoffmann, Aufgabe der Musikbranche, diese Menschen darauf vorzubereiten und ihnen beizubringen, verantwortungsvoll mit ihrer neuen Macht umzugehen. Es gebe aber kaum Strukturen, Künstler*innen gesund und von Anfang an zu begleiten.

Einer, der einen anderen Weg gehen will und der das Ringen darum auch in seiner Musik thematisiert, ist der Rapper Conny. Der Siebenunddreißigjährige aus Düsseldorf, mit bürgerlichem Namen Constantin Höft, nimmt mit zumeist rosa gefärbten Haaren ganz bewusst eine fragilere männliche Rolle ein. Er liest feministische Literatur und rappt darüber.

Auch Conny berichtet uns davon, wie er zu Beginn seiner Karriere, mit Anfang zwanzig, als er noch im Battle-Rap aufgetreten ist, geprägt war von einem bestimmten Bild von Stars, denen die Frauen zur Verfügung stehen. »Ich habe es mir immer so vorgestellt: Ich rappe, ich werde berühmt, ich bin ein Künstler. Frauen kommen in den Backstage, weil sie Sex wollen.« Sex sei für ihn damals »das ultimative Versprechen von Berühmtheit« gewesen, sagt er. Sosehr er ein solches Verhalten auch aus seiner heutigen Perspektive verurteile, könne er sich nicht davon freimachen, damals auch solche Gedanken gehabt zu haben.

In seinen aufwendig produzierten Musikvideos setzt Conny sich heute mit Männlichkeit, #MeToo und Rechtsextremismus auseinander. Doch er räumt ein, dass auch er Zeit und Reflexion gebraucht habe, um zu verstehen, welche Verknüpfungen sich in ihm entwickelt hätten, die er heute für problematisch hält. »Da kommen junge Frauen zu dir, die einfach Fan sind, die vielleicht einfach nur deine Mucke cool finden. Und ich konnte mir nicht helfen, mir nicht die Frage zu stellen: Könnte ich jetzt mit ihr schlafen?« Durch dieses Bild entstehe der Glaube, es bestünde ein Anspruch auf Sex mit Fans.

Dieser vermeintliche Anspruch scheint mehr und mehr infrage gestellt zu werden. Denn Conny und erst recht der gereifte Bushido sind nicht die Einzigen, die ihr früheres Verhalten inzwischen offenbar anders bewerten. Auch der Rapper Kool Savas sagt: »Ich möchte das nicht mehr.« Das Interview mit ihm, das der *Spiegel* Anfang Dezember 2023 veröffentlicht, deutet vielleicht so etwas wie einen Läuterungsprozess der Szene an. In jedem Fall aber erschüttert es alte Gewissheiten.

Der heute achtundvierzigjährige Kool Savas alias Savaş Yurderi gilt als einer der einflussreichsten Rapper der späten 1990er- und frühen 2000er-Jahre – so einflussreich, dass er in Deutschland auch als »King Kool Savas« bekannt ist. Wenn einer wie er so Bilanz zieht, dann hat das Gewicht. Yurderi sagt in dem Interview, er wolle nicht mehr das Wort »schwul« als Schimpfwort benutzen, seinen Song »Lutsch mein Schwanz« spiele er nicht mehr, und ohnehin habe er angefangen, darüber nachzudenken, »wie ich Frauen behandelt habe«, nämlich: »absolut unkorrekt«. Der Ruhm habe etwas mit ihm gemacht, erklärt er weiter. Das sei so etwas wie ein »emotionaler Amoklauf«. Er stehe auf der Bühne und denke, die seien alle seinetwegen da. Für ihn seien Fans, die Sex mit ihm wollten, »so etwas wie eine gesichtslose, namenlose Masse. Das war teilweise wie eine Kerbe im Bett.« Yurderi vergleicht es mit einem Drogenrausch – ob man sich »zwanzig Nasen ziehe oder mit zwanzig Groupies schlafe«, das mache keinen Unterschied. Er kenne keinen einzigen Rapper oder Künstler, der keinen Sex mit Fans habe.

Am Ende des Interviews stellt Yurderi auch infrage, dass Sex zwischen einem Star und einem Groupie überhaupt gleichberechtigt sein kann. Er selbst habe »viel zu spät verstanden, dass man nicht mit Groupies schlafen darf«. Mittlerweile finde er das falsch. »Heute würde ich sagen, auch was für beide Seiten einvernehmlich ist, kann trotzdem moralisch nicht okay sein.«

Neue Regeln

Nicht nur einige Künstler*innen zweifeln mittlerweile an dem, was lange als Gesetz des Rock 'n' Roll galt. Auch diejenigen, denen daran liegt, dass alles »vernünftig läuft«, tun es. Und das zum Teil schon seit längerer Zeit.

So etwa der Kanadier Daniel Gélinas, ehemaliger Geschäftsführer des »Festival d'été« in Québec. Im Jahr 2010 hatte Rammstein dort einen Auftritt. Vonseiten der Band sei damals die Bitte an das Festivalteam herangetragen worden, junge Frauen für die Aftershowparty zu finden, berichtet Gélinas im Sommer 2023 einem kanadischen Medium. »Sie haben uns gefragt, und wir haben Nein gesagt. Wir haben ihnen gesagt, dass man so was hier nicht mache.« Weitere Mitarbeiter des Festivals bestätigen der Zeitung die Aussagen von Gélinas.

Auch in Deutschland machen sich seit einigen Jahren immer mehr Menschen, die in der Livebranche, bei Festivals und in Clubs etwas zu sagen haben, Gedanken über den Umgang mit all dem, was backstage passieren kann, und darüber, wie diese Orte sicherer werden. Im Vergleich zu früher wird nun eher und häufiger eingeschritten, wenn übergriffiges Verhalten auffällt. Immer öfter ist es inzwischen beispielsweise so, dass überhaupt nur noch Crewmitglieder in den Backstage-Bereich dürfen. Das Einladen von Fans und erst recht jedes Girlscouting werden immer häufiger komplett verboten.

Allerdings stoßen solche Änderungen und Maßnahmen seitens der Veranstalter oft noch auf Unverständnis – bei Künstler*innen und erst recht bei Fans. Sie habe regelmäßig Ärger, sagt uns eine Frau, die bei Konzerten auch für die Backstage-Bereiche verantwortlich ist. »Ich habe echt oft Streit mit weiblichen Fans.« Die würden sie verantwortlich dafür machen, dass sie sich nicht ihren großen Traum erfüllen können, einmal ihr Idol zu treffen. »Die sind dann richtig sauer, finden mich scheiße und denken, ich wolle denen etwas Böses.«

Auch Theresa Groß hat die Erfahrung gemacht, dass es klare Regeln braucht und diese gut kommuniziert werden müssen. Groß ist Head of Artist Booking beim Deichbrand-Festival, das seit 2005 in der

Nähe von Cuxhaven stattfindet. Mit täglich 60 000 Besuchern an vier Tagen gehört es zu den größeren Mainstream-Festivals.

Theresa Groß und ihr Team haben die Corona-Zeit genutzt, um ganz grundsätzlich über Fragen der Sicherheit und die Bedürfnisse von Besucher*innen und Mitarbeiter*innen nachzudenken. Seit 2023 gibt es beim Deichbrand ein umfassendes Awareness-Konzept, das sowohl Besucher*innen als auch den auftretenden Künstler*innen und ihrer jeweiligen Crew vorab und dann auch noch mal vor Ort kommuniziert wird.

Groß arbeitet seit 2014 für das Deichbrand-Festival. »Ich habe in den letzten Jahren viele Situationen mitbekommen, in denen ich dankbar gewesen wäre, auf ein solches Awareness-Konzept zurückgreifen zu können«, sagt sie. Situationen, in denen Künstler*innen sich danebenbenommen haben, sogar handgreiflich wurden. Schon zuvor habe das Team immer wieder mal entschieden, bestimmte Künstler*innen nach solchen Vorfällen nicht mehr zu buchen, aber mit dem Verhaltenskodex gebe es seit 2023 »eine klare Handhabe«. Der Kodex sei auch Teil der Verträge mit den Künstler*innen. »Allen«, so Groß, »ist vorab klar, welche Werte wir vertreten und wo wir rote Linien ziehen.«

Backstage habe man die Künstler*innen und ihre Crews zudem mit Plakaten und Broschüren darauf aufmerksam gemacht. Darin heißt es zum Beispiel: »Ihr solltet euch dessen bewusst sein, dass es zwischen Fans oder Mitarbeitenden und Künstler*innen immer ein Machtgefälle gibt und dass deshalb Beziehungen, Sex und sonstige Handlungen immer kompliziert sind und ihr dies bei allen euren Aktionen und Kommunikationen berücksichtigen solltet.«

Theresa Groß sagt: »Sie sollen wissen, dass auch für sie Regeln gelten.« Eine dieser Regeln beim Deichbrand lautet: »Wer nicht vorher angemeldet ist, der kommt auch nicht rein«, erklärt Groß. »Egal, wer vor einem steht.« Girlscouting komme daher ihres Wissens nicht vor. »Das ist auch unser Wohlfühlort, wir möchten nicht mit solchen Situationen konfrontiert sein. Wir wollen, dass alle mit einem guten Gefühl nach Hause gehen.«

Auch im Hamburger Club Uebel & Gefährlich setzt der Abend mit Luciano im Februar 2018 und die nachfolgende Auseinandersetzung mit der Agentur Streetlife einen Prozess in Gang. »Das hat dazu geführt, dass wir genauer hinschauen, dass wir konsequenter geworden sind, dass wir Maßnahmen treffen, um dagegen anzugehen«, sagt der Head-Booker des Clubs, Malte von der Lancken, nachdem wir ihn auf den Mailverkehr aus dem Februar 2018 ansprechen. Künstler-Managements würden vor Auftritten nun darauf hingewiesen, dass Girlscouting im Uebel & Gefährlich verboten sei. Und eine Gruppe dürfe seitdem überhaupt nicht mehr in den Backstage-Bereich: die Fans.

PART 6
Knast

Die kleine Box in seinem Zimmer nannte Brian Warner den »Bad Girl's Room« – das Zimmer für böse Mädchen. »Wenn jemand böse ist, dann kann ich ihn darin einschließen. Und schalldicht ist es auch«, sagte Warner schon 2012 in einem Interview. Immer wieder soll Warner mit seiner Box angegeben haben. Angeblich hielt er darin Frauen stundenlang gefangen. Um sie zu quälen, wenn sie eine seiner Regeln missachteten. Mehrere Frauen werfen ihm dies vor.

Warner, der sich als Musiker Marilyn Manson nennt, ist seit Jahrzehnten bekannt für seine Provokationen und seine schockierende Kunstfigur. In der Öffentlichkeit tritt er meist aufwendig geschminkt auf, etwa mit schwarz umschminkten Augen, bleichem Gesicht und breitem, dunkelrotem Lippenstift, mit schwarzer Kleidung, in Ledermänteln oder oberkörperfrei, mit zahlreichen Tattoos.

Sein Spiel mit den Extremen beginnt schon zu Beginn seiner Karriere Anfang der 1990er-Jahre. Auf Flyern für seine Tour sind damals Zeichnungen von Manson und nackten Kindern zu sehen. Wenig später erzählt er in einem Interview, dass es ihn errege, wenn junge Mädchen vor Angst schreien würden. »Ich liebe es, so viel Ärger zu machen, weil ich möchte, dass Menschen Fragen stellen. Deshalb spiele ich mit tabuisierten Themen wie Kinderpornographie, Sodomie, Satanismus.«

In seiner Autobiografie *The Long Hard Road Out of Hell*, die 1998 erschienen ist, beschreibt er ausführlich, wie er und seine Bandkollegen Sex mit einer gehörlosen Frau haben. Diese sei mit Tierfleisch bedeckt worden, abwechselnd hätten sie Geschlechtsverkehr mit ihr gehabt, und am Ende habe Manson auf sie uriniert. Die Frau bestätigt den Sex später, bezeichnet die Darstellung in dem Buch aber als teilweise übertrieben.

Manche ordnen das Buch schon damals kritisch ein. Der Musikjournalist Jim DeRogatis schreibt etwa in einer Rezension für den *Chicago Reader*, Manson beschreibe in seinem Buch quasi auf jeder einzelnen Seite die Misshandlung einer oder mehrerer Frauen. Vielen Journalist*innen gefallen dagegen offenbar gerade diese zur Schau gestellten Grenzüberschreitungen. Kritiker loben das Buch seinerzeit als eine der pikantesten Rockstar-Biografien überhaupt. »Manson nimmt alle Erzählungen des Rock 'n' Roll – den exzessiven Drogengebrauch, die krassen Groupie-Partys, die internen Kämpfe – und treibt sie in bizarre, krankhafte, unglaublich süchtigmachende Extreme«, schreibt der Autor Steven Hyden für das frühere Popkulturblog *Grantland.*

Immer wieder fällt Manson in den folgenden Jahren mit Skandalen auf, doch seine Provokationen werden meist der vermeintlichen Kunstfigur zugeschrieben. 2009 dreht er ein Musikvideo, in dem er eine Frau brutal zusammenschlägt, die seiner Ex-Freundin Evan Rachel Wood extrem ähnlich sieht. Wood spricht im Jahr 2016 öffentlich darüber, dass sie »von einem ehemaligen Partner« vergewaltigt worden sei. Zwei Jahre später sagt sie sogar vor dem Kongress in Washington, D. C., als Betroffene sexualisierter Gewalt aus. Der Missbrauch habe langsam begonnen und sich mit der Zeit gesteigert. Ihr Ex-Partner habe sie im Schlaf vergewaltigt und an Händen und Füßen gefesselt, sie geschlagen, sie mit dem Tod bedroht – bis er das Gefühl gehabt habe, sie habe ihm ihre Liebe ausreichend bewiesen. Sie nennt Manson zu dem Zeitpunkt nicht beim Namen, aber man muss eigentlich nur eins und eins zusammenzählen. Viele Fans feiern Manson trotzdem. Woods Aussagen finden in den Medien nur in wenigen Artikeln Widerhall. Manson veröffentlicht weiter erfolgreich Musik, gibt Konzerte auf der ganzen Welt, spielt in Filmen mit. Im Jahr 2020 steigt sein Album *We Are Chaos* in Deutschland auf Platz vier der Albumcharts ein.

Anfang 2021 melden sich gleich mehrere Frauen in sozialen Medien und gegenüber Reporter*innen mit konkreten Vorwürfen gegen ihn zu Wort. Allein gegenüber dem Musikmagazin *Rolling Stone* sprechen neben Wood noch rund ein halbes Dutzend weitere Ex-Freundinnen Mansons darüber, wie er sie unter anderem regelmäßig gebissen, ihre Haut aufgeritzt, ihnen Stromschläge verpasst, sie geschlagen und auch vergewaltigt habe. Eine ehemalige Freundin, die Schauspielerin Esmé Bianco, erzählt dem Magazin, wie Manson sie mit einer Axt durchs Haus gejagt und Löcher in die Wände geschlagen habe. Der Grund: Er habe sich von ihr »zu sehr eingeengt« gefühlt. Wenige Tage zuvor hatten sich bereits weitere Frauen an die *Los Angeles Times* gewandt.

Mehrere Frauen haben Manson zivilrechtlich verklagt, einige Klagen wurden außergerichtlich verglichen, andere laufen nach wie vor. Eine der Frauen hat ihre Anschuldigungen zurückgenommen und wirft anderen Betroffenen vor, diese hätten sie manipuliert. Die Frauen bestreiten das. Seit Anfang 2021 ermittelt die Polizei in Los Angeles gegen Manson, im Frühjahr 2024 steht noch nicht fest, ob ihn die Staatsanwaltschaft wegen sexuellen Missbrauchs anklagen wird. Manson bestreitet die Vorwürfe. Sein Management lässt unsere Anfrage zu den Vorwürfen unbeantwortet.

Hat Brian Warner seine mutmaßlichen Taten all die Jahre hinter seiner Kunstfigur Marilyn Manson versteckt? Der *Rolling Stone* betitelt seine Recherche im Jahr 2021 konsequenterweise mit »The Monster Hiding in Plain Sight«. Alle hätten es sehen können, wenn sie denn gewollt hätten. Aber sie wollten offenbar nicht. Marilyn Manson habe davon profitiert, sich als ein Kämpfer für die Meinungsfreiheit zu positionieren, schreiben die Autoren des Artikels im *Rolling Stone* selbstkritisch. »Seine Eloquenz, gepaart mit seiner Freakshow als Prinz der Dunkelheit, machte ihn zum Darling der Medien, dessen schockierendste Aussagen normalisiert wurden.« Große Teile seiner Karriere bauten darauf auf. Übrigens hob auch der *Rolling Stone* selbst Manson vor der Recherche mehrfach mit seinen Provokationen aufs Cover.

Songtexte oder Musikvideos sind selbstverständlich in der Regel keine Geständnisse von Verbrechen. Selbst dann nicht, wenn sie autobiografische Bezüge beinhalten. Aber Manson ist keineswegs der einzige Weltstar, bei dem Hinweise auf mutmaßlich missbräuchliches Verhalten lange Zeit durch das Spiel mit dem Tabubruch und der vermeintlichen Kunstfigur vernebelt wurden.

Die amerikanische Kulturjournalistin Amy Zimmerman hat 2017 in »How Hip Hop Rewards Rappers for Abusing Women«, einem viel beachteten Artikel für *The Daily Beast,* darauf hingewiesen, dass die Musikindustrie ein »unbestreitbares Problem der Mittäterschaft« habe und »eine Geschichte, in der talentierten jungen Männern vergeben wird, sodass ihre Straftaten fast vollständig ausradiert werden«. In der Tat gibt es eine ganze Reihe von Musiker*innen, die gefeiert und gefördert werden, obwohl sie sich immer wieder mit schweren Anschuldigungen konfrontiert sehen. Die Frage ist: Sind sie trotz – oder gerade wegen – dieser Vorwürfe weiterhin erfolgreich?

Das Schweigen der Opfer sei die gefährlichste Waffe der Täter, sagt die Journalistin Anne-Sophie Jahn. Nur so habe etwa der französische Rockstar Bertrand Cantat, Sänger und Frontmann der Band Noir Désir, so lange Gewalt ausüben können. In der Nacht vom 26. auf den 27. Juli 2003 verprügelt Cantat dann in einem Hotel in Vilnius seine Geliebte, die Schauspielerin Marie Trintignant. Er ist eifersüchtig auf Trintignants Ex-Mann. Zahlreiche Schläge, mehrere davon ins Gesicht, Marie Trintignant fällt ins Koma. Statt einen Notarzt zu rufen, schleift Cantat ihren regungslosen Körper durch das Zimmer, zieht sie nackt aus und legt sie aufs Bett, ihr Gesicht bedeckt er mit einem feuchten Tuch. Erst sieben Stunden später holt er Hilfe. Marie Trintignant, 41, Mutter von vier Söhnen, stirbt wenige Tage darauf. »Gestorben aus Liebe«, wie Cantat später vor Gericht zu Protokoll gibt. Er legt ein Teilgeständnis ab.

Französische Medien stürzen sich damals auf die »Affair Cantat«, auf die Geschichte über einen der größten Rockstars Frankreichs und die schöne Schauspielerin. Cantat wird in Litauen zwar zu acht Jahren Gefängnis verurteilt, jedoch 2007, also bereits nach drei Jahren, wegen guter Führung entlassen. Bald darauf arbeitet er wieder an einer Solokarriere. Anne-Sophie Jahn hat 2017 für die französische Zeitung *Le Point* die Hintergründe des Falls aufgearbeitet, der die französische Öffentlichkeit bis heute beschäftigt. In einem Fernsehinterview zu ihren Recherchen erklärt sie, Cantat sei unter anderem deshalb schnell rehabilitiert worden, weil er als eine prominente linke Stimme gilt, als einer, der »Moralunterricht zu absolut allem gibt«. 2014 spannt ihn ein Grünen-Politiker für seinen Europawahlkampf ein. Im Sommer 2018 füllt Cantat während einer Tournee die großen Stadien in Frankreich.

Dabei gibt es zu diesem Zeitpunkt längst Hinweise darauf, dass Marie Trintignant nicht das einzige Opfer von Cantats Gewaltausbrüchen gewesen ist. 2010 erhängt sich seine Frau Kristina Rady. Sie wird von ihrem gemeinsamen zwölfjährigen Sohn gefunden. Laut Jahn hat sie versucht, Cantat für einen anderen Mann zu verlassen. Kurz vor ihrem Selbstmord hinterlässt sie ihren Eltern eine angstvolle Nachricht auf dem Anrufbeantworter: »Bertrand ist verrückt. (…) Auf der Straße sehen ihn alle als Ikone, als Vorbild, als Star, und alle wollen, dass es ihm gut geht. Aber wenn er nach Hause kommt, macht er ganz schreckliche Dinge mit mir, vor der Familie.«

Anne-Sophie Jahn kommt zu dem Ergebnis: Der Gewaltausbruch Cantats war keine Ausnahme. Auch Kristina Rady muss regelmäßig Gewalt durch den Vater ihrer vier Kinder erlebt haben. Und viele hätten dies gewusst, enge Freunde und Nachbarn, aber auch die Bandmitglieder von Noir Désir. Eine »Omertà« nennt Jahn das Schweigen in ihrem Artikel. Ausgerechnet Rady, seine langjährige Partnerin, sei es gewesen, die vor dem Prozess in Vilnius im Jahr 2004 Bandmitglieder und andere Zeugen dazu gebracht habe, zu schweigen. Vermutlich, um ihre Familie zu schützen.

»Kristina hat mich besucht und mich und alle anderen Mitglieder der Band gebeten, zu verschweigen, was wir wissen«, zitiert Jahn ein ehemaliges Bandmitglied von Noir Désir anonym. »An diesem Tag haben wir alle zusammen beschlossen zu lügen. Wir standen alle unter seinem Einfluss.« Nach der Veröffentlichung des Artikels habe die Plattenfirma Barclay die ehemaligen Bandmitglieder angerufen und sie zu einem Dementi aufgefordert, sagt Jahn gegenüber der *WELT*. Cantat habe die Bandkollegen ebenfalls unter Druck gesetzt. Doch keiner von ihnen dementiert die anonyme Aussage. Weder Barclay noch das Management von Cantat äußern sich auf unsere Anfrage zu den Vorwürfen.

Cantat inszeniere sich bis heute als Opfer, erklärt Jahn in dem schon erwähnten Fernsehinterview. »Man hört von ihm nur: Ich habe die Liebe meines Lebens verloren, ich bin das Opfer unerbittlicher Medien.« In der Musikwelt ist Bertrand Cantat nie geächtet worden. Als Ende 2017 sein erstes Soloalbum *Amor Fati* herauskommt, druckt die Kulturzeitung *Les Inrockuptibles* ein Cover mit seinem Foto, »in seinem Namen«. In der Öffentlichkeit regt sich angesichts des Covers jedoch Protest. Die Frauenzeitschrift *Elle* antwortet eine Woche später, ebenfalls mit einer Titelgeschichte – auf der ersten Seite ein Portrait von Marie Trintignant mit der Aufschrift »Im Namen von Marie«.

Wie lässt es sich erklären, dass Künstler*innen wie Cantat selbst nach heftigen Vorwürfen gegen sie oder gar nach einer Verurteilung alsbald wieder Stadien füllen? Überstrahlt ihre Kunst die Schatten der Anschuldigungen – oder sorgen die Diskussionen und Berichte darüber ganz einfach dafür, dass das Interesse an diesen Künstler*innen steigt und die Musik häufiger gehört wird? Immer wieder scheinen intensiv diskutierte Vorwürfe – wie zuletzt bei Till Lindemann – finanziell eher zuträglich zu sein: Gleich mehrere alte Songs und Alben der Band Rammstein landen im Sommer 2023 wieder in den Charts. Und auch Lizzo, der im Sommer 2023 mehrere ehemalige Tänzerinnen Machtmissbrauch und sexuelle Belästigung vorwarfen, steht im Februar 2024 bei der Verleihung der Grammy Awards auf der Bühne, um der Sängerin SZA einen Preis zu übergeben.

»Fast alle Musiker*innen, die irgendwann einen Sturm der Entrüstung hervorgerufen haben, weil sie angeblich Gewalt verübt oder schlimme Dinge gesagt haben, dürften ihre Karriere trotzdem fortgesetzt haben, weil ihre Songs so einnehmend sind«, schreibt der Musikjournalist Spencer Kornhaber in *The Atlantic*. Wer also die vermeintliche Cancel Culture beklagen will, das konsequente Ausschließen von Menschen, denen Verfehlungen vorgeworfen oder nachgewiesen wurden, kann sich über die Popmusik kaum beschweren. Während sich die Filmbranche 2017 nach Vorwürfen sexueller Nötigung mehrerer Männer gegen den Schauspieler Kevin Spacey radikal von diesem abwandte, bevor es überhaupt zu einem Prozess kam (der später mit einem Freispruch endete), treten Musiker wie Bertrand Cantat selbst nach einer Haftstrafe und dem Gestehen von Straftaten und trotz einer Vielzahl an weiteren Vorwürfen noch immer auf. »Anders als in anderen Industrien ist Gewalt gegen Frauen in Rock und Rap nicht einfach nur das hässlichste Resultat einer toxischen Welt. Sie sind ein Marketing-Tool«, konstatiert unser Kollege Jakob Biazza in der *Süddeutschen Zeitung*.

Helfen Gewaltvorwürfe also manchen Künstler*innen sogar dabei, ihre Musik besser zu verkaufen? Diesen Schluss legt Amy Zimmerman in ihrem oben erwähnten Artikel für *The Daily Beast* anhand verschiedener Beispiele gewalttätiger US-Rapper nahe. Einer davon ist XXXTentacion, der 2016 auf der Streamingplattform Soundcloud mit dem Song »Look at Me!« bekannt wird, einem übersteuerten, rohen Track mit sehr expliziten Texten. 2018, im Alter von zwanzig Jahren, wird XXXTentacion, der mit bürgerlichem Namen Jahseh Onfroy heißt, bei einem Raubüberfall angeschossen und stirbt an den Verletzungen. Seine Grabkapelle in Boca Raton, Florida, ist heute so etwas wie ein Wallfahrtsort für seine Fans.

In den Jahren vor seinem frühen Tod verbringt Onfroy mehrere Monate in Untersuchungshaft – wegen eines bewaffneten Raubüberfalls und weil er seine damalige Freundin während ihrer Schwangerschaft geschlagen, getreten, gewürgt und eingesperrt haben soll. Eine Anklage wegen schwerer Körperverletzung einer Schwangeren und Freiheitsberaubung folgt. Onfroy plädiert auf unschuldig und kommt auf Kaution frei. Dann wird eine Tonaufnahme von ihm öffentlich. »Ich begann sie zu schlagen, weil sie einen Fehler gemacht hatte«, ist darauf laut Zimmerman zu hören. Und: »Ich werde diese Bitch umbringen, wenn sie mich verarscht.«

Sein Ansehen als Künstler verliert Onfroy deshalb allerdings weder in der Szene noch bei den Fans. Die Ermittlungen gegen ihn gehen vielmehr sogar mit stark zunehmender Prominenz und steigendem Erfolg einher, so Zimmerman. Die Zahl der Streams seiner Single wächst rasant, während er in Untersuchungshaft sitzt. Einige Szenegrößen wie A$AP Rocky loben Onfroy als einen der »Härtesten« in Florida. Noch während er in Haft ist, bieten ihm Scouts der großen Plattenfirmen offenbar Verträge mit sechsstelligen Vorschüssen an. »Das erste Mal, als ich ihn traf, war er in Handschellen«, sagt ein Rechtsanwalt, der Onfroy bei den Vertragsverhandlungen beraten hat, der *New York Times* 2018. Auch das Festival »Rolling Loud« Miami, eines der größten Hip-Hop-Festivals, bucht ihn für Konzerte. Nachdem er im März 2017 freikommt, tritt er sowohl 2017 als auch 2018 auf – bis wenige Tage vor seinem Tod.

Onfroy sei im Zuge der Kontroversen regelrecht aufgeblüht, schreibt Amy Zimmerman. Er und andere Rapper seien von ihren Fans und der Szene dafür gepriesen worden, dass sie sich selbst treu blieben und über schmerzhafte persönliche Themen wie die eigenen Verbrechen und Inhaftierungen gesprochen hätten. Über Depressionen, Gewalterfahrungen und eine Kindheit in Armut. Die Tatsache, dass Onfroy und andere sich so äußerten, wurde ihnen als Glaubwürdigkeit ausgelegt. »Halbwahrheiten und Angebereien«, so Zimmermans Fazit, »gehen nicht so tief wie Geständnisse.« Der Rapper gab den Fans, was sie von ihm erwarteten.

Verkaufen lässt sich das, was echt ist. Gerade im Gangster-Rap gebe es ein regelrechtes Authentizitätsgebot, sagt auch die Soziologin Heidi Süß, von der FU Berlin, die sich seit Jahren mit dem Verhältnis von Rap und Männlichkeit beschäftigt und als eine der wichtigsten deutschen Forscherinnen auf diesem Gebiet gilt. Vonseiten der Fans gebe es die klare Erwartung, dass das, »was auf Text- und Bildebene ausgestellt wird, auch in lebensweltlichen Kontexten verkörpert wird«, sagt Süß im Gespräch mit uns. In einem der bekanntesten Rapsongs überhaupt – »Shook Ones, Pt. II« von Mobb Deep – heißt es Mitte der 1990er-Jahre: »'Cause ain't no such thing as halfway crooks«. Entweder man ist ein richtiger Gangster, oder man ist es eben nicht, dazwischen gibt es nichts. Die Zeile wird weltbekannt, als Eminem sie am Ende seines Films *8 Mile* benutzt, um ein wichtiges Rap-Battle zu gewinnen.

Authentisch

Keine halben, sondern richtige Gangster zu sein – das haben auch andere bekannte Rapper schon immer sehr glaubwürdig vertreten können. Ihrer Karriere hat es nicht geschadet, im Gegenteil: der Wu-Tang Clan etwa, eine der erfolgreichsten Rap-Gruppen überhaupt, die mit ihren Mitgliedern – unter anderem RZA, GZA, Ghostface Killah, Method Man und Ol' Dirty Bastard – den Rap der 1990er-Jahre maßgeblich geprägt hat. Auch deshalb, weil die insgesamt neun Männer in den 1980er-Jahren in ärmlichen Verhältnissen im New Yorker Stadtteil Staten Island aufgewachsen sind und wie eine Streetgang organisiert bleiben. Als der Clan Anfang der 1990er-Jahre gerade dabei ist, bekannter zu werden, übernimmt ausgerechnet eine weiße deutsche Frau aus Ladenburg bei Mannheim das Management: Eva Ries.

Ries kommt 1993 nach New York – und zu Sony Music, in das internationale Musikmarketing des Labels RCA. In Deutschland hat sie vor allem mit Metalbands gearbeitet, von Hip-Hop hat sie keine Ahnung. Doch von der Plattenfirma wird sie ins kalte Wasser geworfen: Sie bekommt ein Tape vom Wu-Tang Clan in die Hand gedrückt. »Ich habe es auf meiner Hochzeitsreise auf Hawaii mit einem Walkman gehört und fing an zu weinen«, sagt sie uns am Telefon. Die Aufnahmen seien aus ihrer Sicht sehr schlecht produziert gewesen, die Texte brutal. »Da ging es um die besten Foltermethoden. Ich war total schockiert und dachte, ich muss den Job sofort hinschmeißen.«

Dass sogenannte Torture Skits zum Genre gehören, lernt sie später. »Ich habe ihnen gesagt, ich verstehe was von internationalem Marketing, aber ich verstehe nicht, was ihr hier macht. Ich muss das aber, damit ich das verkaufen kann.« So bekommt sie von den Clanmitgliedern einen Crashkurs in Hip-Hop. Die Männer erzählen ihr von ihrem Leben in Armut und Gewalt, davon, dass sie fast alle Kinder von alleinerziehenden Müttern gewesen seien, manchmal wochenlang nichts anderes gegessen hätten als Haferschleimsuppe. »Da habe ich langsam, aber sicher verstanden, wo sie herkommen«, sagt Ries.

Die Männer beschreiben in ihrer Musik nichts anderes als ihr eigenes Leben. »Autobiografisch, ein bisschen Mord und Totschlag, und etwas Angeberei«, so Ries. Sie gewinnt das Vertrauen der Männer – und bleibt schließlich fast dreißig Jahre an der Seite des Clans. Sie ist eine Art Übersetzerin zwischen der Welt des Clans und der Außenwelt – der Musikindustrie, der Öffentlichkeit. Eines der Clanmitglieder habe erst kürzlich zu ihr gesagt: »Du warst New Yorks bestbezahlte Bewährungshelferin.« Sie selbst fühlt sich eher wie die Psychiaterin von Tony Soprano. »Ich wusste alles, durfte aber auf keinen Fall mit der Polizei reden«, erklärt uns Ries und lacht.

Der Clan macht seinem Namen alle Ehre: Bei Auftritten in Europa lassen die Rapper damals laut Ries bei jeder Autogrammstunde in Plattenläden Dutzende CDs mitgehen. Einem jugendlichen Fan hätten sie bei einem Auftritt in Amsterdam den Kiefer gebrochen. Und ein Label-Mitarbeiter verklagt die Gruppe, weil sie ihn nach einem Auftritt im August 1997 in Chicago geschlagen und getreten, seine Uhr und sein Bargeld gestohlen und ihn mit dem Tod bedroht hätten. »Die sind auf Konzertveranstalter los, die haben sich mit Konzertbesuchern geprügelt – da gab es so viele Vorfälle«, sagt Ries heute im Gespräch mit uns. »Ich konnte das gar nicht mehr verhindern, ich konnte ja nicht den ganzen Tag Gefängniswärterin spielen.«

Diese Übergriffe, so Ries, hätten der Gruppe nicht nur in der Szene Respekt verschafft, sondern auch darüber hinaus. »Es hat ihnen total geholfen für die Imagebildung. Die haben authentisch das Gangster-Image untermauert – andere sind ja nur auf dem Papier Gangster.«

Dabei ist Hip-Hop in seinen ersten Jahren gar nicht so Gangster, wie es heute manchmal den Anschein hat. Als das neue Genre vor gut fünfzig Jahren in der New Yorker Bronx entsteht, ist es weder gewaltverherrlichend noch frauenverachtend. Es dauert mehr als zehn Jahre, bis in den USA Mitte der 1980er-Jahre die ersten Songs entstehen, die man heute als Ursprünge des Gangster-Rap bezeichnet. In denen nicht mehr nur die schwierigen Lebensbedingungen problematisiert werden, sondern Rapper sich immer stärker selbst als kriminelle Rebellen in den Mittelpunkt stellen, die es aus armen Verhältnissen über Straftaten und ihre Musik zu großem Reichtum gebracht haben – und in denen Frauen fast nur noch als Sexobjekt vorkommen.

Auch in Deutschland beginnt Hip-Hop in den 1980er-Jahren zunächst eher politisch, und es dauert gut fünfzehn Jahre, bis Kool Savas und die Berliner Rapper von Aggro Berlin – Sido, Bushido, Fler und B-Tight – zum Jahrtausendwechsel den Gangster-Rap populär machen. Und damit auch Texte, die Gewalt verherrlichen und Frauen abwerten. Der *Spiegel* analysierte vor einigen Jahren 30 000 Rap-Songs aus fast zwei Jahrzehnten. Demnach stieg der Anteil von Rap-Songs, die sexistische Begriffe verwenden, um die Jahrtausendwende innerhalb von vier Jahren von 3 auf 25 Prozent und bleibt seitdem auf einem ähnlich hohen Niveau. Die Gangster-Rapper aus Berlin prägen den Deutschrap bis heute, wohl auch deshalb, weil sie mit ihren Provokationen und der rohen Darstellung ihres angeblichen Lebensstils sehr schnell sehr viel Geld verdienen und dadurch zahlreiche Nachahmer finden.

Seit Jahren dominieren Gangster-Rapper inzwischen die deutschen Charts. Der Anteil von Hip-Hop am Gesamtumsatz der Musikindustrie ist in den vergangenen Jahren stark gewachsen. Ein knappes Viertel aller Streams entfällt auf Hip-Hop, fast so viel wie auf Popmusik, deren Anteil sinkt. Die erfolgreichsten Vertreter des Gangster-Rap in Deutschland – von Samra über Luciano bis zu Capital Bra und RAF Camora – verkaufen eigene Modelinien, eigenen Alkohol, eigenen Shisha-Tabak, werden von Red Bull gesponsert, werben für Firmen wie Edeka, Deichmann, Axe oder Conrad und schreiben Bestseller-Memoiren.

Die großen Plattenfirmen, allen voran Universal, haben in Deutschland zahlreiche Gangster-Rapper unter Vertrag genommen. Als Universal 2018 den Vertrag mit zwei Rappern der 187 Strassenbande verlängert, sagt Deutschlandchef Tom Bohne, dass der Erfolg der Gangster-Rapper der Beweis sei, »dass mittlerweile nicht nur die Community, sondern auch das breite Publikum authentischen Rap liebt«. Er freue sich »sehr auf die künftige Zusammenarbeit«.

Die 187 Strassenbande aus Hamburg ist die seit Jahren wohl erfolgreichste Rap-Gruppe Deutschlands – vermutlich auch deshalb, weil sie sich nicht nur »Strassenbande« nennt, sondern offenbar wirklich eine ist. In ihren Liedern rappen die 187er über Waffen, Drogen und Gewaltfantasien, verfluchen Polizei und Staatsanwaltschaft – und beschreiben sexuelle Übergriffe. »Bring Deine Alte mit, sie wird im Backstage zerfetzt. Ganz normal, danach landet dann das Sextape im Netz«, lautet ein Songtext. »Baller der Alten die Drogen ins Glas, Hauptsache Joe hat seinen Spaß«, heißt es in einem anderen. Die Zahl 187 steht übrigens für den Paragraphen im kalifornischen Strafgesetzbuch, in dem es um Mord geht.

Vor einigen Jahren durchsuchte die Hamburger Polizei wegen des Verdachts auf Cannabishandel mehrere Wohnungen und eine Lagerhalle, die der 187 Strassenbande zugerechnet werden, und fand neben Cannabis und Kokain auch verschiedene Waffen, darunter Schreckschusspistolen, Elektroschocker und Messer. Gegen gleich mehrere Mitglieder wurden in den vergangenen Jahren zudem konkrete Gewaltvorwürfe öffentlich, darunter auch gegen einen der Frontmänner der Gruppe, Kristoffer Jonas Klauß, der sich als Rapper Gzuz nennt, angeblich ein Akronym für »Ghetto Zeug Un Zensiert«. In den letzten Jahren hat er sowohl als Rapper als auch als Straftäter Karriere gemacht.

Gzuz ist ein großgewachsener Mann mit breitem Kreuz, Goldkette und vielen Tattoos. Auf Fotos zeigt er gerne mal den Mittelfinger und seinen freien Oberkörper. »Lokalpatriot« steht auf seiner Brust, darüber die Skyline von Hamburg, auf dem Rücken eine große 187 – und oben am Hals »Fuck Cops«, gestochen im Gefängnis, nach eigener Aussage mit einer aus einem alten Kassettenrekorder gebauten Tätowiermaschine. Er gilt als einer der besten Rapper Deutschlands, mit rauer Stimme und geradeheraus formulierten Reimen, die er sauber und drängend ins Mikrofon drückt. Einer breiten Öffentlichkeit wird Gzuz bekannt, als er 2016 den Refrain von »Ahnma« singt, der Comeback-Single der Hip-Hop-Gruppe Beginner, mit Jan Delay und Gentleman.

Gzuz ist rund ein Dutzend Mal wegen verschiedener Verbrechen verurteilt worden. Einmal wirft er einer Frau aus kurzer Distanz eine Glasflasche an den Kopf, ein anderes Mal bricht er einem Fahrradfahrer mit einem Faustschlag die Nase. Von 2010 bis 2013 sitzt Gzuz wegen Raub und Körperverletzung für rund drei Jahre im Gefängnis.

Genau in der Zeit beginnt der gemeinsame Aufstieg der 187 Strassenbande. Kurz vor der Inhaftierung von Gzuz veröffentlichen sie das erste Album. Die Haftstrafe hätte das Ende der Gruppe bedeuten können, stattdessen ist sie Brandbeschleuniger für ihren Erfolg. Gzuz' Kollegen um den Kopf der Gruppe, Bonez MC – der eigentlich John Lorenz Moser heißt –, veranstalten eine »Free Gzuz«-Tour und verkaufen entsprechende T-Shirts. Gzuz wird in diesen drei Gefängnisjahren »zu einer Art Märtyrer der Szene«, wie das *Hamburger Abendblatt* einmal schreibt. Das erste Album nach der Entlassung von Gzuz – *High & hungrig* – schießt hoch auf Platz neun der deutschen Albumcharts. Von da an geht es nur bergauf.

Gzuz und Bonez MC werden in den Jahren nach 2015 zu Superstars für Millionen junge Menschen. Sie produzieren in dieser Zeit einzeln und gemeinsam insgesamt zehn Alben, die in den Charts Platz eins erreichen. Auf Spotify werden ihre Songs Hunderte Millionen Mal gestreamt, Hunderttausende Menschen besuchen ihre Tourkonzerte.

Welche Umsätze konkret gemacht werden, lässt sich bei den meisten Künstler*innen nur schätzen. Doch wie viel Geld Gangster-Rapper mit ihrer Kunst verdienen können – und wie einträglich die hoffnungsvoll angekündigte Zusammenarbeit auch für Universal sein muss –, wird bei Gzuz bekannt, als er sich erneut vor Gericht verantworten muss. Diesmal unter anderem wegen eines Angriffs auf einen weiblichen Fan.

Frühmorgens, nach einer durchgefeierten Nacht Anfang März 2020, soll Gzuz auf der Reeperbahn einer jungen Frau ins Gesicht geschlagen haben, die ihn penetrant um ein Selfie gebeten hatte. Gzuz zufolge ist das nicht absichtlich passiert. Er entschuldigt sich später mehrfach bei der Frau, bietet ihr bei einer zufälligen Begegnung in einem Café kurz vor Prozessbeginn als Entschädigung 500 Euro und Gästelistenplätze für alle seine Konzerte an. Sie nimmt die Entschuldigung an, trotzdem wird der Rapper im März 2022 zu gut acht Monaten Haft sowie mehr als 400 000 Euro Geldstrafe verurteilt, auch wegen unerlaubten Waffenbesitzes.

Gzuz wird während der Hauptverhandlung dazu befragt, wie die Gewalt im realen Leben mit seinem Erfolg im Rap zusammenhänge. »Natürlich macht man das auch aus Imagegründen«, sagt Gzuz. Gzuz erklärt, dass seine Texte selbstverständlich überzogen seien und man diese nicht ernst nehmen könne, er sei halt Rapper. Sein Manager habe ihm gesagt, dass sein Image aus drei Dingen bestehen müsse, wenn er Erfolg haben wolle: Hamburg, Knast und Mercedes.

Auch das Gericht kommt in seinem Urteil zu dem Schluss, Gzuz geriere sich in den sozialen Medien bewusst als Krimineller, mit Drogen und mit Waffen, um sein Bild als Gangster zu pflegen. Dies diene der »Maximierung des wirtschaftlichen Erfolges seiner künstlerischen Tätigkeit«.

Nicht nur zu der Frage, wie authentisch Gzuz offenbar den Gangster-Rap verkörpert, gibt das Urteil des Landgerichts Einblicke. Es zeigt auch: Für die Plattenfirma Universal, die beim Streaming einen Großteil der Einnahmen bekommt, sind Gangster-Rapper wie er wahre Gelddruckmaschinen. Allein Gzuz hat von Universal im Jahr 2021 offenbar einen Vorschuss über mehr als eine Million Euro für einen neuen Vertrag erhalten.

Das Gericht muss es so genau wissen, weil sich der Tagessatz, den Verurteilte bei Geldstrafen zahlen müssen, am Jahreseinkommen bemisst. Für Gzuz ermittelt das Gericht nach Abzug aller Kosten ein Einkommen von mehr als 850.000 Euro im Jahr 2021 – unter der Million bleibt es nur, weil es den Vorschuss von Universal auf mehrere Jahre verteilt. Von der Plattenfirma kommt demnach das meiste Geld.

Zu einem Gespräch mit uns waren weder Gzuz noch sein Strafverteidiger bereit. Ein ausführlicher Fragenkatalog blieb unbeantwortet.

Jetzt erst recht

Ob nun Szenen aus dem echten Leben oder erlernter Habitus eines Genres – mit Provokation lässt sich im Rock, Pop oder Rap schon lange viel Aufmerksamkeit erreichen und sehr viel Geld verdienen. Es sei »eine der ältesten Gesten in der populären Musik«, schreibt der Musikjournalist Jens Balzer, und in einem Interview sagte Marilyn Manson dem *Spiegel* schon 2003: »Ein Künstler, der nicht provoziert, wird unsichtbar. Kunst, die keine starken Reaktionen auslöst, hat keinen Wert.« Möglicherweise gilt das heute umso mehr.

Dadurch, dass in der Gesellschaft zuletzt progressiver diskutiert worden sei, etwa zu #MeToo und zu toxischer Männlichkeit, sei es »natürlich ein Distinktionsgewinn, wenn man sich in diesem Klima jetzt noch traut, ›Fotze‹ zu sagen oder nackte Frauen tanzen zu lassen«, sagt uns Soziologin Heidi Süß. Sich gegen den vermeintlich herrschenden »woken« Diskurs aufzulehnen und ein Frauenbild zu bedienen, das offensichtlich aus der Zeit gefallen ist, lasse Künstler heute als besonders mutig dastehen.

Für alle, die mit den Künstlern Geld verdienen, ist das laut Süß ein »riesiges Geschäftsmodell«. Sie ist nicht die Einzige, die sich in den vergangenen Jahren darüber Gedanken macht, ob man mit dieser Art von Musik noch so viel Geld verdienen darf – und damit auch dem dabei transportierten Frauenbild entsprechende Reichweiten verschafft. »Nachgewiesen problematische Rapper haben immer noch viele Follower, sind immer noch bei den großen Labels unter Vertrag«, sagt Süß. »Ich bedaure das natürlich sehr, dass da so wenig passiert und sich da nicht mal jemand hinstellt und sagt: Nein, diesen Künstler lassen wir jetzt fallen. Diesem Mindset wollen wir keine Reichweite geben.«

Doch nicht nur im Rap scheint Sexismus heute besonders gut zu funktionieren. Im Sommer 2022 wird auch ein Schlager zum Symbol des Freiheitskampfs gegen eine vermeintliche Cancel Culture stilisiert. Das Lied des Duos Robin und Schürze, in dem es um eine gutaussehende Bordellbetreiberin geht (»Ich hab ’nen Puff und meine

Puffmama heißt Layla / Sie ist schöner, jünger, geiler«), ist eines dieser Lieder, die beim Feiern auf Jahrmärkten für Stimmung sorgen oder auf dem Ballermann gegrölt werden. »Layla« wäre wohl nicht weiter aufgefallen, wenn nicht die hessische Juso-Chefin Mitte Juni 2022 auf Twitter kritisiert hätte, dass die hessische Junge Union das Lied bei ihrem Landesparteitag gespielt habe. Das sei »blanker Sexismus«, der auf der Bühne »zur Schau« gestellt werde, schreibt sie. Als dann auch noch die Verantwortlichen des Kiliani-Volksfests in Würzburg die Veranstalter darum bitten, das Lied nicht zu spielen, wird die Debatte um »Layla« zum Kulturkampf: zwischen den vermeintlich Lockeren, die »Layla« hören wollen »und sich an Zeiten erinnern, in denen Frauen noch nicht so kompliziert waren, und denen, die den Song geschmacklos oder abwertend finden«, wie es die *Frankfurter Allgemeine Zeitung* damals formuliert. Sogar der Bundesjustizminister Marco Buschmann (FDP) fühlt sich berufen, sich in die Debatte einzuschalten. Er halte nichts von behördlichen Verboten, schreibt er auf Twitter – obwohl das gar keiner gefordert hatte. Per Stadtratsbeschluss hatte man sich in Würzburg schon 2021 darauf verständigt, bestimmte Lieder nicht mehr spielen zu wollen, unter anderem das »Donaulied«, in dem es um die Vergewaltigung einer Schlafenden geht. Um ein Verbot war es dabei nie gegangen.

Der Produzent des Liedes, Matthias Distel alias Ikke Hüftgold, der bereits andere Partyschlagersänger*innen wie eine ehemalige Pornodarstellerin und Songs wie »Dicke Titten, Kartoffelsalat« groß gemacht hat, äußert sich gegenüber der *SZ* triumphierend: »Ein Faktor für den Erfolg von Layla war das neue Moralverständnis hierzulande.« Und in einem Gastbeitrag in der *ZEIT*: »Das halbe Land spricht von dem verhinderten Lied. Und wir sehen, dass Spießertum und angebliche politische Korrektheit eher zum Gegenteil dessen führen, was sie erreichen wollen: Das, was die Spießer unterbinden möchten, wird gerade groß.« Das Lied sei mit Beginn der Debatte doppelt so häufig wie zuvor gestreamt worden.

Tatsächlich klettert »Layla« im Zuge der Debatte in den Charts nach ganz oben, ein Marktforschungsunternehmen kürt es im Juli

2022 zum offiziellen Sommerhit des Jahres, und Ikke Hüftgold erhält Ende August Platin für 400 000 verkaufte Einheiten. In seinem Onlineshop soll es konsequenterweise eine Zeitlang T-Shirts mit dem Aufdruck #freelayla gegeben haben. »Die Musikindustrie hat kapiert, dass Sexismus funktioniert«, erklärt Hüftgold in dem schon erwähnten Text der *SZ*.

Diese Erkenntnis ist vielleicht nicht ganz so neu, wie Hüftgold meint. Aber möglicherweise kann der kalkulierte Tabubruch heute besonders einträglich werden, denn in einer Gesellschaft, die für die Schattierungen von Macht und Privilegien sensibler geworden ist, lässt sich damit Protest zum Ausdruck bringen – ob als Produzent oder als Konsument.

Für die einen steht wohl das »tiefe menschliche Bedürfnis, mal so richtig die Sau rauszulassen« im Vordergrund, wie Unterhaltungswissenschaftler Sacha Szabo gegenüber der *SZ* erklärt. Für die anderen eher der Profit. Ikke Hüftgold jedenfalls kündigt im September 2022 bereits an, die polarisierten gesellschaftlichen Verhältnisse für sich nutzen zu wollen: »Es ist wie in der Autoindustrie«, sagt er der *SZ*. »Wenn ein Fahrzeugtyp geil ankommt, wird das Bauprinzip kopiert. Jeder Frauenname, der sich reimen lässt, kommt jetzt dran.«

Was aber, wenn nicht nur der Tabubruch zum Geschäftsmodell wird, sondern auch der Rechtsbruch? Wie bei Gzuz zum Beispiel, der durch die #freegzuz-Tour seiner 187-Kollegen als Rapper Anfang der 2010er-Jahre erstmals richtig bekannt wird, während er in Haft sitzt.

Seine zweite Haftstrafe nach dem Urteil des Hamburger Landgerichts im März 2022 tritt er nicht sofort an. Sein Verteidiger Christoph Posch legt Revision ein, und erst als diese wenige Monate später verworfen wird, ist das Urteil rechtskräftig. Wie schon seine 187 Strassenbande 2012 nutzt der Rapper auch dieses Mal den nun bevorstehenden Gefängnisaufenthalt für sich. Seine Tour im Sommer 2022 vermarktet er als »Cash 4 Knast«.

PART 7
Aus großer Kraft

Der 6. September 2023 ist ein sonniger, warmer Abend in Berlin. Das Spindler & Klatt, ein Veranstaltungsort direkt am Kreuzberger Spreeufer, füllt sich an diesem Abend früh. Voll sei es gewesen, erzählen uns Menschen, die dabei waren. Die vielen Gäste bekommen feine Drinks gereicht, holen sich Burger und Rippchen am Buffet. Die deutsche Universal Music Group feiert ihr Sommerfest »Universal Inside«, eingeladen sind die Künstler*innen der Plattenfirma, Geschäftspartner*innen und die Mitarbeiter*innen. An diesem Abend zeigt die größte Plattenfirma der Welt, was sie vorzuweisen hat, und CEO Frank Briegmann präsentiert die Ergebnisse des Jahres mit aufwendigen Visuals. »Wir sind von einem normalen Label geworden zu einer Art Architekt oder Baumeister dieser ganzen integrierten Welten«, sagt er bei seiner Präsentation auf der Bühne. »Gemeinsam mit den Artists versuchen wir Erlebnisse zu schaffen, die über den reinen Audiokonsum weit hinausgehen.«

Die anschließenden Auftritte sind »Dedicated to Hip Hop« – vor fünfzig Jahren entstand die Bewegung in der Bronx, heute wird damit auch in Berlin viel Geld verdient. Als Erstes tritt Kontra K auf, es folgen die Rapperinnen badmómzjay und Juju, danach Sido und Luciano.

Einer der wichtigsten deutschen Rapper von Universal steht an diesem Abend nicht auf der Bühne, sondern im Publikum. Auf einem Video sieht man ihn auf der Party mit anderen Künstlern, darunter Luciano und Ski Aggu, für Fotos posieren – gemeinsam mit CEO Frank Briegmann und Deutschlandchef Tom Bohne.

Der Rapper hat für den Besuch der Party vermutlich Hafturlaub gewährt bekommen, denn eigentlich müsste er um diese Uhrzeit wohl längst zurück sein im roten Backsteinbau der JVA Glasmoor in Schleswig-Holstein. Dort verbüßt Gzuz alias Kristoffer Klauß Anfang September noch seine rund achtmonatige Haftstrafe im offenen Vollzug, erst eine Woche später, am 12. September, wird er auf Bewährung entlassen.

Später geht die Party für einige Gäste in der deutschen Zentrale von Universal Music weiter. Das Gebäude liegt ebenfalls direkt an der Spree, aber am anderen Ufer. Traditionell werde nach dem »Universal Inside« dort auf der Dachterrasse weitergefeiert, heißt es. Mehrere Personen berichten uns, dass Gzuz bei der Afterparty dabei gewesen sei. Und er sei in dieser Nacht ausfällig geworden, habe eine Mitarbeiterin sexistisch beleidigt und andere beschimpft.

Was an dem Abend als Feier der erfolgreichen Musiker*innen begonnen hat, endet für Universal so mit einer kleinen Krise. Seither wird dort darüber diskutiert, wie die so hoffnungsvoll angekündigte Zusammenarbeit mit dem Rapper der 187 Strassenbande weitergehen kann.

Die Pressesprecherin von Universal, Anne-Sophie Henkel, bestätigt uns gegenüber den Vorfall. Es habe umgehend Gespräche mit allen Betroffenen gegeben. Gzuz habe sich sowohl vor Ort als auch später schriftlich entschuldigt. Der Rapper, der zuvor jahrelang bei dem Universal-Label Vertigo/Capitol unter Vertrag war, werde »nun bei uns durch das Label Chapter One betreut«, schreibt Henkel. Zur »Universal Inside« sei er nicht eingeladen worden, sondern in Begleitung eines anderen Gastes gekommen. Gzuz selbst wollte sich auf mehrfache Anfrage von uns an seinen Anwalt nicht äußern.

»Warum tun jetzt hier alle so überrascht? Als hätten wir nicht gewusst, wer Gzuz ist«, sagt eine Frau, die hier Julia Menke heißen soll. Sie arbeitet bei Universal und möchte deshalb anonym bleiben. Wir treffen sie im Winter 2023 in einem Café in Berlin-Mitte. Sie trägt einen bunten Oversize-Pulli und Jeans, und wenn sie spricht, gestikuliert sie, als wolle sie unterstreichen, wie wichtig ihr die eine Sache ist. »Gewalt ist nicht von der Kunstfreiheit gedeckt«, findet sie.

Julia Menke erzählt uns, dass der Übergriff auf die Mitarbeiterin im September 2023 nicht das erste Mal ist, dass sich die Plattenfirma mit dem Hamburger Rapper und seinem Verhalten auseinandersetzen muss. Schon ein Jahr vorher, Mitte September 2022, hätten sich Mitarbeiter*innen bei der Führungsetage gemeldet. Damals ist das Urteil gegen Gzuz – unter anderem dafür, dass er einer jungen Frau ins Gesicht geschlagen hat – gerade rechtskräftig geworden. Die Mitarbeiter*innen wollen von den Chefs wissen, ob diese Verurteilung Auswirkungen auf die Zusammenarbeit mit Gzuz haben werde. Es folgen offenbar Gespräche mit der Führungsetage, aber zumindest keine grundsätzlichen Konsequenzen. Die Pressesprecherin von Universal äußert sich auf Anfrage dazu nicht.

»Wir waren frustriert«, erinnert sich Julia Menke bei unserem Gespräch. Als Plattenfirma, zumal als Marktführer, sagt sie, müsse man sich schon fragen: »Wo begünstigen wir vielleicht eine Kultur?« Schließlich sei es so wie bei Spider-Man: »Aus großer Kraft folgt große Verantwortung.«

Die Liste der Musiker*innen, die bei Universal unter Vertrag stehen, ist lang: Sie reicht von Weltstars wie Lady Gaga, Billie Eilish, Taylor Swift, U2, Rolling Stones oder Drake bis zu deutschen Größen wie Helene Fischer, Herbert Grönemeyer, Lena, Shirin David und natürlich Rammstein. Die Universal Music Group ist längst mehr als eine Plattenfirma, sie ist ein multinationaler Musikkonzern nach niederländischem Recht und inzwischen das größte Musikunternehmen der Welt. Der Hauptsitz ist in Hilversum, Niederlande, das operative Geschäft wird vom kalifornischen Santa Monica aus geführt.

In Deutschland besteht Universal aus einem Konglomerat unterschiedlichster Labels, die verschiedene Genres bedienen, von Klassik bis Rap. Seit 2002 befindet sich die deutsche Zentrale in Berlin an der Spree, gleich neben der Oberbaumbrücke in einem sanierten Kühlhaus mit gemusterter Klinkerfassade, das von den Berliner*innen liebevoll »Eierspeicher« genannt wird. Nachts reflektiert der hell leuchtende Markenschriftzug auf der Wasseroberfläche.

Jahrzehntelang waren Plattenfirmen diejenigen, die Künstler*innen berühmt machen konnten. Von ihrer Entscheidung hing ab, welche Musik weltweit gehört wurde. Ohne einen Deal mit einem der großen Labels war und ist es für viele Bands schwierig, sich zu etablieren. Plattenfirmen geben ihnen Vorschüsse, finanzieren die Produktion von Singles, Alben, das Marketing, Videodrehs und den Vertrieb. Sie gehen damit ins Risiko und verdienen dafür an jeder verkauften Schallplatte oder CD, an jedem Stream mit. Üblich waren für sie Anteile von bis zu 80 Prozent an den Erlösen. Über viele Jahre machten die Unternehmen so enorme Gewinne – bis die Digitalisierung sie in eine große Krise stürzte.

Wie tiefgreifend und holprig der Wandel der Industrie insbesondere für Plattenfirmen war, kann einer gut erklären, der selbst lange dabei war: Tim Renner. Bis 2004 war der Eierspeicher sein Revier, Renner war dort rund drei Jahre CEO, nachdem sein Label Motor Music zu Universal gewechselt war. Bei Motor Music hatte er in den 1990er-Jahren unter anderem Rammstein unter Vertrag genommen und groß gemacht. In einem Interview, das er im Frühjahr 2023 dem Bayerischen Rundfunk gegeben hat, sieht man ihn vor zahlreichen Gold- und Platin-Schallplatten stehen, die Alben von Dr. Dre, Rammstein, Die Ärzte erhalten haben. Wir treffen ihn in Berlin in einer zum Büro umgebauten Dachgeschosswohnung am Hackeschen Markt.

Im Jahr 2014 ist Renner Kulturstaatssekretär in Berlin geworden, einer von zweien, die das Universal-Gebäude hervorgebracht hat. Der zweite, Joe Chialo, seit 2023 Teil der Landesregierung, war zuvor ebenfalls Musikmanager bei Universal. Heute schreibt Renner Bücher, berät die Politik und die Kulturbranche. Über die Vorwürfe gegen Till Lindemann, das stellt er klar, will er nicht reden. Dafür aber über die Transformation der Musikindustrie.

Bis in die frühen 2000er-Jahre erleben die Plattenfirmen einen Boom, in dem mit CDs hohe Gewinnmargen erzielt werden und Geld kaum eine Rolle spielt. Doch dann tauchen Songs als Dateien frei zum Herunterladen im Netz auf. »Das waren für die Musikindustrie erst mal richtig beschissene Zeiten«, sagt Renner. Zwischen 2001 und 2010 geht der Verkauf von physischen Tonträgern um mehr als 60 Prozent zurück, was weltweit ein jährliches Umsatzminus von 14 Milliarden Dollar bedeutet. Laut Renner lag das auch daran, dass sich die Plattenfirmen »mit allen Tricks und Kniffen« gegen die Digitalisierung gewehrt hätten. »Weil sie aber die Transformation nicht umarmt, sondern versucht haben, sie zu verdrängen, haben sie tatsächlich das Illegale befördert, und dadurch ist die Industrie nahezu zusammengebrochen.« Es dauert Jahre, bis die »Majors«, wie man die großen Plattenfirmen nennt, mit den Streamingdiensten Deals aushandeln – und damit erneut fette Jahre für sie anbrechen. iTunes geht 2001 an den Start, Spotify im Jahr 2006. Der Umbruch ist gewaltig. Im Jahr 2000 setzen die Plattenfirmen weltweit noch mehr als 20 Milliarden Dollar mit CDs und Platten um, also mit sogenannten physischen Tonträgern. Im Jahr 2022 sind es keine fünf Milliarden Dollar mehr, doch dafür machen die Erlöse über das Streaming inzwischen die Verluste mehr als wett. Mittlerweile werden weltweit zwei Drittel aller Umsätze über Streaming-Plattformen wie Spotify gemacht.

Plattenfirmen müssen jetzt nicht mehr einzelne CDs verkaufen, die sich Menschen zu Hause beliebig oft anhören, sondern können ihren gesamten Katalog, also den Bestand an bereits verkauften Tonaufnahmen, noch einmal auf den Streaming-Plattformen verwerten – und jeder Stream generiert wieder Umsatz. »Es regnet einfach Geld auf die Labels, ohne dass sie viel dafür tun müssen«, fasst Tim Renner diese neuen Zeiten zusammen.

Die Digitalisierung verändert jedoch nicht nur das Geschäftsmodell, sondern auch die Arbeit derjenigen, die für das Finden und Erkennen neuer Talente zuständig sind. Joe Chialo und Tim Renner haben so angefangen: als sogenannte A&Rs, kurz für »Artist and Repertoire«. Das sind diejenigen, die besonders nah dran sind an den Musiker*innen und die früher die Demo-Tapes auf die Tische bekamen. Sie gilt es zu überzeugen, wenn man einen Plattenvertrag haben will. Doch ihre Macht bröckelt. »Musikmachen wurde demokratisiert«, erklärt Renner. Musik kann jetzt zu Hause am Laptop produziert und unmittelbar übers Netz angeboten und kommuniziert werden. Viele Künstler*innen arbeiten heute nur noch für den Vertrieb mit Plattenfirmen zusammen. »Plattenfirmen«, so Renner, »sind heute mehr Dienstleister als Gatekeeper.«

Weil Künstler*innen und ihre Musik immer mehr über die sozialen Netzwerke wahrgenommen würden, seien A&Rs heute eher Datenanalytiker, die erkennen müssten, was viral geht oder gehen könnte. Und was viral geht, so die Überzeugung, führt auch zu vielen Streams. Renner sagt: »Die müssen früh genug sehen, wo es zuckt, und dann zuschlagen.«

Es zuckt durchaus oft im Netz. Ein neuer Trend, eine vielversprechende Musikerin. Doch im Netz entsteht auch eine ganz neue Herausforderung für die Plattenfirmen. Immer wieder und immer häufiger geraten sie über Social Media in den letzten Jahren unter Druck, sich positionieren zu müssen: Sie sollen jetzt also nicht mehr nur Musik verkaufen, sondern dazu auch Stellung beziehen und eine Haltung zeigen. Nicht nur in Bezug auf Gzuz sind es gerade auch eigene Mitarbeiter*innen wie Julia Menke, die die Führungsspitze von Universal auffordern, eine Position zu Vorwürfen oder Textzeilen zu entwickeln und zu kommunizieren. Die gesellschaftliche Erwartung, Sexismus und frauenverachtende Gewalt zu problematisieren sowie grundsätzlich neu auszuhandeln, was für Stars akzeptables Verhalten ist, wird so von außen wie von innen an Plattenfirmen herangetragen. Wie gehen diese nach wie vor großen Player nun aber mit der neuen Gemengelage um? Wie ernst nehmen sie die kritischen Stimmen und die Diskussionen über Gewalt und Missbrauch? Oder anders gefragt: So widerwillig, wie die Plattenfirmen laut Renner die Digitalisierung umarmt haben – wie schwer tun sie sich jetzt mit den Werten?

Verantwortung

Für Julia Menke ist das Ganze nicht nur eine Frage von künstlerischen oder wirtschaftlichen Entscheidungen der Firma, für die sie arbeitet. Gewalt gegen Frauen ist für sie auch und vor allem ein persönliches Thema. Menke hat als Kind erlebt, wie ihr Vater ihre Mutter immer wieder geschlagen hat. Einmal, da ist sie acht oder neun Jahre alt, habe er die Mutter so verprügelt, dass diese ins Krankenhaus musste. »Ich hatte Angst, dass sie nicht mehr zurückkommt«, erklärt sie uns. Den Ärzt*innen habe der Vater erklärt, seine Frau sei die Treppe hinuntergefallen.

Viele hätten damals weggeschaut, sagt Menke. »Entweder wird es einfach so hingenommen, oder den Frauen wird nicht geglaubt.« Als Kind habe sie sich oft ohnmächtig gefühlt. Sie dachte, sie müsse ihre Mutter schützen, und konnte es nicht. Nie mehr, sagt sie heute, möchte sie einfach danebenstehen müssen. Durch ihre eigene Betroffenheit hat Menke sensible Antennen entwickelt. Als sie in der Musikbranche anfängt, stellt sie fest: »Jetzt arbeite ich in einem Bereich, in dem Gewalt gegen Frauen – ob in Texten oder in Taten – nicht nur erlaubt, sondern sogar gefördert wird.« Für sie ist die Sache klar: Als Geldgeber einschlägiger Künstler und als größter Player ist ihr Arbeitgeber in der Pflicht. Auch deswegen wolle sie darüber sprechen, »wie wir bei Universal diese Gewalt immer wieder ermöglichen und normalisieren«.

Die Antwort auf die Frage, welche Verantwortung eine Plattenfirma für ihre Künstler*innen und deren Musik trägt, wäre vor einigen Jahren vermutlich noch ganz anders ausgefallen. Lange ging es in der Musikindustrie vor allem um Verkaufszahlen. Die fatale Blindheit des Hypes, des Mottos »Alles ist gut, solange es sich verkauft«, zeigt sich ganz besonders an der über Jahre andauernden Debatte um den Echo: der Musikpreis, mit dem der Bundesverband der deutschen Musikindustrie die erfolgreichsten Künstler*innen des Jahres auszeichnete. Zwar wurden pro Kategorie verschiedene Acts nominiert, und es gab auch Jurys, die über die Qualität der Werke befanden. Aber ausschlaggebend war der Erfolg, und dieser definierte sich beim Echo nicht durch die schönsten Melodien, die berührendsten Songzeilen oder die eingängigsten Beats, sondern vor allem durch die Anzahl an verkauften Tonträgern und Streams. 2018 sind mit Kollegah und Farid Bang zwei Rapper nominiert, die mit ihrem Album *Jung brutal und gutaussehend 3* zwar sehr erfolgreich, aber in ihrer Kunst auch sehr antisemitisch, homophob und frauenverachtend sind. »Mein Körper definierter als von Auschwitzinsassen«, singt Farid Bang in dem Lied »0815«. In »Drecksjob« geht es um Terrorangriffe mit »Sprengstoffgürtel« auf Festivals und Weihnachtsmärkte, und in »Ave Maria« rappt Kollegah: »Dein Chick ist 'ne Broke-Ass-Bitch, denn ich fick' sie, bis ihr Steißbein bricht.«

Bei ihrem Auftritt auf der Preisverleihung provozieren Farid Bang und Kollegah mit einer Gruppe schwarzgekleideter, vermummter Männer, die auf der Bühne aufmarschieren, und mit schmalen langen Bannern, die, wie der Musikjournalist Jens Balzer die Szene beschreibt, »von der Bühnendecke heruntergelassen werden, wie bei einem nationalsozialistischen Reichsparteitag. (…) Ein beklemmendes, unerträgliches Bild.« Die beiden Künstler gewinnen den Preis trotzdem, aber der Echo ist kurz darauf Geschichte: Der Vorstand des Bundesverbands Musikindustrie entscheidet, den Preis einzustellen, nachdem der skandalöse Auftritt von Farid Bang und Kollegah heftigste Diskussionen ausgelöst und den Ruf des Echos nachhaltig beschädigt hat.

Die Kontroverse um den Echo ist nur ein Moment, in dem die Musikbranche gezwungen ist, sich mit den Kriterien von Erfolg in der Musik und der Frage nach den Grenzen der Grenzverletzung in der Kunst zu beschäftigen. Seit einiger Zeit werden Debatten dazu in der Öffentlichkeit zunehmend heftiger und vehementer geführt. Als größte Plattenfirma der Welt hat Universal besonders viele und wichtige Acts unter Vertrag. Auch deshalb ist das Unternehmen wie kaum ein anderes in den vergangenen Jahren immer wieder damit konfrontiert gewesen, sich zu Vorwürfen gegen einige seiner Künstler*innen zu verhalten. »Die Unterhaltungsbranche ist immer häufiger Teil des gesellschaftlichen Diskurses – das betrifft unsere Wettbewerber genauso wie uns«, heißt es 2022 in einer internen Präsentation bei Universal. Die Plattenfirmen, das zeigt der Vortrag, haben längst erkannt, dass sie in diesem gesellschaftlichen Aushandlungsprozess als Akteur viel stärker gefordert werden als bisher.

Für Universal nimmt der Aushandlungsprozess insbesondere mit dem Fall Samra Fahrt auf. Influencerin und Erotikmodel Nika Irani wirft dem Rapper am 15. Juni 2021 auf Instagram vor, sie ein Jahr zuvor vergewaltigt zu haben, was dieser später bestreiten wird. Der Post bekommt viel Aufmerksamkeit, und schon nach wenigen Stunden fordern viele ihrer Follower eine Positionierung von Universal.

Wie aber kann ein Unternehmen auf etwas adäquat reagieren, das über Instagram viral geht, jedoch weder von Journalist*innen noch von einer Staatsanwaltschaft geprüft wurde? Zumal auf einen Verdacht, der von der mutmaßlich Betroffenen zu diesem Zeitpunkt nicht zur Anzeige gebracht oder mit Belegen untermauert wird? Gibt es eine angemessene Kommunikation, die weder dem Künstler noch der mutmaßlich Betroffenen in den Rücken fällt? Und muss die Firma überhaupt reagieren?

Während diese Fragen in der Führungsetage offenbar noch abgewogen werden, melden sich zahlreiche Menschen aus dem Unternehmen selbst im allgemeinen Firmen-Chat auf der Plattform Slack zu Wort und fordern, dass Universal sich zu den Vorwürfen verhalten möge, die bereits von ersten Medien aufgegriffen werden. Andere wiederum warnen, es habe schließlich auch schon in der Vergangenheit falsche Beschuldigungen gegeben. Deutschlandchef Tom Bohne reagiert noch in der Nacht. »Absolut mehr als ernst zu nehmen«, schreibt er. »Wir werden dem nachgehen.«

Die Situation habe Universal »vor eine bis dato völlig neue Situation gestellt«, antwortet Pressesprecherin Henkel auf unsere Fragen zum Umgang mit den Vorwürfen. Als Universal dann kurz darauf ein sehr allgemeines Statement veröffentlicht, in dem das Unternehmen »jede Form der Gewalt aufs Schärfste verurteilt«, die konkreten Vorwürfe aber unerwähnt bleiben, stößt das bei vielen auf Enttäuschung, auch im Hause selbst. Einige werden ziemlich deutlich. Das Statement sei »aussage- und rückgratlos«, heißt es in einer Nachricht. Ein anderer schreibt, er fühle sich als Mitarbeiter »seit Tagen extrem unwohl«.

»Der Slack ist förmlich explodiert«, sagt uns eine Mitarbeiterin, die ebenfalls anonym bleiben will. Die Diskussionen seien auch so heftig geworden, weil bis zu diesem Zeitpunkt die Räume gefehlt hätten, um solche Fragen zu diskutieren, erklärt Julia Menke. »Wir wollten aber eingebunden werden. Da hatte sich viel angestaut.«

Die Führungsriege versucht, den Fragen der Mitarbeiter*innen zu begegnen, verweist auf vertragliche Bindungen, die enge Beziehung zum Künstler. Doch noch während die Diskussion in vollem Gange ist, veröffentlicht der Rapper Nimo, der wie Samra mit dem Label Urban von Universal einen Vertriebsvertrag hat, seinen neuen Song »Komm mit«, darin die Zeile: »Deine Ex-Freundin ist aus der Fassung / Ich fick' sie fast tot, sie liegt im Wachkoma.«

Die Belegschaft, das zeigt der interne Slack, ist entsetzt. Universal verfügt zu diesem Zeitpunkt eigentlich bereits über eine sogenannte Lyrics-Taskforce, eine Gruppe von Mitarbeitenden, die hinzugezogen werden kann, wenn bei den Labels Unsicherheit in Bezug auf bestimmte Texte, Videos oder die Gestaltung von Covern oder Postern besteht. Die Taskforce kann nur Empfehlungen abgeben, aber keine Entscheidungen treffen – und ist zudem darauf angewiesen, aktiv von den Labels angesprochen zu werden. Tatsächlich wird nach ihren Empfehlungen immer mal wieder entschieden, bestimmte Tracks nicht zu veröffentlichen. Doch offenbar hat »Komm mit« die Taskforce nie erreicht. Ein für Nimo mitverantwortlicher Manager rechtfertigt sich im allgemeinen Firmenchat: »Warum haben wir das nicht vorher gemerkt? Es ist ein Vertriebsdeal. Wir hören die Songs in der Regel nicht vorab. Zur Wahrheit gehört auch, dass die Samra Sache [sic] uns so blockiert hat, dass es uns nicht aufgefallen ist.« Es gebe eine Flut an Veröffentlichungen, »wir verlieren an einigen Tagen den Überblick. Hier haben wir einfach auch gepennt.« Man habe es sich zu leicht gemacht. Der Manager verspricht, dass so etwas in Zukunft nicht mehr vorkommen werde. Außerdem hätten sie Nimo angerufen und ihm gesagt, dass »der Titel runter muss«. Er habe sofort zugestimmt. Universal-Pressesprecherin Henkel schreibt uns dazu, das Unternehmen habe seit vielen Jahren Prozesse, um neue Lieder zu prüfen. »Ein Titel wie ›Komm mit‹ von Nimo hätte unter korrekter Anwendung dieser Filter nicht erscheinen dürfen. Für diesen Fehler haben sowohl der Künstler als auch wir uns entschuldigt.«

Kurz darauf gibt Universal außerdem ein weiteres Statement zu den Vorwürfen gegen Samra heraus. Darin gibt die Firma bekannt, die Zusammenarbeit mit Samra bis zur »Klärung der Vorwürfe ruhen« zu lassen. »Dieser Schritt dient dem Schutz aller Beteiligten und ist keine Vorverurteilung.« Die Schwere der nicht geklärten Vorwürfe habe Universal schließlich dazu bewogen, das zweite Statement abzugeben, schreibt uns Pressesprecherin Henkel.

Intern verweisen einige auf Widersprüche: Warum wird Universal bei den beiden Rappern aktiv, während das Unternehmen doch »davon [...] noch deutlich mehr im Programm« habe, wie jemand im internen Slack anmerkt? Eine andere Person verweist diesbezüglich auf »Künstler, die unter Vedacht stehen wegen Beihilfe zum Mord, schwebende Verfahren zu Vergewaltigungsbeschuldigungen«. Die Liste sei endlos.

Der Marktführer Universal zieht zunächst Konsequenzen aus dem Fall Samra und einem vierseitigen offenen Brief der Belegschaft, den Hunderte Mitarbeitende in den Tagen nach den Vorwürfen unterzeichnen. »Was wir bereits jetzt an dieser Stelle klipp und klar sagen können: Wir werden etwas ändern«, schreibt eine Managerin. Nichts anderes als »null Toleranz« gegenüber Gewalt, insbesondere sexuelle und jedwede Gewalt gegen Frauen, sei die Devise. »Wir müssen unsere Mitarbeiterinnen und Künstlerinnen schützen und unsere männlichen Mitarbeiter und Künstler sensibilisieren und schulen. Wir brauchen verlässliche Werte und eine Kultur, die auch bei diesem unglaublich wichtigen Thema für etwas steht und auf die ihr Euch verlassen könnt.«

Eine Beratungsagentur wird von Universal damit beauftragt, die Meinungen der Belegschaft zu »unterschiedlich bewertetem Music-Content« und zu Unternehmenspositionen zu sammeln, offenbar mit dem Ziel, daraus Leitlinien zu erarbeiten. Sprecherin Henkel schreibt uns, die Agentur habe mit Universal »Leitplanken für den

Umgang mit herausfordernden Situationen« entwickelt. Dies habe auch dazu geführt, dass konkrete Unternehmenswerte formuliert worden seien – und eine »Maßnahmenpyramide«, wie sie es nennt, »um zu jedem Zeitpunkt und in jeder Situation angemessen reagieren zu können«.

Julia Menke berichtet uns, dass die Debatten um Samra intern »Türen geöffnet« hätten. Bis zu diesem Zeitpunkt seien solche Fragen bei Universal nicht breit diskutiert worden. In den vergangenen Jahren hätten jedoch mehr und mehr ihrer Kolleg*innen das Bedürfnis entwickelt, hinter dem stehen zu können, was die Plattenfirma in die Auslage stellt. Was sie groß machten, so Menke, wollten die Mitarbeiter*innen auch vertreten können. Damals habe sie große Hoffnungen gehabt, dass die Belegschaft von nun an eingebunden wird – auch um eine Veröffentlichung wie die von Nimo zukünftig zu verhindern.

Tatsächlich kommt bei Universal ein bemerkenswerter Prozess in Gang: In internen Dokumenten, die wir einsehen konnten, geht es um Werte und rote Linien. Komplizierte Abwägungen werden in komplexen Grafiken abgebildet. Sie sollen dafür sorgen, Einzelfallentscheidungen kohärenter zu machen. »Jede Überschreitung einer roten Linie wird benannt und hat Konsequenzen«, ist da etwa zu lesen. Als »rote Linien« werden unter anderem definiert: Sexismus, Gewalt, Antisemitismus, Verschwörungsideologien, sexualisierte Gewalt. Mögliche Konsequenzen sind – je nach Schwere der Anschuldigungen – unter anderem das Pausieren oder sogar die Beendigung der Zusammenarbeit. »Wir sind uns unserer Vorbildfunktion als Marktführer bewusst und gehen verantwortungsvoll damit um«, heißt es in einer Präsentation der Personalabteilung.

Ende 2021 stellt Universal erstmals einen Diversity-Manager ein. Einige Mitarbeiter*innen schließen sich außerdem zu einer Anti-Sexismus-Taskforce zusammen, die sich informell mit dem Management austauschen will. Und Tom Bohne kündigt intern an, dass die Lyrics-Taskforce ab sofort zwingend in den Veröffentlichungsprozess eingebunden werde, »sobald die Bewertung von Inhalten uneindeutig ausfällt«. Die Taskforce solle auch personell aufgestockt werden, behalte aber ihren Empfehlungscharakter. »Im Spannungsfeld zwischen Kunstfreiheit und der Widerspiegelung eigener Wertvorstellungen in den von uns veröffentlichten Inhalten gibt es keine einfachen Entscheidungen«, schreibt Bohne. Uns teilt Universal-Sprecherin Henkel mit, das Unternehmen nehme damit bewusst in Kauf, »dass wir uns durch die Institutionalisierung der Taskforce auch dem Vorwurf der Zensur aussetzen«.

In Deutschland gibt es aus guten Gründen keine staatliche Behörde, der Texte, Bilder, Videos oder Lieder vor Veröffentlichung vorgelegt werden müssen. »Eine Zensur findet nicht statt«, heißt es in Artikel 5 Absatz 1 des Grundgesetzes, und Absatz 3 desselben Artikels schützt die Kunstfreiheit. Diese kann unter anderem im Jugendschutz ihre Schranken finden. Kunstwerke können jedenfalls indiziert werden, dafür gibt es allerdings hohe Hürden. Erfolgt tatsächlich eine Indizierung, gilt diese zunächst für 25 Jahre, doch es bestehen Widerspruchsmöglichkeiten für die Künstler*innen. Werden Lieder »auf den Index gesetzt«, können sie nur noch an Volljährige verkauft und dürfen nicht beworben oder verschickt werden.

Der Staat setzt demnach nur den äußersten Rahmen, im Jugendschutz, im Strafrecht. Den Plattenfirmen, die mit einem gesellschaftlichen Wertewandel konfrontiert sind und für sich bestimmen müssen, wo sie die Leitplanken setzen, bietet dieser vage Rahmen aber nur wenig Orientierung. Trotz aller roten Linien und Leitplanken, die Universal für sich definiert, dauert es nicht lange, da steht die Firma erneut in der Kritik – zunächst intern und dann auch in der Öffentlichkeit.

Ideologie

Der Raum, in dem vier schwarzgekleidete Männer mit weißen Masken tanzen und singen, ist spärlich beleuchtet. Von den Decken hängen Zeitungsseiten. Die Masken erinnern an irgendwas zwischen Guy Fawkes und Joker, die Zeilen des Liedes »Alles Lüge« an Ansprachen auf Querdenker-Demos: »Lasst euch von denen nicht verarschen / Lasst euch nicht manipulieren / Den Medien ist jedes Mittel recht / Um euch zu kontrollieren / Allesamt manipuliert und gekaufte Marionetten / Bezahlt von Schlüsselwärtern, der Schlösser eurer Ketten / Finanziert von denen, die du schon dein ganzes Leben hasst / Glaub ihnen nichts, was du nicht selbst gesehen hast.« Die Zeitungsseiten brennen wenig später, ebenso wie ein Fernseher. Bei »jedes Mittel recht« macht einer der Männer eine Kopf-ab-Geste.

Das Lied findet sich auf dem Debütalbum der Band Weimar. Es heißt *Auf Biegen & Brechen* und wird im Mai 2022 veröffentlicht. Das Album steigt auf Platz vier der Charts ein. Ein großer Erfolg für die vier Männer aus Thüringen, die nicht nur ihr Gesicht verbergen, sondern auch unter falschen Identitäten Musik machen, und das womöglich aus gutem Grund: Mindestens drei von ihnen stehen oder standen laut *Spiegel* der rechtsextremen Szene nahe, zwei spielten in Neonazi-Bands namens Dragoner und Murder Squad. Beide Gruppen leugnen in ihren Texten unter anderem den Holocaust und singen von den »Sechs-Millionen-Lügen« oder Zeilen wie: »Das Lager gab's in Wirklichkeit nicht […], das hat der Jud sich ausgedacht […], damit er noch mehr Kohle macht.«

Es heißt, nicht einmal ihre Geschäftspartner wüssten, mit wem sie es wirklich zu tun haben. Trotzdem kommt ein sogenannter Vertriebsdeal mit Universal zustande, die Plattenfirma an der Spree übernimmt also die Verbreitung des Albums.

»Wieso aber verhilft ein milliardenschweres Unternehmen einer Gruppe zum Erfolg, die demokratiefeindliche, gewaltaffine und kaum kaschierte judenfeindliche Texte singt? War es Unachtsamkeit, Täuschung oder Profitgier?«, fragen die Kolleg*innen des *Spiegel* in ihrem Text über die wahren Identitäten der vier Musiker Anfang Februar 2023. Sie enthüllen, dass die Männer zum Teil seit Jahren auf dem Radar der Sicherheitsbehörden in Thüringen gewesen sein sollen, wegen ihrer vorherigen Bands, Teilnahmen an rechtsextremen Konzerten und des Verdachts des illegalen Waffenbesitzes.

Kurz nachdem die *Spiegel*-Kolleg*innen Universal mit den Ergebnissen ihrer Recherche konfrontiert haben, informiert Tom Bohne die Belegschaft im Firmenslack darüber und schreibt: »Wir fühlen uns dabei von der Band getäuscht und betrogen.« Man werde »die Auswertung des Albums stoppen« und »das bestehende Vertragsverhältnis mit der Band mit sofortiger Wirkung beenden und alle diesbezüglichen Rechte zurückgeben«. Tatsächlich verschwinden noch vor Veröffentlichung des Artikels im *Spiegel* alle Lieder und Videos der Band von den Seiten der Firma und auch von den Streaming-Plattformen. Später werden Konzerte und Touren von Veranstaltern abgesagt. Zwei Bandmitglieder bestätigen in einem Facebook-Post, Teil der rechtsextremen Szene in Thüringen gewesen zu sein, heute seien sie aber nicht mehr aktiv. Sie äußern sich nicht zu den konkreten Vorwürfen bezüglich der Neonazi-Bands, sondern distanzieren sich allgemein »von Gewalt, Extremismus jedweder Form, Fremdenfeindlichkeit, Rassismus, Homophobie«. Auf unsere Nachfrage antwortet jemand anonym – offenbar ein Mitglied oder ein Sprecher der Band – die Ereignisse lägen teilweise fünfundzwanzig Jahre zurück. Mit dem Lied »Alles Lüge« habe die Band ihren Unmut über die »bemerkenswert schlechte Berichterstattung in Deutschland« zum Ausdruck bringen wollen, für die Kopf-Ab-Geste möchte sie sich »ausdrücklich entschuldigen«.

In dem *Spiegel*-Artikel selbst wird die Universal-Pressesprecherin Henkel mit den Worten zitiert: »Mit dem heutigen Wissensstand hätten wir das Album selbstverständlich niemals veröffentlicht.« Aber war das Unternehmen – nach allem, was durch die Fälle Samra und Nimo angestoßen wurde – wirklich so blind?

Mehrere Mitarbeitende von Universal erzählen uns, dass es durchaus schon vorher Zweifel an Weimar gegeben habe und dass diese auch an die Führungsebene herangetragen worden seien. Mehrmals habe es Gespräche mit Vorgesetzten gegeben, weil Mitarbeiter*innen Textzeilen anstößig fanden. Wie wir aus dem internen Slack wissen, waren die betreffenden Zeilen mindestens bis an die Spitze des Vertriebs von Universal bekannt. »Waren meine Bedenken damals wohl doch berechtigt«, schreibt eine Person, unmittelbar nachdem Tom Bohne die Belegschaft informiert hat. »Leider ja und wir müssen uns damit auseinandersetzen, nicht so gründlich recherchiert zu haben (…). Und wir hatten einige Treffen zu dem Thema«, antwortet der für den Vertrieb zuständige Manager bei Universal.

Universal-Sprecherin Henkel bestätigt uns gegenüber, dass Bedenken nachgegangen worden sei, es habe jedoch bis zur Recherche des *Spiegel* nicht genügend Belege gegeben. Der Band Weimar sei es »nur unter Vorspiegelung falscher Tatsachen« gelungen, ihr Album durch Universal vertreiben zu lassen. »In Unkenntnis des politischen Hintergrunds der Bandmitglieder haben die Texte zum damaligen Zeitpunkt keinen ausreichenden Anlass geboten, die Veröffentlichung zu verweigern.« Nach dem Fall habe Universal seine internen Prozesse geprüft und Schulungen zur Erkennung rechtsextremer Symbolik und Sprache angeboten – für Mitarbeitende des Genres Deutschrock seien diese verpflichtend gewesen.

Grenzen

Selbstverständlich ist Universal nicht die einzige Plattenfirma, die mit solchen Fragen ringt. Uns erzählen Mitarbeiter*innen von unterschiedlichen Labels großer Plattenfirmen, dass es intern Auseinandersetzungen über die Positionierung zu Künstler*innen gibt, die durch gewaltverherrlichende, frauenverachtende oder antisemitische Texte oder entsprechendes Verhalten auffallen. Einige Mitarbeiter*innen, darunter auch hochrangige, beschreiben, dass sie regelmäßig das direkte Gespräch mit Künstler*innen suchen und dass solche Interventionen oftmals auch funktionierten. »Man ist sich nicht immer einig«, erklärt eine Labelchefin uns gegenüber, aber sie versuche, »eine weibliche Perspektive anzubieten«. Sie erlebe viele Künstler*innen als offen für solch ein Feedback, es komme aber auch auf die Bekanntheit der Acts an. Oftmals bekämen die Labels die neuen Titel erst kurzfristig zu hören. Nicht immer sei daher vor einer Veröffentlichung Zeit dafür.

Tim Renner, der ehemalige CEO von Universal, hält das, was sich aktuell innerhalb der Plattenfirmen abspielt, für eine »gute, aber neue Entwicklung«, wie er uns sagt. Daran, dass bei Universal zu seiner Zeit jemals über gewalttätiges Verhalten oder strafrechtliche Verurteilungen von Künstler*innen diskutiert worden wäre, kann Renner sich nicht erinnern. »So mancher Hip-Hop-Künstler, Snoop Dogg inklusive, hätte dann ja gar keinen Vertrag bekommen dürfen.« Selbst als Bertrand Cantat, der Sänger von Noir Désire, 2001 seine Freundin erschlug, sei nicht darüber gesprochen worden, was das für dessen Repertoire bedeute. Noir Désire standen damals bei der französischen Universal-Tochter Barclay unter Vertrag. Beim deutschen Ableger, den Renner leitete, habe man sich betroffen gezeigt, die Drogen, die Cantat nahm, verflucht, aber nicht das System infrage gestellt. »Mein Gefühl ist, dass die Musikindustrie lange kein richtiges Verantwortungsbewusstsein hatte für die Dinge, die man als Auswuchs von Rock 'n' Roll abtun konnte«, sagt uns Renner.

Renner sieht jedoch auch Grenzen dieser Bemühungen. Für Künstler*innen und die Kunst sei die Digitalisierung ein Segen. Aber die Kunst habe dadurch noch weniger Korrektiv. Plattenfirmen würden eben immer mehr von ihrer zentralen Rolle einbüßen: Während man zu seiner, Renners, aktiver Zeit selbst noch einen ziemlich direkten Einfluss auf die Künstler gehabt habe, auch auf die großen, habe heute kein wirklich erfolgreicher Act mehr einen klassischen Plattenvertrag. Die Künstler*innen arbeiteten stattdessen mit dem sogenannten Labelservice-, Bandübernahme- oder Distributionsdeal. Die Plattenfirma erledige für diese Acts also lediglich logistische und koordinatorische Aufgaben. Für Renner bedeutet das: »Wenn es um die Kunst geht, gleicht das Label einem Taxifahrer. Das Einzige, was ihm bleibt, ist zu sagen, da fahre ich nicht hin.«

So wie Universal es 2021 mit Samra und Nimo gemacht hat. Samra reagiert in einem wütenden Instagram-Post auf die Ankündigung von Universal, den Vertrag mit ihm ruhen zu lassen. Er kappt daraufhin selbst die Verbindungen zu Universal und arbeitet seither sehr erfolgreich mit Sony und mit iGroove zusammen, eine Schweizer Firma, die Künstler*innen anbietet, ihre Musik unabhängig von Plattenfirmen auf die Streaming-Plattformen zu bringen. Universal-Sprecherin Henkel schreibt uns, die Firma habe dazugelernt und werde zukünftig »im besten Fall in vergleichbaren Situationen auf der Grundlage juristischer Ergebnisse« agieren. Allerdings habe man aus dem Fall Samra auch gelernt, schnellstmöglich in den Dialog zu treten.

Viele Mitarbeiter*innen, die mit uns sprechen, leiden trotzdem unter einer Diskrepanz: Zwar gebe es angeregte Diskussionen, etwa in den Taskforces, ein Ringen darum, die richtige Balance zu finden zwischen guter Musik, Kunstfreiheit und der gesellschaftlichen Verantwortung, die sie für ihr Unternehmen sähen. Nach außen dringe aber gar nicht durch, »wie viele Menschen bei Universal daran interessiert sind, etwas zu verändern, und auch nicht davor zurückschrecken, Dinge anzustoßen, auch wenn es zu ihrem eigenen Nachteil sein kann«, sagt uns Julia Menke. Nicht zuletzt riskiere man auch etwas in Bezug auf seine Karriere. »Und trotzdem führt das nicht zu den richtigen Effekten«, sagt sie. »Wenn es dann wieder heißt ›Universal schweigt‹, tut das weh. Weil ich uns innen drin wie in einem Bienenstock erlebe.«

Auch als am 25. Mai 2023 Shelby Lynn mit den Vorwürfen gegen Till Lindemann an die Öffentlichkeit geht, bleibt es zunächst nach außen still bei Universal. Intern wird allerdings heftig diskutiert, berichten uns verschiedene Mitarbeiter*innen. Die Vorwürfe gegen Lindemann, das wird schnell klar, sind die bisher größte Herausforderung für die Plattenfirma.

CEO Frank Briegmann stellt sich schließlich in zwei sogenannten Townhalls den Fragen der Mitarbeiter*innen. Diese beiden internen Versammlungen zu Rammstein ähneln eher Krisensitzungen. Sie finden im achten Stock des Eierspeichers statt. Bei der ersten Runde, gleich Anfang Juni, wenige Tage nachdem die ersten ausführlichen Artikel über das Castingsystem erschienen sind, soll Briegmann die Neutralität Universals betont haben, ebenso, dass er auf die von Rammstein angekündigte Aufklärung der Vorwürfe vertraue. Briegmanns Loyalität gilt offenbar vor allem der Band, mit der sein Unternehmen seit mehr als zwei Jahrzehnten zusammenarbeitet. Den Eindruck haben zumindest einige der anwesenden Mitarbeiter*innen. Universal-Sprecherin Henkel schreibt uns dazu, das Unternehmen habe eine Verantwortung den Beteiligten gegenüber und eine öffentliche Vorverurteilung wäre falsch gewesen. Die Führung der Plattenfirma habe mit dem Management der Band, später auch mit Till Lindemann selbst gesprochen. Man habe nicht versucht, Kontakt mit den mutmaßlich betroffenen Frauen aufzunehmen, da Live-Events nicht in den Geschäftsbereich von Universal fielen.

Die Band Rammstein hat eine besondere Bedeutung für Universal, das betonen viele der Mitarbeiter*innen, die mit uns sprechen. So wichtig wie Rammstein sei für das Unternehmen höchstens noch die Schlagersängerin Helene Fischer, erklärt eine. Intern sei Rammstein alles andere untergeordnet gewesen, auch deswegen habe die Arbeit für die Band bei Universal-Mitarbeiter*innen einen Spitznamen bekommen: »Land der Angst«. Wussten Mitarbeiter*innen von Universal von Lindemanns Castingsystem? Universal-Sprecherin Henkel schreibt auf Anfrage, dass nach dem Informationsstand des Managements »Mitarbeitende vor dem öffentlichen Bekanntwerden keine Kenntnis von den Vorwürfen« gehabt hätten.

Trotz der zweifellos großen kommerziellen Bedeutung der Band für die Firma – oder gerade deswegen – erhofft sich im Frühsommer 2023 ein Teil der Belegschaft jedenfalls ein starkes Statement von Universal. Bei vielen wächst die Unzufriedenheit mit jedem Artikel, der in diesen Wochen über Till Lindemanns Castingsystem erscheint. Mitglieder der noch jungen Anti-Sexismus-Taskforce berichten uns von verzweifelten Nachrichten, die sie vertraulich von Mitarbeiter*innen erhalten hätten und die zum Teil von eigenen Erfahrungen mit sexualisierter Gewalt berichteten. »Mir wird gerade jeden Tag schlecht, wenn ich ins Office kommen muss, und ich überlege sogar, zu kündigen«, schreibt eine. Andere Mitarbeitende sollen dagegen bewusst in Rammstein-T-Shirts zur Arbeit gekommen sein.

Dieses Mal wartet Universal ab. Erst als die Staatsanwaltschaft Berlin bekannt gibt, dass sie Ermittlungen gegen Till Lindemann aufgenommen hat, macht die Firma in einem Statement öffentlich, dass man »alle Marketingaktivitäten« für Rammstein einstelle. »Wir haben den größten Respekt vor den Frauen, die sich in diesem Fall so mutig öffentlich geäußert haben«, heißt es darin außerdem. Und: »Wir sind davon überzeugt, dass eine vollumfängliche Aufklärung der Anschuldigungen, auch durch die Behörden, unbedingt erforderlich ist.« Dies sei auch im Interesse der gesamten Band.

Im August wird entschieden, dass das bereits produzierte und für den Herbst geplante Soloalbum von Lindemann nicht bei Universal erscheinen soll. Man habe sich darauf geeinigt, dass Lindemann das Album ohne Universal veröffentlicht, schreibt uns Henkel.

Mittlerweile ist einige Zeit ins Land gegangen, und es sieht so aus, als wären neue Rammstein-Veröffentlichungen bei Universal nicht mehr gänzlich ausgeschlossen. Unternehmenssprecherin Henkel verweist auf die Einstellung der staatsanwaltschaftlichen Ermittlungen. Als wir sie Ende 2023 fragen, ob für die nächsten Jahre Veröffentlichungen von Till Lindemann oder der Band bei Universal geplant seien, schreibt sie: »Sollte es künftige Veröffentlichungen geben, werden wir zu gegebener Zeit darüber informieren.«

PART 8
So sick

»Ich bitte Dich diese Mail vertraulich unter uns beiden zu behandeln.« So beginnt die erste Nachricht, die uns Nina Wegbauer an einem Morgen Mitte Juni 2023 um kurz vor acht Uhr schickt. Wegbauer ist eine Frau Mitte dreißig, seit mehr als zehn Jahren arbeitet sie in der Musikindustrie, bei unterschiedlichen großen Labels. Wegbauer ist nicht ihr richtiger Name, sie möchte anonym bleiben, wie viele der Menschen, mit denen wir für dieses Buch sprechen. Sie fürchtet, wie sie uns später in mehreren langen Gesprächen erzählen wird, um ihren Ruf in der Branche. Sie will nicht als Nestbeschmutzerin gelten und doch auch nicht länger schweigen. Deswegen schreibt sie an jenem Morgen: »Ich habe Machtmissbrauch erlebt, selbst als auch bei Kolleginnen. Solltest Du Interesse an einem Gespräch haben, freue ich mich über eine Nachricht.«

Nina Wegbauer hat uns erlaubt, ihre Mail hier in Auszügen wiederzugeben. Sie ist die erste Frau aus der Musikbranche, die sich nach den Berichten von unseren Teams bei *NDR* und *SZ* über die Vorwürfe gegen Till Lindemann bei uns meldet. Was sie in den Artikeln gelesen habe, sagt sie, habe bei ihr alte Wunden aufgerissen. »Man schluckt das alles runter, weil es irgendwie dazugehört.« Der Fall Rammstein, so Wegbauer, habe das Sprechen unter Kolleg*innen möglich gemacht. Sie schreibt die Mail auch deshalb, weil sie befürchtet, dass es bald wieder sehr still werden könnte.

Vier Tage später treffen wir Nina Wegbauer zum ersten Mal persönlich. Zu diesem Zeitpunkt haben wir gerade erst damit begonnen, Fragen nach den Strukturen nachzugehen, die hinter dem Castingsystem von Lindemann stehen könnten, Fragen nach Mitwisser*innen und Ermöglicher*innen. Wegbauer spricht über eine Arbeitskultur, die Grenzverletzungen normalisiere, von denen vor allem Frauen betroffen seien. Sie berichtet von einer Branche, die sich nach außen divers, fortschrittlich und offen gibt, nach innen jedoch vielfach geprägt ist von einem »Das haben wir schon immer so gemacht« und einem »Stell-dich-mal-nicht-so-an-Gehabe«. Sie sagt: »Was auf der Bühne passiert, macht nur deutlich, was hinter der Bühne passiert.«

Was hinter der Bühne passieren kann, das erschließt sich uns während der Recherche in diesem Sommer und Herbst nach und nach. Mit der Hilfe von Nina Wegbauer – und mit der Hilfe von vielen anderen Frauen und Männern aus den unterschiedlichsten Gewerken der Branche, die uns von ihren Erlebnissen und Beobachtungen erzählen. Ihre Erfahrungen ähneln sich oftmals: Am Anfang steht die Leidenschaft für die Musik. Doch nach ein paar Jahren, sagen sie, sind da diese Wunden.

Fast alle berichten von einem überwältigenden Start in die Musikindustrie. Der Glamour, das Emotionale, die Nähe zu den Stars, die vielen Konzerte und Partys – das alles entfaltet für viele junge Menschen in der Branche zu Beginn einen regelrechten Sog. Gerade der direkte Umgang mit den Künstler*innen öffnet für sie eine ganz neue Welt. Die Erlebnisse, mit diesen Menschen zu arbeiten, die könne sie nicht in Gold aufwiegen, sagt uns eine Managerin.

Hinzu kommt: Jungen Menschen wird in der Branche häufig sehr schnell Verantwortung übertragen. Als Praktikant*innen unterstützen sie das Marketing der Stars, fahren auf Konzerte oder Festivals. Es braucht keine Ausbildung, die Branche ist voll von Quereinsteiger*innen. Mit etwas Glück, ein, zwei Abkürzungen und den richtigen Künstler*innen kann es sehr schnell bergauf gehen. Viele erzählen uns aber auch von der Kehrseite: Eine Frau, die heute selbst eine Bookingagentur leitet, spricht über den hohen Preis, den sie für ihren Weg dahin bezahlt habe, von »struktureller Kleinhaltung«, die sie lange habe erdulden müssen. Eine andere von einer »Menschenschluckerindustrie«. Einige haben der Branche deshalb längst den Rücken gekehrt.

Die Menschen sprechen mit uns, weil sie etwas verändern wollen, für sich selbst, aber auch für andere, für die, die nachkommen werden. »Das ist eine Branche, in der es total viele Menschen gibt, die ich sehr liebe«, betont zum Beispiel eine Frau. Am Ende werden uns sehr viele Menschen Einblicke in ihren Arbeitsalltag gewähren. Angefangen aber hat es mit Nina Wegbauer.

Nina Wegbauer

Sie ist gerade zwanzig Jahre alt, als sie ihre Ausbildung bei einer Plattenfirma beginnt. Es ist ihr erster Job. Als Jugendliche wächst sie in ihrem Dorf in der Provinz mit Viva und MTV auf, ist großer Fan von Christina Aguilera und Britney Spears. Später kommen die Foo Fighters und Blink-182 dazu. Ihre Eltern arbeiten in ganz anderen Bereichen, sie kennt niemanden in der Musikindustrie, aber, so sagt sie, diese glitzernde Welt habe auch sie angezogen. Viele würden da »sehr jung und blauäugig« reingehen und es auch weit bringen wollen. Wie sie selbst damals.

Gleich im ersten Jahr erlebt Wegbauer etwas, das sie bis heute beschäftigt, von dem sie bis zu unserem Gespräch aber nie jemandem erzählt hat. Bei ihrem Label habe sie einen Kollegen gehabt, »eine riesige Gestalt«, erinnert sie sich. Er ist etwa doppelt so alt wie sie, mit viel Erfahrung. Anfangs nimmt der Kollege sie auf Veranstaltungen mit, bringt ihr vieles bei und ermöglicht ihr, sich zu vernetzen. Die Beziehung sei immer klar beruflich gewesen, sagt Wegbauer, er sei so etwas wie ihr Mentor gewesen.

An einem Abend seien sie nach dem Konzert eines ihrer Künstler noch mit anderen Kolleg*innen in einen Club gezogen, um zu feiern. Sie sei zur Toilette gegangen, eine Treppe runter, der Kollege hinterher. Ganz plötzlich habe er sie gegen die Wand gedrückt und geküsst. »Es gab gar keinen Ausweg für mich, weil da so viel Mensch war«, erinnert sich Wegbauer. »Ich wurde steif wie eine Säule.« Er habe dann von ihr abgelassen, seinen Arm um sie gelegt, sie wieder nach oben geführt. Und ihr dabei ins Ohr geflüstert: »Du sagst das jetzt aber keinem, wir sind doch hier alle gute Freunde.«

Den restlichen Abend sei sie »mitgelaufen wie auf Schienen«, meint Wegbauer, und sie habe ein starkes Taubheitsgefühl empfunden. Erst in den Tagen danach sei der Ekel gekommen – vor dem Kollegen und vor sich selbst. »Er war so viel älter, so viel schwerer und so viel mächtiger als ich. Er war mir in so vieler Hinsicht überlegen.«

Sie schließt ihre Ausbildung ab, läuft dem Kollegen dabei weiterhin fast täglich über den Weg. Dann verlässt sie die Firma. Dem Mann begegnet sie auch danach immer wieder auf Branchenevents oder bei Meetings. In den ersten Jahren überkommen sie jedes Mal Fluchtreflexe, dann geht sie schnell raus auf die Toilette. Ihren Kolleg*innen erzählt sie nichts. »Niemand soll wissen, dass ich von ihm angefasst und geküsst wurde.« Damals habe es in ihrer Ausbildung ohnehin nur wenige gegeben, denen sie sich hätte anvertrauen wollen, schon gar nicht unter ihren Chefs bei dem Label. Wer hätte schon Konsequenzen gezogen? »Die Person hat der Firma unfassbar viel Geld in die Tasche gespült, und ich war in der Ausbildung.«

Wegbauer zufolge ist dies nur der erste von zahlreichen kleinen und größeren Übergriffen gewesen, die sie in ihrem Berufsleben erfahren hat. Wenige Jahre später, sie ist inzwischen bei einem anderen Label tätig, habe sie einen Videografen angestellt, um den Auftritt einer bekannten deutschen Indierockband zu filmen. Wegbauer erinnert sich, dass sie bei diesem Auftrag einmal mehr die einzige Frau in der ganzen Crew gewesen sei. Nach dem Festival, im Tourbus auf dem Weg zum nächsten Termin, habe sie sich in den oberen Bereich des Busses zurückgezogen, um sich umzuziehen. Sie habe gerade oben ohne dagestanden, als plötzlich der Videograf auf sie zugekommen sei und sie habe anfassen wollen. »Ich habe angefangen, ihn anzuschreien«, sagt Wegbauer. Die Band unten im Bus hört sie, zwei oder drei der Männer kommen ihr zu Hilfe. Und sie machen kurzen Prozess: Der stark alkoholisierte Videograf wird von ihnen irgendwo an der Landstraße aus dem Bus gesetzt.

Was aus den Schilderungen Nina Wegbauers und anderer deutlich hervorgeht: Die Musikindustrie ist klein, man begegnet sich immer wieder – auf Festivals, Events und in Meetings. Darüber hinaus ist sie eine Branche, in der vieles davon abhängt, wen man kennt und wer einen mag. Und nicht zuletzt ist sie ein Umfeld, in dem Privates und Berufliches oft nur schwer zu trennen sind, wenn Arbeit dort stattfindet, wo andere ihre Freizeit verbringen, und beispielsweise Deals am Rande von Konzerten oder nachts an der Bar eingefädelt, vorbereitet oder abgeschlossen werden.

In diesen Strukturen waren Frauen über viele Jahre offenkundig nicht mal vorgesehen. Das angebliche Männlichkeitsideal, das in Gestalt von Sex, Drugs and Rock 'n' Roll auf der Bühne präsentiert und gefeiert wurde, beherrschte jahrzehntelang auch die Welt neben und hinter der Bühne. Umso aufschlussreicher sind daher Beispiele von Frauen, die sich schon vergleichsweise früh in dieser Männerwelt zu behaupten wussten. Frauen wie etwa Dorothy Carvello.

Carvello wird Anfang der 1960er-Jahre im New Yorker Stadtteil Brooklyn als Tochter italienischer Einwanderer geboren. Mit Mitte zwanzig fängt sie als Sekretärin bei Atlantic Records an, einem der damals wichtigsten Labels der Welt. Schon ein Jahr später wird sie zur A&R befördert, um neue Künstler für Atlantic zu entdecken – nach eigener Aussage als weltweit erste Frau in dieser Position.

Wer heute Carvellos Lebenslauf liest, der sieht eine beeindruckende Karriere: Für mehrere bedeutende Labels hat sie große Bands entdeckt. In einer Zeit, in der Frauen in verantwortungsvollen Positionen die absolute Ausnahme in der Musikindustrie sind, hat sie sich durchgesetzt. Doch was von außen so erfolgreich wirkt, ist wohl in Wahrheit eine Tortur gewesen. Nach gut dreißig Jahren im Geschäft beschließt sie, alles aufzuarbeiten: Sie schreibt ein Buch – *Anything for a Hit: An A&R Woman's Story of Surviving the Music Industry* – und sie geht juristisch gegen ihre ehemaligen Chefs und die Warner Music Group vor, zu der Atlantic Records gehört.

In ihrem Buch und ihrer Klage beschreibt Carvello detailliert, wie alltäglich sexuelle Übergriffe bei Atlantic Records damals, Mitte der 1980er-Jahre, gewesen seien. Regelmäßig habe Labelchef Ahmed Ertegun im Büro in ihrer Anwesenheit masturbiert, zum Beispiel während er ihr Briefe oder Memos diktiert habe. Später habe er sie benutztes Sexspielzeug aus seinem Büro aufsammeln lassen, damit sie es wasche. Sie habe die Sachen dann einfach in die Büro-Spülmaschine gestellt.

Laut Carvello hat aber nicht nur der mittlerweile verstorbene Ertegun sie erniedrigt und belästigt. Ein Kollege sei fast jeden Tag an ihrem Tisch vorbeigekommen und habe ihr zugerufen: »Blas mir einen.« Andere Männer hätten sie im Büro regelmäßig »Fotze« oder »Blowjob« genannt. Ein weiterer Topmanager habe ihr ständig an den Hintern gefasst. Von ihren Chefs sei ihr außerdem immer wieder nahegelegt worden, Sex einzusetzen, um berufliche Vorteile für ihr Label zu erreichen. Frauen, so Carvello, seien damals bei Atlantic Records »benutzt worden wie Kleenex-Tücher«, egal ob Künstlerinnen, Mitarbeiterinnen oder Groupies. Betroffene sexueller Übergriffe habe man regelmäßig mit Verschwiegenheitsklauseln zum Schweigen gebracht – bezahlt worden seien diese Vereinbarungen mit Firmengeldern. Die Warner Music Group hat sich auf unsere Anfrage dazu nicht geäußert.

Als wir Dorothy Carvello im Herbst 2023 per Videocall sprechen, begrüßt uns eine blonde Frau Anfang sechzig, die ihre Rolle gefunden zu haben scheint. Wir fragen sie, warum sie sich das alles so lange angetan und nicht viel früher aufgegeben hat. Carvello sagt, das werde sie ständig gefragt. »Aber wie soll sich etwas ändern, wenn alle aufstehen und gehen? Das wollen sie doch, dass du gehst und deinen Mund hältst und sie deine Karriere ruinieren können.« Mit Musiker*innen zu arbeiten, das sei nun mal ihr Traumjob, erklärt sie. »Ich wollte diese Karriere, und ich hatte ein Anrecht darauf.« Von diesen Männern habe sie sich diesen Traum nicht kaputtmachen lassen wollen. Wenn, dann sollten gefälligst die Männer gehen, nicht sie.

In der Musikindustrie sei es wie in der katholischen Kirche, meint Carvello. »Sie ändert sich nicht von alleine. Veränderung muss von außen kommen.« Auch deshalb reicht sie im März 2023 ihre Klage auf Schadenersatz beim New Yorker Supreme Court ein. Möglich ist die Klage, weil der Staat New York mit dem »Adult Survivors Act« damals die Verjährungsfristen für den sexuellen Missbrauch an Erwachsenen für ein Jahr ausgesetzt hat. Üblicherweise, so Carvello, würden solche Verfahren außergerichtlich geregelt. Sie aber wolle sich auf keinen Vergleich einlassen. »Ich will, dass die ganze Welt die hässliche Wahrheit sehen kann.«

Goldene Zeiten

In den 1980er- und 1990er-Jahren schwimmt die Musikindustrie bekanntlich im Geld. Ausgegeben wird es vor allem von männlichen Musikern und Managern – für Partys, Alkohol, Kokain und Sex. Gerade in den USA verwendet man es aber auch lange Zeit dafür, Moderatoren zu bestechen, damit sie die Songs der eigenen Künstler*innen häufig genug im Radio spielen. *Mad Men* sozusagen, aber mit Musik.

Carvello und andere, mit denen wir über diese Zeit sprechen, zeichnen ein Bild von einer Industrie, in der sich wichtige Männer damals offenbar für unantastbar hielten – vor und hinter den Kulissen. Und sie sagen, ein Buch beschreibe die Musikindustrie in ihren »goldenen Jahren« besonders gut: In dem Roman *Kill Your Friends* verarbeitet der britische ehemalige Musikmanager John Niven auf satirische Weise seine Erfahrungen aus der Musikindustrie der 1990er-Jahre. Es geht um Männer, die wenig Ahnung, aber sehr viel Selbstbewusstsein haben und die auf der Suche nach dem nächsten großen Hit in allen erdenklichen Situationen Kokain konsumieren und so viel Sex haben, wie sie nur können. Frauen spielen allenfalls als Sekretärinnen und Sexobjekte eine Rolle.

Nach und nach sind in den vergangenen Jahren auch konkrete Fälle an die Öffentlichkeit gelangt, die ein Schlaglicht auf das damalige Verhalten manch mächtiger Männer dieser Branche werfen. Ein markantes Beispiel ist Denis Handlin. Von Mitte der 1980er-Jahre bis zu seiner Entlassung im Sommer 2021 ist Handlin 37 Jahre lang der CEO von Sony Music Australia und damit der wohl mächtigste Mann der australischen Musikindustrie. Seinen Job verliert er, nachdem Aktivist*innen Ende 2020 den Instagram-Account »Beneath the Glass Ceiling« gestartet und dort anonyme Erfahrungsberichte aus der australischen Musikindustrie verbreitet haben. Viele dieser Berichte beziehen sich auf die schlimmen Arbeitsbedingungen bei Sony. Wenig später entscheidet die Firmenspitze in den USA, Handlin zu entlassen.

Nach seiner Entlassung berichten zahlreiche Mitarbeiter*innen, unter anderem in einer umfassenden Recherche des Fernsehsenders ABC, Handlin habe seine Macht gnadenlos ausgenutzt. Jeden Tag habe er Menschen fertiggemacht, sie angeschrien und erniedrigt. Er habe es genossen, seinen Mitarbeiter*innen Angst zu machen, und sei nicht in der Lage, Frauen auf Augenhöhe zu begegnen. Er habe den Personalchef gezwungen, Mitarbeiter*innen zu feuern, weil sie ihn, Handlin, nicht angelächelt hätten, weil ihm ihr Aussehen nicht gefallen habe oder weil sie schwanger gewesen seien. Sony Music hat sich auf unsere Anfrage dazu nicht geäußert. Handlin selbst hat die Vorwürfe in einem Statement knapp drei Monate nach seinem Rauswurf bestritten. Er habe Frauen immer gefördert und hätte solch diskriminierendes Verhalten niemals akzeptiert. Auf eine detaillierte Anfrage unsererseits reagiert Handlin nicht.

Prominente Beispiele sind auch Charlie Walk und Russell Simmons. Walk, der frühere Labelchef von Republic Records, wurde Anfang 2018 mit Belästigungs- und Missbrauchsvorwürfen konfrontiert. Und Simmons, dem Gründer des Hip-Hop-Labels Def Jam, warfen Ende 2017 vier Frauen sexuelle Übergriffe und Vergewaltigungen in den Jahren von 1988 bis 2014 vor. Republic Records und Def Jam gehören heute beide zu Universal. Sowohl Walk als auch Simmons bestreiten die Vorwürfe.

Während ihrer Zeit als Managerin des Wu-Tang-Clans hat auch Eva Ries mit Walk und Simmons in New York geschäftlich zu tun gehabt. Über beide sagt Ries im Gespräch mit uns, dass sie sich lieber nicht in deren Nähe begeben habe. Sie seien zwar nette, witzige, charmante Männer gewesen, aber mit Walk »durfte man als Frau nicht allein sein« – auf Weihnachtsfeiern habe sie sich immer von ihm ferngehalten. Und Simmons sei »ebenso sehr aufdringlich« gewesen.

In einen Aufzug wäre sie nicht alleine mit ihm gestiegen. Weder Simmons noch Walk reagierten auf unsere Fragen.

Ries war in den 1990er-Jahren eine der wenigen Frauen, die in der Branche richtig Karriere gemacht haben – wie sie selbst sagt, auch dank männlicher Mentoren, die ihr früh vertraut hätten. Einerseits sei sie extrem froh, die »glorreichen Zeiten« damals miterlebt zu haben. Sie hätten große Budgets für ihre Künstler*innen gehabt, dazu »Geld für rauschende Partys und Koks«, erklärt sie. »Das war eine geile Zeit. So etwas gibt es heute gar nicht mehr. Ich will diese Zeit nicht missen und kann heute sagen: Ich war dabei.« Andererseits sei sie als Frau – ähnlich wie Carvello – oft Außenseiterin gewesen. Ein »Old Boys' Club« habe sich damals die wichtigen Positionen gegenseitig zugeschanzt.

Fast alle Frauen, die schon länger in der Branche tätig sind und mit uns über ihre Erfahrungen sprechen, erzählen uns, dass sie irgendwann eine Entscheidung treffen mussten: Entweder ich verlasse die Musikindustrie, oder ich lege mir Strategien zurecht, wie ich mit übergriffigen Männern zurechtkomme. »Neinsagen lernen, Grenzen ziehen, aufpassen und auch mal zurückschubsen – das lernten wir früh«, sagt uns auch Andrea Rothaug, seit Jahrzehnten eine der umtriebigsten Musikmanagerinnen Deutschlands und heute Geschäftsführerin von RockCity Hamburg. Rothaug hat außerdem das Netzwerk Music Women* Germany 2020 zusammen mit anderen als Verein gegründet.

Früher, erzählt Rothaug, habe es in der Branche geheißen: Wer sich nicht an die Achtziger erinnern kann, ist nicht dabei gewesen. Rothaug fängt erst in den Neunzigern an, aber auch sie erinnert sich an »Newcomer-Produktionen mit Etats von mehr als 300 000 Euro Produktionskosten« und »an drogenmäßig sehr gut ausgestattete Backstage-Räume«. Außerdem an »diverse Typen, die mir irgendwohin greifen, mich ohne Vorwarnung abküssen, mir über den Mund fahren, meine Ideen als ihre eigenen verkaufen und sich für unwiderstehlich halten«. Rothaug erklärt, sie sei fast immer die einzige Frau gewesen und habe deshalb »mit einem dicken Fell, Kampfgeist und reichlich Ellenbogenskills« bestehen müssen. »Damit war ich natürlich auch Teil des Problems.«

Inzwischen arbeiten viel mehr Frauen als zuvor in der Branche – in Einstiegsjobs teilweise sogar mehr Frauen als Männer. Und natürlich haben in den vergangenen Jahren in Deutschland auch immer mehr Frauen in der Industrie Karriere gemacht, bis hoch zur Co-Chefin einer Plattenfirma, nämlich Warner Music. Doch bei aller positiven Veränderung ist das berufliche Fortkommen von Frauen in der Musikwelt offenbar noch immer an ganz andere Bedingungen geknüpft als bei Männern, wie Rothaug sagt. Ihrer Beobachtung nach haben Frauen oft längere Karrierewege, verdienen weniger, kommen auf der Karriereleiter nicht so hoch wie Männer, sondern landen bei gleicher Qualifikation meist in schlechter bezahlten Berufen als die männlichen Kollegen.

»Je höher wir in unseren Karrieren kommen«, so Rothaug, »desto ›dünner‹ wird die Luft und desto mehr Testosteron ist in der Atmosphäre.« Diejenigen, die in den Unternehmen maßgeblich die Personalpolitik bestimmten, seien zumeist männlich und agierten wie Gatekeeper. So würden mitunter ganz bewusst patriarchale Strukturen aufgebaut, gefestigt und gestützt, indem Männer an der Spitze ihre Kumpels ins Team holen. Frauen würden hier nicht selten als störend empfunden und auf die ihnen vermeintlich innewohnenden Kernkompetenzen reduziert, zum Beispiel: »gut aussehen, nett sein«.

Nicht nur Andrea Rothaug sieht das so. Auch eine Studie der Malisa-Stiftung zur Geschlechtervielfalt in der Musikwirtschaft aus dem Jahr 2021 kommt zu einem ähnlichen Ergebnis. »Es besteht Handlungsbedarf im Hinblick auf die Chancengleichheit von Frauen und Männern in der Musikwirtschaft«, heißt es darin unter anderem. Im Übrigen zeige es sich, so die Autorinnen, »dass nahezu jede der befragten Frauen schon einmal diskriminierende Erfahrungen in Bezug auf ihr Geschlecht gemacht hat«.

In der britischen Musikindustrie sind 99 Prozent aller Frauen schon einmal bei der Arbeit belästigt oder gemobbt worden – so legt es zumindest eine entsprechende Studie von zwei Soziologinnen aus dem Jahr 2022 nahe. Sie hatten 400 Männer und Frauen aus der Branche befragt, darunter auch Künstler*innen, aber überwiegend Menschen, die hinter der Bühne arbeiten. Und finden heraus: Ein Drittel aller Menschen in der britischen Musikindustrie hat bereits körperliche Gewalt erlebt, etwa jede fünfte Person wurde gegen ihren Willen zu sexuellen Handlungen genötigt und fast ebenso vielen Menschen wurden berufliche Vorteile gegen sexuelle Gefälligkeiten versprochen. Die Zahl der Frauen, die in der Studie angaben, Belästigung und sexuelle Übergriffe erlebt zu haben, war deutlich höher als die der Männer.

Anders als etwa in Großbritannien gibt es in Deutschland keine Zahlen zu sexueller Belästigung in der Musikbranche. Die Frauen, mit denen wir sprechen, berichten uns jedoch, dass beinahe jede Frau in dieser Industrie eine Geschichte von Gewalterfahrungen oder Machtmissbrauch zu erzählen habe. Und so wie Nina Wegbauer nehmen offenbar viele von ihnen Grenzüberschreitungen oft einfach so hin, weil sie für sich keine andere Alternative sehen, wenn sie ihre Tätigkeit weiter ausüben möchten.

Insbesondere im Livebereich seien solche Grenzverletzungen an der Tagesordnung, sagt Rike van Kleef, die als Stage-Managerin arbeitet und den Verein Faemm mitgegründet hat, der sich für Geschlechtergerechtigkeit in der Musikbranche einsetzt. »Die Arbeit«, erläutert sie, »findet häufig in Settings statt, in denen es dunkel ist, in denen Alkohol und Drogen konsumiert werden, in denen Menschen in einer ausgelassenen Stimmung sind.« Bei Veranstaltungen, auf Tour oder auf Festivals herrschten zudem ein besonders hoher Druck und Schlafmangel. »Das macht das Miteinander-Arbeiten schon anders und bringt Menschen dazu, sich – in Anführungszeichen – nicht professionell zu verhalten. In den letzten fünf Jahren ist zwar das Bewusstsein dafür gewachsen, dass dies besonders für Personen mit marginalisierten Geschlechteridentitäten problematisch ist, aber umfassende strukturelle Veränderungen gibt es bisher nur vereinzelt.« Drogen und Alkohol würden in der Branche bis heute oft nicht problematisiert, im Gegenteil. Verschiedene Frauen berichten uns davon, dass sie von Chefs aufgefordert worden seien, mit Geschäftspartnern zu trinken, etwa um als Bookerin Acts zu verkaufen. Einer Frau wurde im Personalgespräch gesagt, es sei etwas Positives, dass sie »gut am Tresen« ist.

»Andere Berufe haben ein Mal im Jahr Weihnachtsfeier. Wir haben das jeden Abend«, erklärt uns auch Tim Böning bei einem Treffen im Februar 2024. Ein Vierteljahrhundert lang ist er einer der bestvernetzten Tourmanager und Musikagenten Deutschlands, arbeitet mit Bands wie The Roots, Macklemore oder mit Bilderbuch. Heute ist er einer der wenigen Männer, die offen darüber sprechen, was das mit ihm gemacht hat. 2021 steigt er aus, weil er, wie er sagt, »am Ende« ist. Zum Abschied schreibt er für die Branchenzeitschrift *Musikwoche* einen Artikel über den massiven Druck und die schlechten Arbeitsbedingungen. »All die Jahre habe ich traumatisiert gegen eine Depression und Angststörung angearbeitet. Da war immer der sehnliche Wunsch nach Ruhe und nach ›Sagen können, was mit mir ist‹«, schreibt Böning. »Mir diese Schwäche einzugestehen, um Hilfe zu bitten und am Ende das Undenkbare zu tun, nämlich ›einfach‹ eine Pause zu machen – das war der schwerste Schritt.«

Heute lebt Böning außerhalb Berlins mit seinen beiden Katzen Rudi und Rakete, ein klischeehaftes Aussteigerleben, wie er selbst sagt. Aber im Gespräch mit uns erinnert er sich: Die Arbeit in der Livebranche sei ein ständiger Konkurrenzkampf für ihn gewesen. Und schließlich sei es »ein Geschäft der Nacht. Die Entscheidung, da nicht teilzunehmen am Abend, das ist halt eine Entscheidung gegen deine Karriere.« Er fasst zusammen, was man eigentlich für diesen Job mitbringen muss, um erfolgreich zu sein: »Du musst laut sein, du musst ein Mann sein, du musst saufen und am Ende musst du auch noch koksen können.« Er selbst habe das alles mitgebracht, aber es habe ihn trotzdem kaputtgemacht.

Frauen, die in der Livebranche arbeiten und womöglich Karriere machen wollen, stehen unweigerlich vor der Herausforderung, sich zu dem von Böning beschriebenen »Konkurrenzkampf« und seinen Begleiterscheinungen zu verhalten. So männlich geprägt ist das Metier, dass Frauen auf Tour nicht selten eher für die Freundin des Künstlers als für dessen Managerin gehalten werden. Eine Bookerin erzählt, sie habe sehr lange darauf bestanden, sich Booker zu nennen, weil sie »eine von den Boys« sein wollte, um überhaupt akzeptiert zu werden.

Übergriffe

In diesem »Geschäft der Nacht«, wie Böning es nennt, kommt es leicht zu Grenzverletzungen. Und so werden auch uns ganz konkrete Übergriffe berichtet. Einige Beispiele: Eine Künstlerbetreuerin erzählt, sie sei bei einem Festival von einem betrunkenen Tourmanager plötzlich zwischen die Tourbusse »gezerrt und niedergeknutscht« worden, sie habe sich befreien können, aber »es war einfach so unfassbar eklig«. Eine Tourmanagerin erinnert sich daran, wie der Manager einer Band, die sie ein paar Wochen begleitet hat, sie am Ende des Auftrags mit Bargeld bezahlt hat – und ihr die Scheine zur Demütigung von oben über ihren Kopf hat regnen lassen, wie bei einer Stripperin. Die Band habe dabei einfach zugesehen, ohne etwas zu sagen. Eine andere sagt, der Geschäftspartner ihres Chefs habe ihr bei einer Party wiederholt an den Hintern gefasst und sie aufgefordert, mit ihm aufs Hotelzimmer zu gehen. Als sie ihrem Chef davon berichtet, sieht dieser keinen Grund, deshalb die Geschäftsbeziehung mit dem übergriffigen Mann zu beenden. Die Frau solle sich doch über die Aufmerksamkeit freuen, habe er gesagt.

Auch Mitarbeiterinnen von Plattenfirmen oder Streamingdiensten berichten von entsprechenden Erlebnissen: Eine Labelchefin erzählt, sie habe einmal das Studio eines neuen Acts besucht. Dabei habe ihr der Manager den Aufnahmeraum gezeigt. Es sei ein kleiner dunkler Raum gewesen, plötzlich habe er ganz nah hinter ihr gestanden und versucht, sie zu küssen. Er habe die Tür zugehalten, bis sie gedroht habe, eine Szene zu machen. Sogar als Führungskraft mache sie solche Erfahrungen: Bei einem sogenannten Signing-Dinner, also nach erfolgreichem Vertragsabschluss mit einem Künstler, habe dieser ihr unter dem Tisch wie selbstverständlich das Bein gestreichelt. Und auf einer Branchenparty habe ein Musikmanager sie und eine andere profilierte Managerin im Vorbeigehen gefragt, ob die beiden sich nicht mal küssen wollten.

Eine Labelmitarbeiterin erzählt von einem Pressetermin, bei dem sie Marilyn Manson betreut habe. Der habe sie gefragt, wo die Toilette sei. Und dann: »Möchtest du mitkommen und meinen Penis halten?« Später habe er ihr mit seinem geschminkten Mund einen großen Kuss auf die Stirn gegeben. Die Frau sagt, sie habe sich danach wie gebrandmarkt gefühlt. Manson hat sich auf unsere Anfrage dazu nicht geäußert.

In der Regel finden Übergriffe wie die eben geschilderten nicht vor Zeugen statt. Aber es gibt Ausnahmen. Am 12. Juli 2015 geht auf einem YouTube-Kanal des MDR ein achtminütiges Video online. Reporterin Sissy Metzschke ist dort auf dem wohl wichtigsten Hip-Hop-Festival Deutschlands zu sehen, dem Splash. Dort trifft sie den österreichischen Rapper Money Boy zu einem Interview in dessen Backstage-Container. Auch die Crew des Rappers ist dabei. Nach einer kurzen Begrüßung beugt Metzschke sich über den Tisch, um ein Crewmitglied namens »Medikamenten-Manfred« zu befragen. Das Gespräch mit ihm dauert nur etwas mehr als eine halbe Minute. Auf dem Video ist sehr gut zu sehen, wie Money Boy währenddessen im Hintergrund dreimal so tut, als würde er Metzschke an den Hintern fassen. Da das Video immer noch online zu finden ist, beschließen wir, Metzschke zu kontaktieren.

Sissy Metzschke arbeitet seit fast zwanzig Jahren in Backstage-Bereichen von Festivals und Konzerten. Die Neununddreißigjährige ist freie Moderatorin und Reporterin, vor allem für ihren Heimatsender MDR, und berichtet sehr viel über Musik. Die Arbeit mit den Künstler*innen sei ihr wichtig, sagt sie uns. Sie liebt ihren Job – und das, obwohl ihr in all den Jahren immer wieder auch sehr unangenehme Dinge passiert sind. Wie bei der Begegnung mit Moneyboy 2015. Sie erinnert sich, dass der Rapper für das Video von vielen Fans gefeiert worden sei. Als super Typ, der sich etwas traut. Ihr selbst ist das Ganze so unangenehm, dass sie sich das Video kein einziges Mal in voller Länge angeschaut hat.

Metzschke berichtet von Stars, die ihr eindeutige, völlig unangebrachte Angebote gemacht hätten. Einmal habe sich ein Rapper zu ihr an den Tisch gesetzt und einfach angefangen, ihr von seinem Penis zu erzählen. Metzschke sagt, sie sei in dem Moment so überrascht gewesen, dass sie erst einmal wie erstarrt sitzen geblieben sei, anstatt sofort aufzustehen und zu gehen. In beiden Situationen, betont Metzschke, sei sie noch nicht gut genug darin gewesen, Grenzen zu setzen. Ihr habe der Mut gefehlt. »Ich war bereit, Grenzüberschreitungen hinzunehmen, um mit einem guten Interview zurück in den Sender zu kommen.« Heute würde sie das nicht mehr so einfach akzeptieren.

Einige der Frauen, mit denen wir sprechen, erinnern sich erst am Ende unserer Gespräche an übergriffige Situationen oder erzählen ganz beiläufig davon, so sehr haben sie die Situationen verdrängt und für sich normalisiert. »Ich glaube, für mich ist das Schlimmste dieser Gewöhnungseffekt«, sagt eine andere Frau, die lange bei einem der ganz großen Player der Musikindustrie gearbeitet hat. Irgendwann sei sie abgestumpft. Einmal, erzählt sie, habe sich ein männlicher Geschäftspartner über sie aufgeregt, weil er sich durch eine Entscheidung von ihr benachteiligt fühlte. In großer Runde habe er über sie gesagt: Wenn die vorher mal wieder richtig durchgefickt worden wäre, dann wäre die Entscheidung anders ausgefallen. Ein Kollege habe ihr das im Anschluss berichtet, jedoch ohne ein Gefühl dafür zu haben, wie erniedrigend diese Aussage eigentlich ist.

Viele unserer Gesprächspartnerinnen berichten, wie anstrengend es für sie sei, ständig darauf zu achten, klare Grenzen zu ziehen und dabei niemanden vor den Kopf zu stoßen – beispielsweise wenn sie in einem Abhängigkeitsverhältnis zu jemandem stehen, der sich übergriffig verhält, oder wenn sie sich eine für sie wichtige Geschäftsbeziehung nicht versauen wollen. Etwa mit dem Fernsehmoderator, der Interesse daran haben sollte, die Künstler*innen in seine Show zu holen, die man vertritt. Eine PR-Managerin erzählt, dass sie am Rande einer Party einmal mit einem solchen Entscheider lange über ein bestimmtes Musikvideo diskutiert habe. Sie sei fassungslos, aber auch hilflos gewesen, als der Mann das Ganze mit dem Satz beendet habe: Eigentlich sind mir deine Argumente auch egal, ich finde dich einfach nur heiß.

Gerade Festivals, Konzert- oder Promotion-Touren können für Frauen eine große Herausforderung sein. Auf solchen Reisen verabschiedet man sich zum Teil jeden Abend erst an der Hotelzimmertür, nur um sich schon wenige Stunden später wieder dort zu begrüßen. Von Künstlern habe sie bei solchen Gelegenheiten schon häufiger Angebote bekommen, die nicht unbedingt übergriffig gewesen seien, aber eben auch nicht mehr professionell, berichtet uns eine PR-Managerin, die anonym bleiben möchte. Eine Bemerkung wie »Falls du dich einsam fühlst, das ist meine Zimmernummer« sei zwar respektvoll formuliert, trotzdem bringe sie das als Frau in eine Zwickmühle: Wie lehne ich als Geschäftspartnerin ein solches Angebot höflich ab, ohne die Beziehung zu zerstören, und so, dass ich auch weiterhin mit dem Künstler zusammenarbeiten kann? »Ich war in vielen Situationen, in denen man sehr eng miteinander abhängt, in denen sehr viel getrunken wurde, und es wurden keine Grenzen überschritten«, sagt die PR-Managerin. »Aber auch, weil ich darauf geachtet habe. Ich glaube, man hätte diese Situationen fast alle kippen lassen können, wenn man gewollt hätte.« Diese Situationen hätten sie oft gestresst.

Maria Kanter

In einer Branche wie der Musikindustrie, in der sich alle zu kennen scheinen und eine Empfehlung gerade für Freiberufler*innen vieles entscheiden kann, besteht offenbar eine erhöhte Gefahr, dass es zu Abhängigkeitsverhältnissen und gar zu Machtmissbrauch kommt. Maria Kanter hat das erlebt.

Kanter arbeitet seit Jahren in verschiedenen kreativen Rollen in der Musikindustrie, zunächst mit mäßigem Erfolg, später kann sie gut davon leben. Was genau sie gemacht hat, können wir hier nicht schreiben, zu leicht würde es sie identifizieren. Eigentlich heißt Maria Kanter anders. Wir haben ihr in diesem Buch ein Pseudonym gegeben, weil sie glaubt, dass der Mann, über dessen Machtmissbrauch sie reden will, ihre Karriere zerstören würde, falls er erfährt, dass sie mit uns geredet hat. Deshalb können wir hier auch nur einen kleinen Teil dessen erzählen, was uns Kanter im Verlauf mehrerer Stunden berichtet hat. Auch viele der konkreten Details dürfen wir nur umschreiben.

Maria Kanter wählt für unser Treffen ein Bürogebäude in einem Industriegebiet am Rande von Berlin. Die Flure sind menschenleer an diesem viel zu warmen, drückenden Montag Anfang Oktober. Es ist ein Brückentag, kurz vor dem Tag der deutschen Einheit. Kanter empfängt uns in einem kleinen Konferenzraum.

Der Mann, um den es geht, spukt schon Jahre vor ihrer ersten Begegnung in Kanters Kopf herum. Denn sie weiß: Dieser Mann könnte ihre Karriere auf ein anderes Level heben. Über einen gemeinsamen Kontakt habe sie ihm schließlich ihre Arbeit vorstellen können – und daraufhin eine positive Rückmeldung bekommen. Kanter sagt, sie sei begeistert gewesen. »Unser Job bedeutet auch viel Unsicherheit. Entweder man wird genommen und gefeiert, oder du bekommst gar kein Feedback. Daher war das schon krass, überhaupt Feedback zu bekommen.« Ohne solche Kontakte, so Kanter, habe man in der Branche kaum eine Chance.

Beim ersten persönlichen Treffen habe der Manager erzählt, wen er alles in der Branche kenne, und ihr damit gezeigt, was alles möglich wäre, wenn sie mit ihm arbeite. Schon bei den allerersten Treffen habe er dann aber auch anzügliche Bemerkungen gemacht. Schnell sei für sie deutlich geworden, dass es dem Manager nicht so sehr um Kanters berufliches Fortkommen gegangen sei als vielmehr darum, sie ins Bett zu kriegen. Sie brauche nur mal wieder richtig guten Sex, dann könne die Karriere auch starten, soll er laut Kanter gesagt haben.

Kanter habe versucht, mit dem Manager über berufliche Fragen zu sprechen, doch immer wieder habe der den Austausch aufs Private gelenkt, habe ihr sexualisierte Spitznamen gegeben und sie zu Ausflügen eingeladen. Manche Einladungen schlägt sie aus, weil sie ihr zu privat erscheinen. Doch zu anderen Treffen geht sie auch hin, weil sie hofft, mit der Unterstützung des Mannes einen Karrieresprung zu schaffen. Irgendwann, sagt Kanter, habe der Manager ihr bei einem Treffen schließlich an den Hintern gefasst. Sie sagt, sie habe ihm deutlich erklärt, dass er damit eine Grenze überschritten habe.

Danach habe sie sofort gemerkt, wie ihr das beruflich schadet. Der Manager sei in den folgenden Wochen abweisender gewesen. »Da wusste ich: Du wurdest gerade herabgestuft, weil du nicht mit ihm mitgegangen bist. Und dann hat er mich auch in jeder erdenklichen Situation härter rangenommen, bloßgestellt, ausgelacht oder mir die Schuld gegeben an Dingen.«

Bis heute sei sie beruflich von dem Mann abhängig und traue sich nicht, offen über ihre Erlebnisse zu sprechen. Die Erfahrungen mit dem Mann hätten in ihr Selbstzweifel geweckt. Sie habe sich gefragt, ob sie vielleicht gar nicht so gut in ihrem Job sei, wie sie immer geglaubt habe. Oder anders gefragt: »Arbeitet er nur mit mir, weil er eigentlich mit mir vögeln will?« Am liebsten, so Kanter, würde sie diesem Mann einfach nur sagen, dass er »ein Riesenarschloch« sei. »Aber ich habe Angst, dass dann alles, was ich mir aufgebaut habe, vorbei ist. Dass ich mir meine ganze Karriere zerlege.«

Bei unserem Treffen zeigt Maria Kanter uns ihre Chatverläufe mit dem Manager, auch ein Freund kann einige ihrer Angaben bestätigen. Wir halten das, was Kanter berichtet, für glaubhaft. Aber konkrete Beweise gibt es nicht. Wir können – um Maria Kanter zu schützen – auch den Manager nicht mit ihren Aussagen konfrontieren.

Nicht alle sind in der Situation von Kanter, die sich als Freiberuflerin nicht so ohne Weiteres Hilfe holen kann. Größere Unternehmen wie die Plattenfirmen oder die Streamingdienste verfügen dagegen immerhin meist über Betriebsräte oder andere Vertrauenspersonen, bei denen Mitarbeiter*innen etwaige Übergriffe melden können. Universal etwa bietet den Mitarbeiter*innen den Zugang zur Beratungshotline eines externen Instituts an, an die sich jede und jeder anonym wenden kann, wenn sie oder er berufliche und private Probleme zu bewältigen hat. Seit Anfang 2022 steht Mitarbeitenden aus der Musikbranche auch eine Beratungsstelle bei sexueller Belästigung und Gewalt offen, die Vertrauensstelle »Themis«, die zunächst für den Film- und Theaterbereich eingerichtet wurde. Dort können sie sich bei Diskriminierungserfahrungen oder sexueller Gewalt von Psychologinnen und Juristinnen beraten lassen.

Nicht zuletzt liegt es auch an Vorgesetzen, ihre Mitarbeiterinnen vor Übergriffen zu schützen oder sie aufzufangen. Eine Frau, die in einer PR-Agentur gearbeitet hat, berichtet uns davon, dass sie, wie sie sagt, eine »schützende Hand« hatte. Tatsächlich hätten ihre Vorgesetzten regelrecht auf sie aufgepasst. Auch sie möchte anonym bleiben und soll hier deshalb Lucie Delhaize heißen.

Die Chefin Delhaizes habe zum Beispiel dafür gesorgt, dass diese als junge Berufseinsteigerin nicht in direkten Kontakt mit einem Künstler kommt, dem offenbar der Ruf anhängt, übergriffig zu werden. In einer anderen Situation sei es ihr, Delhaizes, Chef gewesen, der eingeschritten sei, als sie von einem beruflichen Kontakt anzügliche und bedrohliche Nachrichten erhalten habe. Den Mann, einen amerikanischen Rapper, habe sie auf einem Branchentreffen kennengelernt, und er habe sich interessiert gezeigt, mit ihrer Agentur zusammenzuarbeiten, und nach ihrer Telefonnummer gefragt. Delhaize sei unglaublich stolz gewesen. »Ich habe gedacht, dass ich einen richtig guten Auftrag heranziehen kann für mein Team«, sagt sie uns im Gespräch. Doch noch in derselben Nacht habe der Mann ihr Nachrichten geschrieben und sie angerufen. Als sie nicht darauf reagiert habe, sei er ausfallend und beleidigend geworden. Sie habe ihr Handy irgendwann entsetzt und enttäuscht ausgeschaltet. In dem Moment habe sie nicht realisiert, wie übergriffig das Verhalten war, und habe gedacht, dass sie es auf eine Art vielleicht provoziert habe.

Am nächsten Tag habe sie im Büro davon erzählt, »als Witz«, berichtet sie. Ihr Chef sei total sauer geworden und habe dann tatsächlich den Rapper angerufen. Zu Delhaize habe er nur noch gesagt, dass der Mann sie nie wieder kontaktieren werde. »Für mich war das eine sehr positive Erfahrung, die mir gezeigt hat, wie wichtig es ist, dass Menschen in Machtpositionen diese nutzen, um ihre Mitarbeitenden zu schützen.«

Immer wieder wird uns allerdings auch von Vorgesetzten berichtet, die genau das Gegenteil tun und offenbar ausgerechnet diejenigen schützen, von denen die Grenzverletzungen ausgehen.

Im Herbst 2023 sprechen wir im Verlauf von mehreren Wochen mit verschiedenen Frauen aus Bookingagenturen, die uns – so wirkt es zumindest – ein und dieselbe Geschichte erzählen. Eine Geschichte von Überarbeitung, Ausbeutung und ständiger Erreichbarkeit. Von unterbezahlten jungen Frauen und Männern, die die Festivalsaison durchpowern, manchmal in 90-Stunden-Wochen. Und von Chefs – hier muss ausdrücklich nicht gegendert werden –, die für Erschöpfungssymptome kein Verständnis haben, selbst dann nicht, als mehrere Mitarbeitende mit Burnout krankgeschrieben werden oder kündigen. Neben den Arbeitsbedingungen, die in diesem Metier problematisch zu sein scheinen, kommt es in einer Firma darüber hinaus zu sexistischen Ausfällen, die lange geduldet werden.

Nele Albrechts, die ebenfalls anonym bleiben möchte und eigentlich anders heißt, hat knapp zwei Jahre als feste Freie in dieser Firma gearbeitet, die größere Festivals in Deutschland veranstaltet. Im Sommer 2020 sei im Sales-Team ein neuer Manager eingestellt worden, der laut Albrechts schnell mit »Schenkelklopfer-Humor der besonders unangenehmen Art« aufgefallen sei. In einem Meeting mit mehreren Kolleg*innen habe er zu ihr gesagt: Wenn sie nicht wisse, wohin mit ihrer Arbeitszeit, könne sie noch zu ihm nach Hause kommen und seine Hemden bügeln. Albrechts ist entsetzt, so sehr, dass sie, wie sie sagt, entgegen ihrer sonst schlagfertigen Art zunächst sprachlos ist. Nach dem Meeting greift sie zum Hörer und ruft den Manager an, um ihm zu sagen, dass seine Äußerung erniedrigend für sie war. Der Manager habe nur erwidert, das sei eben sein Humor, sie müsse damit klarkommen.

Doch der Manager sei immer wieder unangenehm aufgefallen. Andere Frauen im Unternehmen, insbesondere solche, die ihm hierarchisch unterstellt waren, habe er aufgefordert, jede Woche einen Kuchen zu backen. Oder erstmal Kaffee zu kochen, ehe sie ihren Urlaub durch ihn genehmigt bekämen. »Er hat keine Situation ausgelassen, um deutlich zu machen, dass er ganz klar die Macht über diverse Personen im Unternehmen meint zu haben«, sagt Nele Albrechts. »Seine Sprüche und Erniedrigungen richteten sich insbesondere gegen jüngere Kolleginnen.« Eine Kollegin habe ganz besonders unter diesem Manager gelitten und schließlich gekündigt, erzählt Albrechts. Die betreffende Frau möchte jedoch nicht mit uns darüber sprechen.

Albrechts lässt das Verhalten nicht los. Sie entscheidet sich dazu, das Geschehene bei der Personalabteilung anzuzeigen. »Ich wollte unbedingt die richtigen Meldewege einhalten und den offiziellen Weg gehen, damit die Situation professionell geklärt werden kann«, sagt sie. Die Personalerin habe ihr zunächst ein gutes Gefühl vermittelt und habe gesagt, dass so etwas nicht in Ordnung sei. Und dass sie die Geschäftsführung informieren werde. Parallel meldet Albrechts den Vorfall ihrem Vorgesetzten. »Doch es passierte gar nichts. Informationen zum aktuellen Stand musste ich selbst einfordern.« Sie habe sich dann gefragt: »War das jetzt wirklich so schlimm, was da passiert ist? Ist mein vehementes Nachfragen gerade too much und übertrieben?« Albrechts bekommt mit, dass Kolleg*innen offenbar über sie sprechen, dass es plötzlich heißt, sie sei eine komplizierte Mitarbeiterin. Leicht reizbar und zickig.

Statt konkreter Konsequenzen für den Manager habe die Personalabteilung schließlich ein Schlichtungsgespräch angeboten. »Als handele es sich hier um einen Streit unter Mitarbeiter*innen«, meint Albrechts. Ihr geht es mit der Zeit zunehmend schlechter, weil sie das Gefühl hat, gegen Wände zu laufen. »Die haben einfach eine Akte angelegt und sie dann zur Seite gelegt«, erklärt sie. »Und mich dabei noch angelächelt.« Ständig habe es geheißen, so sei er eben. Sie habe sich nicht ernst genommen gefühlt und immer mehr an sich gezweifelt. Damals ist gerade Corona-Lockdown, die Mitarbeitenden befinden sich in Kurzarbeit. Albrechts, die nicht fest angestellt ist, hofft jeden Monat aufs Neue, weiterhin bezahlt zu werden. Bis auch sie schließlich wenige Monate später die Firma verlässt. Der Manager hingegen bleibt.

Unser Fragenkatalog an den Geschäftsführer bleibt unbeantwortet. Mehrere ehemalige Kolleginnen bestätigen, was Albrechts uns berichtet.

Nele Albrechts kehrt der Musikbranche den Rücken, heute arbeitet sie in einer IT-Firma. Ihr Ausstieg habe zu einem »totalen Identitätsverlust« geführt. »Ich hatte Abende, da saß ich hier und habe zu meinem Freund gesagt: Ich weiß gar nicht, wer ich bin.« Plötzlich sei es »ganz stumm« in ihr drin gewesen. »Ich glaube, davor haben wahnsinnig viele Leute Angst. Und deshalb bleiben sie dem System treu.«

Tamara Güçlü

Auch Tamara Güçlü steht irgendwann vor der Frage, ob sie gehen und kapitulieren oder bleiben und weiter »aushalten« soll. Güçlü hat mit Mitte dreißig schon viele Seiten der Musikindustrie kennengelernt. Den Einstieg in die Branche findet sie allerdings als Musikjournalistin beim *Musikexpress*. Sie schreibt über Festivals, über amerikanischen und deutschen Hip-Hop, trifft die Rapper Haftbefehl und Xatar. Als Journalistin ist sie nah dran, aber sie will ihren Idolen noch näherkommen. 2018 fängt sie deshalb als Artist Managerin bei einem großen Konzern an – nur um bald zu erfahren, was zu große Nähe bedeuten kann.

Tamara Güçlü sitzt mit uns in ihrem Wohnzimmer in Berlin-Friedrichshain auf einer gemütlichen Couch, der Blick geht auf ein kleines Stück Garten nach draußen. Zimmerpflanzen, Plattenspieler und -sammlung. Güçlü trägt eine blaue Seidenjacke und Hausschuhe. Sie ist eine der wenigen, die ihre Erfahrungen unter Klarnamen erzählen. Einzige Bedingung: Wir sollen keine Namen von Menschen nennen, mit denen sie gearbeitet hat. Es geht ihr nicht um einzelne Personen, sondern um das System – und was es mit ihr gemacht hat.

Als Güçlü anfängt, mit Künstler*innen zu arbeiten, ist sie vor allem Fan. *Hip Hop Raised Me* heißt ein Bildband von DJ Semtex, der auf ihrem Couchtisch vor dem Terrassenfenster liegt. Mit dem Titel kann sie viel anfangen: Güçlü wächst in einer westdeutschen Kleinstadt auf, liebt Hip-Hop und kleidet sich entsprechend – als einziges Mädchen trägt sie Baggy Pants und Caps. »Musik stand stets im Mittelpunkt aller beruflichen Ziele«, sagt sie.

Bevor Güçlü Teil der Industrie wird, hat sie aus Videos und Filmen schon ein Bild von dieser Branche im Kopf. Zu dem Bild gehört auch der Star, der sich alles erlauben kann, und ein wildes Leben für alle Menschen in dessen Kosmos. »Eine gewisse Form von selbstzerstörerischer Lebensführung, Abhängen mit Leuten, die halt auch irgendwie krass drauf sind«, das habe sie sich stets ausgemalt. Und als es dann endlich so weit war, sie als Artist Managerin, mit Flügen in der Businessclass in spannende Länder, mit tollen Hotels und Videodrehs in schönen Landschaften, habe sie das lange »richtig geil« gefunden.

Viele der Menschen, mit denen sie nun täglich in Kontakt kommt, sind Personen, die Güçlü schon vorher über lange Zeit bewundert hat. Genau das macht sie verwundbar. Denn in der Zusammenarbeit wird diese Bewunderung ausgenutzt. Güçlü erlebt das mit einem Künstler, den sie über Monate in der Vorbereitung für ein großes Konzert betreut. Sie ist als Projektmanagerin verantwortlich dafür, die anderen Acts zu organisieren, für Studioaufnahmen und Werbeclips, für die Organisation von Drehs auf mehreren Kontinenten. »Mein Job war es, dafür zu sorgen, dass er überall pünktlich auftaucht und abliefert«, sagt Güçlü. Sie soll ihn bei Laune halten.

Gleich zu Beginn des Jobs habe es geheißen: »Sieh zu, dass du die beste Freundin des Künstlers wirst. Er muss dir aus der Hand fressen.« Doch was bedeutet das? Wie nah »zu nah« ist, das wusste Tamara Güçlü nicht. »Es gibt für so was kein Handbuch.« Und so sitzt sie eines Abends mit dem Künstler an der Hotelbar, alle anderen sind schon weg, nur die beiden trinken weiter – und Güçlü öffnet sich dem Künstler. Ein paar Stunden vorher hatte sie die Nachricht vom Tod eines engen Freundes erhalten. Sie erzählt dem Rapper von ihm und ihrer Trauer. An den weiteren Verlauf des Abends erinnert sie sich nur noch vage. Aber sie weiß, dass sie zu viel getrunken und zu viel von sich preisgegeben hat. Ab diesem Zeitpunkt ringt sie um Professionalität.

Wenn der Rapper danach überhaupt noch mit ihr sprach, sei der Ton rau gewesen, erklärt Güçlü. Er habe pampig reagiert, sie nur mit einem Spitznamen angesprochen. Der Künstler und sein Management lassen sie spüren, dass sie nach ihrer Pfeife tanzen muss. »Ich wurde gefühlt zur Bittstellerin. Da war keine Augenhöhe mehr«, sagt sie. Sie macht alles mit, um wieder Zugang zu dem Rapper finden – und geht dabei an ihre Grenzen. Das, was sie eigentlich auszeichnet, sei dabei immer mehr verloren gegangen. »Ich bin von meinem Grundnaturell super empathisch und sensibel«, betont sie. Aber das sei auf die Probe gestellt worden. Eigentlich hätte sie die Eigenschaften draufschaffen müssen, die andere in diesem Umfeld auszeichneten: eine gewisse Dominanz, ein gewisses Maß an Ego. Aber das habe sie einfach nicht gekonnt. »Mein Körpergefühl wurde immer schlechter, und irgendwann ging nichts mehr.«

Güçlü beschwert sich nicht, fragt ihre Vorgesetzten nicht um Hilfe, »weil ich mich geschämt habe für den Abend an der Hotelbar«. Wochenlang setzt sie sich dem Druck, der Respektlosigkeit und dem Stress aus, dann beginnen auf einmal ihre Gelenke wehzutun. Sie kann nicht mehr laufen, ohne dass ihr die Knöchel anschwellen. Auch in ihre Hände, in den Nacken, in die Schultern, in die Knie kriecht der

Schmerz. Sie kann nicht mehr laufen, sich kaum bewegen. Mehrere Wochen ist Güçlü ratlos und verzweifelt, dann stellt ein Rheumatologe fest, dass sie rheumatische Arthritis hat und dringend zur Reha muss. »Das war das Ende meiner großen Managerinnen-Karriere. Mit 29 Jahren.«

Dass in der Branche einem so respektlosen Verhalten wie dem des Rappers ihr gegenüber keine Grenzen gesetzt werden, habe damit zu tun, dass die meisten entweder Angst hätten oder selbst Fans seien, erklärt Güçlü. Lange habe sie danach mit der Musikindustrie nichts mehr am Hut haben wollen. Denn dort werde »Verhalten, das einfach scheiße ist«, viel zu häufig glorifiziert. »Solange die Leute Geld abwerfen mit ihrer Kunst, ist es ziemlich egal.« Sie selbst habe irgendwann den Schalter umgelegt und verstanden, dass sie Menschen vergöttert, deren Verhalten eigentlich alles andere als vergötternswert ist.

Heute hadert Güçlü mit ihrer einstigen Rolle. Da ist die Scham, sich an der Hotelbar tatsächlich unprofessionell verhalten zu haben. Sie glaubt, dass es vielen so geht: Sie machen eine Zeitlang mit und schweigen dann eher, weil sie sich schuldig fühlen. Gleichzeitig kennt sie viele Geschichten von männlichen Managern, die regelmäßig mit ihren Künstlern abhängen – und die das eher noch zusammenschweißt. »Ich wollte immer diese Augenhöhe, diesen ›Bruder-Check‹«, sagt sie. »Und ich dachte, ich könnte das einfach über meine Kompetenz bekommen.«

Nach der Reha zieht sie sich zurück, aber die Branche ganz verlassen, das will sie dann doch nicht. Sie wechselt stattdessen die Seiten und beginnt selbst Musik zu machen. Als Künstlerin nennt sie sich TAM, an ihren Songs arbeitet sie mit ihrer besten Freundin. »Mit 29 nicht mehr richtig laufen zu können hat mich sehr demütig auf mein Leben blicken lassen«, sagt Güçlü. Sie entscheidet sich trotz finanzieller Einbußen für mehr Haltung, Selbstbestimmtheit und Unabhängigkeit. Und sie beschließt, öffentlich Stellung zu beziehen: in Interviews, Artikeln, auf Branchentreffen und mit uns.

Viele der Menschen, mit denen wir sprechen, sind nach Jahren in der Branche müde, enttäuscht, frustriert. Gleichzeitig haben sie oft noch immer Hoffnung, dass sich die Bedingungen verbessern. So habe die Corona-Pandemie dazu beigetragen, dass der eine oder andere die seit Jahrzehnten existierenden Strukturen langsam hinterfragen würde. »Als Corona kam, ging das Neonlicht an«, sagt ein erfolgreicher Konzertmanager, der anonym bleiben will, weil er Angst um seinen Job hat, wenn er in diesem Buch auftaucht. »Und auf einmal habe ich anders auf die Dinge geschaut.« Er stellt plötzlich alte Gewohnheiten in der Branche infrage. »Das Bild ist klarer geworden. Ich kann die Irritationen nicht mehr wegschieben.« Wenn sein Kind ihm heute sage, dass es später einmal gerne in der Konzertbranche arbeiten würde, dann denke er: Bloß nicht.

Nina Wegbauer überlegt bisweilen, die Musikwelt ganz zu verlassen. »Das Arbeitspensum, die absurden Arbeitszeiten, die Übergriffe, dann flüstert etwas in mir: Geh«, sagt sie uns. Aber sie spürt in den letzten Jahren auch »einen gewissen Zugzwang« in der Branche. »Es wird viel schneller darauf hingewiesen, dass Kommentare nicht in Ordnung sind. Es wird sich viel offener unter Kolleginnen und Kollegen ausgetauscht. Man merkt, dass es so langsam brodelt in den Häusern, dass da doch irgendwie Bewegung in der Sache ist.« Also bleibt sie. Auch weil sie ihre Erfahrungen teilen will mit den Frauen, die nach ihr kommen. »Ich will auf jedem Pressefoto meines Labels stehen, mit meinem Titel unter dem Bild und damit sagen: Hier bin ich.« Nina Wegbauer sagt, sie will ein Vorbild sein und den Weg weiter ebnen. Umso mehr schmerze es sie, ihre Geschichte noch nicht unter ihrem richtigen Namen erzählen zu können.

Für einige kommen diese Veränderungen jedoch zu langsam oder zu spät. Gleich mehrere unserer Gesprächspartnerinnen verlassen während der Monate unserer Recherchen ihre Arbeitgeber, einige kehren der Branche gänzlich den Rücken. Manche setzen dabei nochmal ein Zeichen.

Die E-Mail kommt an einem Mittwochnachmittag Mitte Oktober 2023. Sie geht an mehr als 200 Kolleg*innen bei Universal. Und sie sorgt für Aufregung im Eierspeicher. »I'm so sick of running as fast as I can wondering if I could get there quicker if I was a man« lautet der Betreff, ein Taylor-Swift-Zitat. Würde ich schneller vorankommen, wäre ich ein Mann? Die E-Mail, sie kommt von einer langjährigen Mitarbeiterin, die gerade gekündigt hat.

»Ich war zielstrebig und engagiert und darauf bedacht, eine der Besten in jedem Job zu sein, den ich machte, zuverlässig, gewissenhaft«, schreibt sie. Fast zehn Jahre lang habe sie beim Label Vertigo von Universal gearbeitet. »Immer loyal und darauf bedacht, Vertigo und Universal voranzubringen.« Doch wenn es um ihre eigene Karriere ging, schreibt die Frau, seien ihre Talente angeblich nie Thema gewesen. »Stattdessen war ich zu bossy, zu temperamentvoll, zu laut, dann zu leise, zu ambitioniert, zu wenig ambitioniert, hatte zu viel Ownership oder auch zu wenig Ownership, war zu professionell für die Branche oder dann auch wieder zu wenig professionell, wenn es passte.«

Die E-Mail ist eine Abrechnung, zugleich aber auch eine Liebeserklärung vor allem an die weiblichen Kolleginnen und ein Appell an das vor allem männliche Management. Bei Universal gebe es »unglaublich viele intelligente, herzensgute Menschen«, die jeden Tag unfassbar hart arbeiten würden. »Weil sie (noch immer) für ihre Artists und deren Musik brennen, wissentlich, das [sic] Kultur das größte Gut und die größte Kraft ist, die unsere Gesellschaft noch zusammenhalten kann.«

Natürlich könne sie nicht sicher sagen, ob sie als Mann schneller vorangekommen wäre. »Aber ich möchte mich nicht mehr täglich fragen müssen, was wäre wenn.«

PART 9
Rockstar

Es ist keine lange Rede, die Madonna am 12. Dezember 2016 in New York hält, eher eine prägnante Gebrauchsanweisung für Frauen, die es wagen, als Musikerinnen erfolgreich sein zu wollen. »Es gibt keine Regeln, wenn du ein Junge bist«, erklärt sie. »Wenn du ein Mädchen bist, musst du das Spiel mitmachen. Was ist das Spiel? Du darfst hübsch sein und süß und sexy. Aber sei nicht zu schlau. Hab keine Meinung – oder jedenfalls keine, die den Status quo infrage stellt. Du darfst dich von Männern als Objekt betrachten lassen und dich kleiden wie eine Schlampe, aber du darfst auf keinen Fall über deine Schlampenhaftigkeit verfügen (…). Und werd nicht alt. Altern ist eine Sünde.«

Madonna wird an diesem Abend beim Billboard Women in Music Award als »Woman of the Year« ausgezeichnet. Der Preis wird jährlich an weibliche Popstars verliehen, die in dem jeweiligen Jahr die Musikwelt künstlerisch beeinflusst haben. Ihre Danksagung hat Madonna mit den Worten begonnen: »Ich stehe vor euch als ein Fußabtreter. Oh, ich meine, als eine weibliche Entertainerin.« Dann spricht sie über den »permanenten Missbrauch«, den sie in ihrer Karriere erlebt hat.

Die »Queen of Pop« ist da gerade achtundfünfzig Jahre alt geworden und hat mit »Rebel Heart« ihre zehnte Welttournee beendet, mit den bis dahin teuersten Konzerten der Welt. Doch nun, in ihrer Preisrede, kehrt sie zurück an einen Tiefpunkt in ihrem Leben. Nach New York, für sie im Jahr 1979 ein »sehr angsteinflößender Ort«. Dort habe sie damals, mit Anfang zwanzig, verarmt und verunsichert, eine Vergewaltigung erlebt. Dann aber habe sie sich entschieden, »kein Opfer« mehr zu sein, sondern von jedem Sturm zu lernen, in den sie hineingeraten würde.

Und Stürme – insbesondere Shitstorms – wird Madonna Louise Ciccone danach noch viele erleben. Wie die Autorin Mary Gabriel, die im Herbst 2023 eine Biografie über Madonna veröffentlicht hat, in einem Interview mit dem *Guardian* erklärt, gehörten dazu Schlagzeilen, die behaupteten, sie sei eine Schlampe, sie habe kein Talent, sie könne nicht singen und sie sei fett. Ihren Erfolg, unterstellten Kritiker*innen, verdanke sie ihrem Ehrgeiz, nicht ihren Talenten.

In den frühen 1980er-Jahren, als Madonna ihre ersten Auftritte im heute legendären Nachtclub Danceteria in der 21st Street in Manhattan hatte, waren die Grenzen für weibliche und queere Sexualität noch sehr eng gesetzt. Madonna schockierte. Wie unzählige männliche Rockstars zuvor perfektionierte auch sie den Tabubruch: als selbstbestimmte Frau mit eigenen sexuellen Fantasien, die sie auf der Bühne auslebt. Aber nicht, um den Männern im Publikum zu gefallen, erklärt Gabriel dem *Guardian*. »Sie tat es für die Frauen, sie masturbierte und sagte dreckige Dinge.« Madonna, davon ist Gabriel überzeugt, bereitete den Weg für die heutigen weiblichen Popikonen. Weil sie erfolgreich darum kämpfte, die Kontrolle über ihre Kunst und ihr Image zu behalten, weil sie sich dagegen wehrte, in eine Schublade gesteckt oder gar zum Schweigen gebracht zu werden. »Sie ist immer zu weit gegangen, aber genau das hat ihre Karriere befördert«, sagt Gabriel, die Madonna für ihr Buch *Madonna. A Rebel Life* fünf Jahre lang beobachtet und in Archiven und alten Aufnahmen gewühlt hat.

Als Gabriels Biografie über Madonna erscheint, steht längst fest, dass weibliche Popstars in diesem Jahrzehnt die Musikwelt dominieren: 2023 ist natürlich das Jahr von Taylor Swift, die mit ihrer globalen »Eras Tour« und dem dazugehörigen Kinofilm Millionen Menschen erreicht und alle Rekorde bricht. Im Sommer stirbt Sinead O'Connor und wird in Nachrufen als wichtigste europäische Sängerin und Songwriterin geehrt. Kurz darauf erscheinen die Autobiografie von Britney Spears und das filmische Denkmal *Renaissance*, das sich Beyoncé selbst gesetzt hat. Sie alle und noch viele weitere Künstlerinnen haben mit ihrer Musik Trends gesetzt und ein Vermögen verdient.

Sie sind damit starke Vorbilder für Mädchen und Frauen weltweit.

Müssen wir also überhaupt noch darüber sprechen, wie sich weibliche und männliche Karrieren in der Popmusik unterscheiden? Oder sorgt der Erfolg der ganz großen internationalen weiblichen Stars nicht gerade dafür, dass all die unschönen Dinge, die sie und viele andere auf ihrem Weg in der Musikwelt erleben, aus dem Blick geraten – darunter auch die Tatsache, dass viele die Erfahrung von Missbrauch und Zwang teilen?

Tina Turner stand oftmals mit einem überschminkten blauen Auge auf der Bühne. 1981 ist sie eine der ersten Künstlerinnen, die jahrelange Gewalt und Vergewaltigungen durch ihren Ehemann und Geschäftspartner öffentlich macht. Auch Mariah Carey, Lady Gaga und Lily Allen haben sexuelle Übergriffe und Machtmissbrauch durch Männer erlebt, mit denen sie arbeiteten. Sie haben teilweise Jahre gebraucht, um darüber zu sprechen, und tun es heute auch deshalb, weil sie nachfolgende Generationen vor ähnlichen Erfahrungen bewahren wollen.

Anhand der seit mehr als vier Jahrzehnte andauernden Karriere der heute fünfundsechzigjährigen Madonna – und der Art und Weise, wie die Welt auf sie reagiert hat – lässt sich viel darüber erzählen, mit welchen Doppelstandards Künstlerinnen bis heute zu kämpfen haben. So ist etwa immer wieder der Vorwurf zu hören, sie würden sich selbst zu sehr sexualisieren – oder zu wenig. Und dass sie keine authentischen Künstlerinnen seien, nur Produkte, austauschbar, oder dass sie ihren Erfolg anderen verdankten – im Zweifel Männern. »Wenn Kendrick Lamar über LSD singt, ist er cool. Wenn ich es tue, bin ich eine drogenabhängige Hure«, sagt Miley Cyrus 2015 gegenüber der Zeitschrift *Marie Claire.* »Ich habe mich unter Druck gesetzt gefühlt, so auszusehen, wie die Musikindustrie es von mir erwartet«, erklärt Alicia Keys 2016 in einem Interview mit der britischen *Elle.* Kate Nash weist in einer BBC-Dokumentation darauf hin, dass Künstlerinnen »auf einem Album nicht schreien« dürften, »aber als Mann kannst du darüber singen, eine Frau zu vergewaltigen«. Und in einem Interview mit *The Sun* stellt Lily Allen 2014 fest, sehr erfolgreichen Künstlerinnen werde immer unterstellt, dass es einen Mann hinter ihnen gebe, den Mann hinter der

Frau. »Wenn du Ed Sheeran bist, fragt niemand, wer die Musik produziert hat oder wer der Mann hinter Ed Sheeran ist.«

Ohnehin Ed Sheeran: Sich mit Strubbelhaaren und T-Shirt auf die Bühne zu stellen wie der Brite? Für weibliche Künstlerinnen kaum vorstellbar. Ein gemeinsamer Auftritt mit Beyoncé – sie in einem aufwendigen magentafarbenen Schmetterlingsoutfit und er mit Longsleeve, Jeans und Turnschuhen – zeigt 2018 besonders deutlich, was der Musiksoziologe Rainer Prokop von der Universität Wien meint, wenn er im Gespräch mit uns darauf hinweist, dass weibliche Popstars viel stärker über Körperlichkeit und Sexualität wahrgenommen würden als männliche. Prokop nennt die Vermarktung über das Aussehen »aesthetic labour«, also Arbeit am und mit dem Körper, die von Musikerinnen ganz selbstverständlich verlangt werde. Dem männlichen Blick oder »male gaze« zu entsprechen, ist ihm zufolge »nach wie vor eine etablierte Strategie, wie Frauen in der Musikwelt zu Erfolg kommen können«.

Einige Künstlerinnen haben sich dem widersetzt, viele spielen aber auch damit: Sinead O'Connor etwa, die ihre Haare schor, nachdem ein Musikmanager ihr geraten hatte, sich femininer zu geben, kurze Röcke, Make-up und High Heels anzuziehen. »Ich bin lange genug im Geschäft, um zu wissen, dass diese Männer mehr Geld damit machen, wenn du dich nackt ausziehst«, sagte sie einmal in einem Interview. Oder Lady Gaga. In der 2017 veröffentlichten Doku *Five Foot Two* sagt sie: »Wenn sie von mir verlangten, mich sexy zu geben (...), habe ich dem Ganzen immer einen absurden Spin gegeben, um mir die Kontrolle zurückzuholen.«

Das Bild, dem Künstlerinnen zu entsprechen haben, sei stark im Wandel, sagt uns wiederum die Musikjournalistin Aida Baghernejad. Es müsse immer auf die aktuelle Variation des Frauenbildes passen und entsprechend formbar sein. »Weibliche Popstars sollen spiegeln, wie Frauen gerade in einer Gesellschaft zu sein haben«, so Baghernejad. Der Anspruch heute sei es, feministisch zu sein, stark und selbstbestimmt. »Sie sollen Mutter und gleichzeitig Businessfrau sein, alle Verpflichtungen mit Leichtigkeit jonglieren.« Die »aesthetic labour« besteht für

Baghernejad auch darin, ständig neue Schönheitstrends setzen zu müssen. »Der Übergang zwischen Selbstbestimmung und dem Druck, bestimmten Archetypen entsprechen zu müssen, ist fließend.«

Aida Baghernejad glaubt, dass das Bedürfnis, eine formbare Künstlerin zu haben, der man Images auf den Leib schneidern kann, die sich jederzeit wieder verändern lassen, mit Kontrolle zu tun hat. Oftmals gelte diese nicht nur dem Aussehen oder der Kunst, sondern der gesamten Persönlichkeit.

Viel stärker als männliche Stars waren junge Pop-Künstlerinnen gerade in den 1990er- und frühen 2000er-Jahren gehalten, auch moralische Vorbilder für junge Mädchen und Frauen zu sein. Da war kein Platz für selbstbestimmten Sex, abweichendes Verhalten oder gar Drogenkonsum. Fehler wurden medial gnadenlos geahndet. Die Geschichten von Britney Spears und Mariah Carey, zwei der erfolgreichsten Popstars der Welt, zeigen, wie die Kontrolle ins Extreme kippen kann.

Kontrolle

Vielleicht ist die bis 2021 fast vierzehn Jahre andauernde Vormundschaft von Britney Spears nur die juristische Form dessen, was die Musikerin schon lange vorher erlebt hat: Kontrolle, Grenzüberschreitungen und Misshandlungen durch ihre Familie, durch die unnachgiebige und ausgesprochen boshafte Presse und durch das, was der *Guardian* einmal »Amerikas psychotischen Widerspruch in Bezug auf Sex für junge Frauen« genannt hat.

Schon als Kind sei ihr immer wieder gesagt worden, dass sie »nicht gut genug« sei, schreibt Britney Spears in ihrer im Oktober 2023 erschienenen Autobiografie *The Woman in Me.* »Ich wurde zum Roboter. Oder vielmehr zu einem Roboterkind.« Sie sei in einer Weise infantilisiert worden, dass sie das Gefühl für sich selbst verloren habe. Ihre Mutter schickt sie bereits als Grundschülerin von Castingshow zu Castingshow.

Es gibt zahlreiche Videoaufnahmen davon, wie die junge Britney Spears auf ihr Aussehen angesprochen wird, selbst als Kind. Als sie einmal mit zehn Jahren in schwarz-weißem Samtkleid und mit riesiger Schleife im Haar in einer Show auftritt, wird sie hinterher vom Moderator interviewt: »Mir ist schon letzte Woche aufgefallen, was für wunderbar hübsche Augen du hast. Hast du einen Freund?« Mit siebzehn – ihr erstes Album … *Baby One More Time* ist gerade auf Platz eins der Charts geschossen – wird Britney von einem Interviewer daran erinnert, dass sie noch über das eine Thema sprechen müssten, über das gerade alle reden. Spears blickt ihn erwartungsvoll an. Er sagt: »Deine Brüste.«

Und dann ist da noch die Sache mit ihrer Jungfräulichkeit. Ihre Manager, schreibt Britney Spears in ihrer Biografie, hätten es für eine gute Idee gehalten, sie auf der einen Seite als sexy gekleidetes Schulmädchen zu verkaufen und auf der anderen Seite eine Lüge über ihre angebliche Jungfräulichkeit zu vermarkten. Immer wieder wird Spears deshalb in Pressekonferenzen nach ihrer vermeintlichen Entscheidung gefragt, keinen Sex vor der Ehe zu haben. Immer wieder muss sie so tun, als habe sie noch keinen Geschlechtsverkehr. Ihr damaliger Freund Justin Timberlake erzählt schließlich nach der Trennung, sie hätten Sex gehabt. Daraufhin wird er als der Mann gefeiert, der es »in Britneys Höschen« geschafft habe, während man Spears als Lügnerin und Heuchlerin hinstellt.

In jedem Fall wird jedes intime Detail über sie da längst von der Boulevardpresse ausgeschlachtet. Als Spears nach ihrer Scheidung von Kevin Federline, dem Vater ihrer beiden Söhne, in einen hässlichen Sorgerechtsstreit gerät, findet ihr psychischer Zusammenbruch quasi im Blitzlichtgewitter statt. Sie wird zu einer Frau, die im Wortsinne von Männern mit Kameras durch Los Angeles gejagt wird, einmal attackiert sie einen Paparazzo mit einem Regenschirm. In einem Akt des Widerstands rasiert sie sich 2007 vor den Augen der Welt die blonden Haare ab. In ihrem Buch schreibt sie dazu: »Seit Teenagertagen wurde ich von oben bis unten gemustert, und die Leute sagten mir, was sie von meiner Figur hielten. Als ich mir den Kopf rasierte und mich austobte, war das meine Art, mich dagegen zu wehren.« Die Geste war zweifellos auch der größtmögliche Bruch mit dem Image des All-American-Girls, das sie verkörpern sollte. »Aber«, so Spears, »niemand schien zu verstehen, dass ich verrückt war vor Schmerz, weil mir meine Kinder weggenommen worden waren.«

Dieser Tiefpunkt ist auch der Moment, in dem sie von ihrem Vater in eine Vormundschaft gezwungen wird. Nicht nur ihre Finanzen werden fast vierzehn Jahre lang von ihrem Vater kontrolliert, auch ihr Körper: Sie muss gegen ihren Willen Medikamente nehmen, angeblich auch eine Verhütungsspirale einsetzen. Sie soll fit werden, um als Popstar weiter zu funktionieren und Geld zu verdienen, über das sie nicht selbst verfügen darf. In dieser Zeit veröffentlicht sie vier Alben und produziert eine Show in Las Vegas, mit der sie in vier Jahren mehr als 200 Konzerte auf die Bühne bringt und rund 138 Millionen Dollar umsetzt. Erst 2021, nach einer jahrelangen juristischen Auseinandersetzung, entscheidet ein Gericht in Los Angeles, die Vormundschaft zu beenden.

In ihrem Buch kommt Spears selbst angesichts all dessen unter anderem zu dem Schluss: »Wie viele männliche Künstler haben ihr gesamtes Geld verzockt, wie viele hatten Drogenprobleme oder psychische Störungen? Aber niemand hat versucht, ihnen die Kontrolle über ihren Körper und ihr Geld zu nehmen. Ich habe nicht verdient, was meine Familie mir angetan hat.«

Mariah Careys Karriere beginnt wie ein Märchen, aber sie spielt schnell auch in einem Gefängnis: in einer Villa in Bedford, Upstate New York, die sie gemeinsam mit dem Präsidenten von Sony Music Records, Tommy Mottola, bezieht. »Sing Sing« nennt Carey das Haus, wie das Hochsicherheitsgefängnis »Sing Sing Correctional Facility«, das nicht weit entfernt liegt. Der zwanzig Jahre ältere Tommy Mottola entdeckt die damals Achtzehnjährige bei einer Party und nimmt sie daraufhin nicht nur bei seinem Plattenlabel unter Vertrag, er beginnt darüber hinaus eine Beziehung mit ihr und verlässt für sie Frau und Kinder. 1993 heiraten die beiden. »Plötzlich war dieser mächtige Mann da, der das Meer teilte, um Platz für meine Träume zu machen«, schreibt Carey in ihrer Autobiografie *The Meaning of Mariah Carey*. Er soll ihr gesagt haben, sie könne so groß werden wie Michael Jackson. Dann aber, so Carey, habe Mottola nach und nach ihre eigene Identität ausradiert.

Die Villa in Bedford ist nicht bloß mit einem edlen Tonstudio ausgestattet, sondern auch mit anspruchsvoller Sicherheitstechnik: Abhörgeräte, Bewegungsmelder und Überwachungskameras. Sie habe nicht einmal zum Kühlschrank in die Küche gehen können, um sich einen Snack zu holen, schon sei Mottolas Stimme über die Lautsprecher ertönt, was sie denn da mache, schreibt Carey. Sie habe ihn um Erlaubnis bitten müssen, wenn sie das Haus verlassen wollte, und wenn sie rausdurfte, dann nur in Begleitung seiner Sicherheitsleute. Carey steht dabei keineswegs nur als Frau unter seiner Kontrolle, sondern auch als Künstlerin. Sie interessiert sich damals für R 'n' B und Rap, während Mottola sie zum Pop gedrängt haben soll. »Ich hatte das Gefühl, dass er mich in eine Mainstream- (also weiße) Künstlerin verwandeln wollte«, so Carey.

In seinem Buch *Hitmaker: The Man and his Music* schreibt Mottola rückblickend, dass es »absolut falsch und unangebracht« gewesen sei, eine Beziehung zu einer Neunzehnjährigen einzugehen. »Wenn es so wirkt, als sei ich kontrollierend gewesen, bitte ich um Entschuldigung. War ich obsessiv? Ja. Aber das war auch teilweise der Grund für ihren Erfolg.«

Im Jahr 1997 reicht Mariah Carey die Scheidung ein. Sie ist zu diesem Zeitpunkt bereits eine gefeierte Künstlerin. Doch die Angst, der mächtige Musikmogul Mottola könnte ihre Karriere zerstören, sitzt tief. »Ich hatte auf so vielen Ebenen Angst (…). Er hatte alle Fäden in der Hand, die mich fesselten. Ich wusste lange nicht, wie ich von ihm fliehen kann, wenn er noch am Leben ist. Er konnte unglaublich nachtragend sein. Und sein Netzwerk war sehr weitreichend.«

Es scheint ein in der Popmusik verbreitetes Muster zu sein: Eine junge, talentierte Künstlerin gerät an einen gut vernetzten, mächtigen Mann, der ihr vermeintlich Türen in der Industrie öffnen will, dafür aber eine Gegenleistung verlangt oder Kontrolle über sie ausübt. Spencer Kornhaber, Musikjournalist bei *The Atlantic*, schreibt, dass sich aus dem geschilderten Muster Lehren ableiten ließen über »Ausbeutung, Ruhm, Sexismus und die Fähigkeit, diesen Dingen zu entkommen«. Obwohl die Geschichten der Künstlerinnen sehr unterschiedlich sind, verweisen sie doch auf eine grundsätzliche Problematik: Künstler*innen sind in der Regel sehr jung, wenn sie versuchen, in der Branche Fuß zu fassen. Die großen Plattenfirmen nehmen Newcomer oft als Teenager unter Vertrag, die sie entwickeln und formen können. Gerade zu Beginn können die Abhängigkeiten zwischen Künstler*innen und Entscheider*innen deshalb sehr groß sein. Das zeigt nicht zuletzt das in der Musikbranche fast sprichwörtliche Versprechen »Ich mache einen Star aus dir«.

Die Musikjournalistin Aida Baghernejad spricht in dem Zusammenhang uns gegenüber von einer »Erfahrungsasymmetrie«, die leicht ausgenutzt werden könne. Übrigens auch von anderen, erfahrenen Künstlern. Der Singer-Songwriter Ryan Adams etwa soll einer Recherche der *New York Times* zufolge über Jahre hinweg mehreren jungen – zum Teil noch minderjährigen – Musikerinnen angeboten haben, ihre Karrieren zu befördern. Dann aber habe er sexuelle Handlungen von ihnen verlangt. Adams habe die Frauen emotional und verbal missbraucht, habe sie belästigt, in privaten Nachrichten und auf Social Media. Adams hat die Vorwürfe zunächst abgestritten, sich dann aber dafür entschuldigt.

Auch die deutsche Sängerin und Schauspielerin Alli Neumann berichtet im Frühjahr 2023 bei *Sing meinen Song* über psychischen Druck und Drohungen, die sie zu Beginn ihrer Karriere erlebt habe. »Von wegen: Wenn du das und das machst, dann siehst du nie wieder einen Club von innen. Dann wirst du nie wieder eine Bühne betreten. Und dann habe ich einfach gedacht: Warte mal. Ich lebe in dieser krassen Angst davor, dass das wahr wird. Und du mein Leben, meine Zukunft so in der Hand hast.«

In welchem Ausmaß solche Erfahrungen die Frauen prägen und wie lange sie nachwirken, zeigt sich schon allein daran, dass es lange nicht selbstverständlich war, überhaupt darüber öffentlich zu sprechen. Selbst für Künstlerinnen, die längst zu den ganz Großen in ihrem Metier zählen und die doch eigentlich, wie man meinen würde, nichts mehr zu befürchten haben. Eine Frau aber hat genau das getan und damit viele andere ermutigt, es ihr gleich zu tun. Ihr Fall gilt heute als der erste große #MeToo-Fall der amerikanischen Musikindustrie.

Freiheit

Als die Grammy Awards, der wichtigste amerikanische Musikpreis, 2018 nach fünfzehn Jahren in Los Angeles wieder in New York verliehen werden und sich zum sechzigsten Mal jähren, ist das nicht nur in dieser Hinsicht ein historischer Moment. Das, was auf der Bühne im Madison Square Garden stattfindet, ist es auch: Dort tritt die Sängerin Kesha gemeinsam mit zahlreichen bekannten Musikerinnen auf. Sie sind alle ganz in Weiß gekleidet, wie die Suffragetten, die mehr als hundert Jahre zuvor in England für das Frauenwahlrecht kämpften – bis heute ein herausragendes Zeichen weiblicher Solidarität. Kesha ringt mit den Tränen, als sie ihren für einen Grammy nominierten Song »Praying« anstimmt. Um sie herum Stars wie Cindy Lauper, Andra Day, Camila Cabello und Bebe Rexha, die den Refrain im Chor singen. Kesha hat in dem Stück den mutmaßlichen Missbrauch durch ihren Produzenten verarbeitet. In dem Text heißt es unter anderem: »Well, you almost had me fooled / Told me that I was nothing without you / Oh, but after everything you've done / I can thank you for how strong I have become.« Der Song gewinnt an dem Abend zwar doch keinen Preis, aber er wird die #MeToo-Bewegung begleiten, die mit Kesha auch die Musikindustrie erreicht.

Kesha Rose Sebert, die ihren Künstler*innennamen lange zu Ke$ha stilisiert, wird 2005 mit achtzehn Jahren von dem Musikproduzenten Dr. Luke unter Vertrag genommen. Der wird damals gerade selbst zum Star. Lukasz Sebastian Gottwald, wie Dr. Luke bürgerlich heißt, erlangt etwa durch seine Koproduktion von Kelly Clarksons »Since U Been Gone« im Jahr 2004 größere Bekanntheit, er arbeitet mit Britney Spears, Miley Cyrus, Katy Perry oder dem Rapper Flo Rida zusammen. Keshas Debüt-Single *Tik Tok*, mitgeschrieben und mitproduziert von Dr. Luke, bricht Ende 2009 den US-Rekord für die meisten Downloads eines Songs einer Künstlerin innerhalb einer Woche. Damit beginnt ihr Aufstieg.

Im Oktober 2014 reicht Kesha jedoch eine Zivilklage gegen Luke ein. »In den vergangenen zehn Jahren«, so der darin erhobene Vorwurf, »hat Dr. Luke Frau Sebert sexuell, körperlich, verbal und emotional misshandelt, bis Frau Sebert beinahe ihr Leben verloren hätte. Dr. Luke missbrauchte Frau Sebert, um ihr Selbstvertrauen, ihr Selbstbild und ihren Selbstwert zu zerstören, damit er die vollständige Kontrolle über ihr Leben und ihre Karriere behalten konnte.«

Der Produzent soll Kesha als Achtzehnjährige davon überzeugt haben, die High School hinzuwerfen für ihre Karriere, ihr kein Geld für ihre Beteiligung an dem Mega-Hit »Right Round« mit Flo Rida gezahlt haben, ihr Vorgaben für ihre Songs gemacht haben, ihr »Du bist nichts ohne mich« gesagt und sie in eine Essstörung getrieben haben. Am schwersten wiegen die Vorwürfe, er habe ihr Drogen verabreicht und sie vergewaltigt.

Kesha will ihren Vertrag mit Dr. Luke auflösen. Dr. Luke bestreitet die Vorwürfe nicht nur, sondern verklagt Kesha seinerseits und wirft ihr Verleumdung und Vertragsbruch vor. In den Jahren danach beschäftigen die Vorwürfe mehrere Gerichte. Teile des Rechtsstreits verliert Kesha. Eine einstweilige Verfügung wird abgewiesen, Kesha muss bei Dr. Lukes Label bleiben. Im April 2016 schreibt Kesha in einem mittlerweile gelöschten oder privat gestellten Instagram-Post, dass sie einen angeblichen Deal ausgeschlagen habe: Sie hätte ihren Vertrag mit Dr. Luke auflösen können, wenn sie ihre Vorwürfe des sexuellen Missbrauchs widerrufen hätte. »Mir wurde meine Freiheit angeboten, WENN ich lügen würde. Ich müsste mich öffentlich entschuldigen und sagen, dass ich nie vergewaltigt wurde. So etwas passiert hinter verschlossenen Türen. Ich werde die WAHRHEIT nicht zurücknehmen. Lieber lasse ich die Wahrheit meine Karriere ruinieren, als jemals wieder für ein Monster zu lügen.«

Keshas langer und komplizierter Rechtsstreit wird noch bis 2023 andauern. Doch in dieser Zeit springen ihr immer wieder andere prominente Künstlerinnen zur Seite, darunter Miley Cyrus, Demi Lovato, Lorde und Lady Gaga. Die Sängerin Adele widmet Kesha 2016 ihren Brit Award als beste Solokünstlerin. Taylor Swift spendet ihr 250.000 US-Dollar. Die Frauen unterstützen sie nicht nur finanziell – einige von ihnen brechen ebenfalls ihr Schweigen über eigene Missbrauchserfahrungen. Darunter auch Lady Gaga und Lily Allen.

Lady Gaga – bürgerlich Stefani Germanotta –, die nicht zuletzt wegen ihrer exzentrischen Outfits von ihren Fans geliebt wird, hat sich schon früh in ihrer Karriere gegen Sexismus in der Industrie aufgelehnt. Ein besonders bezeichnender Ausschnitt aus einem Interview mit ihr geht Jahre später viral: 2009 wird sie von einem Journalisten gefragt, ob sie keine Angst davor habe, dass sexuelle Referenzen in ihren Liedern ihre Musik beschädigen könnten. »Ich habe keine Angst. Hast du Angst?«, fragt Gaga zurück. Sie bleibt regungslos sitzen mit ihrer lilafarbenen Perücke, schwarzer Sonnenbrille und kniehohen Lederstiefeln. Der Journalist lacht verunsichert, dann setzt Gaga neu an: »Nein, ich habe drei Nummer-eins-Hits und fast vier Millionen Alben weltweit verkauft (…). Wenn ich ein Typ wäre und hier mit einer Zigarette in der Hand säße, während ich meinen Sack kratze und darüber reden würde, dass ich Musik mache, weil ich schnelle Autos mag und gern Mädchen ficke, dann würdest du mich einen Rockstar nennen. Wenn aber ich das in meiner Musik und in meinen Videos mache, weil ich weiblich bin und Popmusik mache, verurteilst du mich und sagst mir, es würde ablenken. Ich bin ein Rockstar.«

Lady Gaga ist selbstbewusst, schlagfertig, feministisch. Doch da sind auch Angstzustände und Zusammenbrüche. Eine Szene in der schon erwähnten Doku *Five Foot Two* zeigt die Sängerin, wie sie schmerzverkrümmt und verzweifelt auf einem Sofa liegt. Darüber, was vorgefallen sein könnte, erfährt man nichts.

Gaga hatte bereits zuvor öffentlich darüber gesprochen, dass sie als Teenagerin vergewaltigt wurde, und diese Erfahrung auch in ihrer Musik verarbeitet. Doch erst 2021 – längst auf dem Höhepunkt ihrer Karriere – erzählt sie zum ersten Mal die ganze Geschichte und berichtet, was sie mit neunzehn Jahren während ihrer ersten Schritte im Musikbusiness erlebt hat: Sie sei von einem Produzenten vergewaltigt worden. Der Mann habe ihr angedroht, ihre Aufnahmen zu verbrennen, wenn sie sich nicht ausziehe. »Er hat nicht aufgehört damit, und ich bin einfach eingefroren«, sagt sie in einem Interview mit Oprah Winfrey und Prince Harry in deren Serie *The Me You Can't See.* Hinterher habe er sie einfach zu Hause abgesetzt, sie habe sich übergeben müssen. Nach der Vergewaltigung sei sie schwanger gewesen. Ihre Zusammenbrüche, erklärt Gaga weiter, führe sie auf das Trauma dieses Übergriffs zurück. »Dein Körper erinnert sich.« Doch obwohl seit damals viele Jahre vergangen seien, wolle sie nicht den Namen des mutmaßlichen Täters nennen. »Ich verstehe die ganze #MeToo-Bewegung, ich kann nachvollziehen, dass sich manche wohl damit fühlen, aber ich nicht. Ich möchte dieser Person nie wieder gegenüberstehen.«

Auch die britische Sängerin Lily Allen nennt keinen Namen, allerdings aus juristischen Gründen. Dafür beschreibt sie sowohl in ihrem Buch *My Thoughts Exactly*, das 2018 erscheint, als auch in einem Interview mit der BBC detailliert einen sexuellen Übergriff, der 2016 auf einer Arbeitsreise in der Karibik vorgefallen sein soll. Ein hochrangiger Label-Mitarbeiter von Warner Music habe sie nach einer Party in sein Hotelzimmer gebracht, weil sie die Schlüssel für ihr eigenes Zimmer nicht finden konnte. Sie sagt, sie sei um fünf Uhr morgens nackt aufgewacht, während der Mann gerade versucht habe, sie zu vergewaltigen. Sie sei sofort geflüchtet. Wenig später habe sie den Mitarbeiter in Los Angeles wieder getroffen. Er habe sich entschuldigt und sie gebeten, niemandem davon zu erzählen. Sie habe sich trotzdem bei dem Arbeitgeber des Mannes, Warner Music, beschwert. Dort habe man ihr jedoch gesagt, man werde wegen ihrer

Anschuldigungen nichts unternehmen. Später wird sich die Plattenfirma unter anderem gegenüber *CNN* äußern, die Vorwürfe »entsetzlich« nennen und betonen, dass man sie »extrem ernst nehme« und untersuchen werde.

In ihrem Buch schreibt Allen, sie habe sich wegen ihrer Alkoholsucht lange selbst die Schuld an dem Übergriff gegeben und sogar weiterhin mit dem Mann von Warner zusammengearbeitet. Sie habe in der Branche nicht als »hysterisch« oder als »schwierige Frau« gelten wollen. »Ich habe mich betrogen gefühlt. Ich habe mich geschämt. Ich war wütend. Und ich war verwirrt.« Erst durch die #MeToo-Bewegung ein Jahr später habe sie sich ermächtigt gefühlt, an die Öffentlichkeit zu gehen.

Die #MeToo-Bewegung – und Keshas Auftritt bei den Grammy Awards – haben freilich nicht nur Lady Gaga und Lily Allen dazu gebracht, ihre mutmaßliche Missbrauchserfahrung öffentlich zu machen, sondern unzählige Frauen und Männer weltweit. Im Zuge dessen wurde auch ein Scheinwerferlicht auf die unfairen Doppelstandards gerichtet, mit denen sich Frauen und insbesondere weibliche Popstars konfrontiert sehen, sei es die unerbittliche Häme, mit der noch vor wenigen Jahren den öffentlichen Abstürzen und der Alkoholsucht einer Amy Winehouse begegnet wurde, oder die voyeuristische Lust, mit der Britney Spears' Zusammenbrüche im Zuge des Sorgerechtsstreits um ihre Söhne ausgeschlachtet wurden. Sogar der berüchtigte Blogger Perez Hilton, der genau diese Lust damals mit unsensiblen und sexistischen Beiträgen bediente, hat sich 2021 während eines Auftritts bei *Sky News* öffentlich entschuldigt und gesagt, er schäme sich zutiefst für die Blogposts, in denen er sich über Spears lustig gemacht habe.

Für Spencer Kornhaber vom *Atlantic* bleibt die Musikbranche von allen Zweigen der Unterhaltungsindustrie dennoch diejenige, die eine »besondere Unfähigkeit hat, Fragen von Fehlverhalten zu verhandeln«. Das macht er auch am Fall Kesha fest, der doch eigentlich der Ausgangspunkt eines strukturellen Wandels sein sollte. Stattdessen habe Dr. Luke trotz der jahrelangen Anschuldigungen bis zur Beilegung des Rechtsstreits im Juni 2023 immer einen Fuß in der Tür der Industrie behalten und seine Karriere de facto fortgesetzt. Details der juristischen Einigung werden nicht öffentlich. Für Kornhaber ist die Tatsache, dass der Produzent heute wieder mit einigen bekannten Stars wie Doja Cat arbeitet, exemplarisch dafür, wie die Branche trotz allem weiterhin mit Gewaltvorwürfen umgeht. Die Musikindustrie, so Kornhabers nüchternes Fazit, habe notorisch langsam auf #MeToo reagiert. Und Dr. Luke habe es ihr ermöglicht, »einen der berühmtesten Vorwürfe sexuellen Missbrauchs in ihrer jüngeren Geschichte leise hinter sich zu lassen«.

PART 10
Freiheit

Antje Schomaker tanzt im rosafarbenen Tüllrock auf der Bühne. Sie trägt Schnürstiefel dazu, springt auf und ab, lässt die Hüften kreisen. Die Mikrofonständer sind mit silberner Folie umhüllt, auch die anderen Bandmitglieder tragen farbige Kleidung. Es ist eine Party in Bunt, die da in der gut gefüllten »Großen Freiheit 36« Mitte September 2023 beim Reeperbahnfestival aufgeführt wird. Und Antje Schomaker hat Grund zum Feiern: Ihr neues Album steht kurz vor der Veröffentlichung.

Snacks ist Schomakers zweites Album, 2018 veröffentlicht sie ihr Debüt, ihre letzte Single *Ich muss gar nichts* wird 2021 während der Corona-Pandemie zu einem viralen Hit auf TikTok und zählt heute mehr als vier Millionen Streams. In ihren Songtexten singt die Zweiunddreißigjährige über Sexismus, Verweigerung, Eskapismus und weibliche Lust – und das so gefällig, dass ein Interviewer des *Hamburger Abendblatts* kürzlich offenbar etwas verunsichert feststellte, dass Schomakers neues Lied »Snacks« doch jedenfalls nicht von Chips und Schokoriegeln handelt, »wenn ich das richtig verstehe«. Als sie das Lied mit ihrer Band in der »Großen Freiheit« anstimmt, tanzt die Menge vor der Bühne.

»Es war wie ein Rausch«, sagt Antje Schomaker uns einige Wochen später am Telefon. Livegigs erinnerten sie daran, dass ihr das alles so viel Spaß machen könne. Manchmal vergesse sie das bei dem ganzen Druck. Auf der Bühne komme dann die Naivität zurück, die sie ganz am Anfang ihrer Karriere verspürt habe. »Als es nur um Musik ging und um nichts anderes.«

Diese Naivität ist ihr inzwischen weitgehend verloren gegangen. Grund dafür sind ständige Erfahrungen von Herabsetzung und viele

Kommentare, die ihr von Anfang an suggeriert haben, dass sie nicht so sein darf, wie sie es will, um als Künstlerin Erfolg zu haben. Einiges davon hat sie bereits vergessen oder weggeschoben, manches aber staut sich auf, etwa Bemerkungen und Berührungen, die männliche Künstler nicht erdulden müssten. »Ich kann nie einfach nur Musikerin sein«, so Schomaker. »Da kommt immer so ein extra Weg, den ich als Frau gehen muss.«

Ein Blick auf die Zahlen genügt, um zu erkennen, dass die Sichtbarkeit von Frauen und Männern in der Musikwelt nach wie vor sehr ungleich verteilt ist, national wie international: So ging beim wichtigsten Musikpreis der Welt, dem Grammy, in den vergangenen Jahren nur etwa jede siebte Nominierung an eine Künstlerin. Auf der Forbes-Liste der »World's Highest-Paid DJs« stand noch nie eine Frau. Die Musik in den deutschen Charts wird zu 85 Prozent von Männern komponiert, und an den bei der Verwertungsgesellschaft GEMA gemeldeten Songs waren zuletzt nur sechs Prozent Frauen beteiligt. Insbesondere Schwarze Frauen und Frauen of Color sind dabei stark unterrepräsentiert.

Selbst in angeblich progressiven Late-Night-Shows, die besonders für Newcomer ein wichtiges Sprungbrett sein können, treten hierzulande deutlich weniger Musikerinnen als Musiker auf: So startete Klaas Heufer-Umlauf die erste Staffel seiner Show *Late Night Berlin* im Jahr 2018 mit genau einer Künstlerin, dafür aber mit 16 Künstlern. Fünf Jahre nach dem Start kommt *Late Night Berlin* 2023 diesbezüglich immerhin auf ein Verhältnis von fünf Frauen gegenüber 21 Männern. Bei *Inas Nacht* im *NDR* sind die Zahlen kaum besser.

Auf den Bühnen sieht es noch düsterer aus: Beim größten deutschen Festival »Rock am Ring« sollten 2022 laut einer ersten Ankündigung des Line-ups neben 107 Musikern nur zwei Musikerinnen auf der Bühne stehen. Das hatte Music S Women*, der Verein von Susann Hommel, ausgerechnet und über Social Media verbreitet. Erst als dies heftige öffentliche Diskussionen auslöste, stieg der Anteil 2023 von Bands »mit nicht männlich-gelesenen Personen« laut Veranstalter auf knapp 30 Prozent.

Den von Music S Women* angestoßenen Protest hatten viele deutsche Musikerinnen unterstützt, darunter natürlich auch Antje Schomaker. Sie hat ihre Bekanntheit schon oft dafür genutzt, Missstände in der Branche anzuprangern. Zum Beispiel im Oktober 2022, da gewinnt sie den Preis für Popkultur in der Kategorie »Lieblingskünstler*in«. Es ist eine der wichtigsten Auszeichnungen der deutschen Musikbranche. Als sie den Preis entgegennimmt, kritisiert sie auf der Bühne die fehlende Diversität unter den Nominierten. Spätestens da ist allen klar, dass Schomaker niemand ist, der den Mund hält.

Tatsächlich ist Schomaker auch eine der wenigen deutschen Künstlerinnen, die bereit sind, mit uns über das eben skizzierte Ungleichgewicht zu sprechen. Von ihr erfahren wir außerdem viel über das, was Musikerinnen auf und hinter der Bühne erleben, und nicht zuletzt darüber, zu welchem Preis sie ihre Unabhängigkeit bewahrt.

Antje Schomaker

Antje Schomaker schreibt schon als Jugendliche eigene Songs, singt, organisiert Konzerte und spielt in Theaterstücken mit. In einem Tagebuch notiert sie als Dreizehnjährige: »Ich würde gerne Sängerin werden. Jetzt muss ich nur noch abnehmen, dann kann ich mir diesen Traum erfüllen.« Schomaker sagt uns, dass da schon gesellschaftlich etwas bei ihr eingepflanzt gewesen sei.

2009 wird sie von einem Musikproduzenten entdeckt, der ihre Musik auf MySpace gehört hat. Um mit ihm zu arbeiten und ihr Studium der Systematischen Musikwissenschaften zu beginnen, zieht sie 2012 nach Hamburg, jobbt nebenbei in einer Konzertagentur und in einem Musikverlag. Der Produzent arbeitet damals für bekannte Künstler*innen. Für sie ist das eine große Chance. Aber sie macht auch erste Erfahrungen damit, was es bedeuten kann, diesen Weg zu gehen: »Wenn ich zurückblicke, wurde mir ganz viel gesagt, was ich falsch mache, wie ich mich verändern soll. Es wurde nie so wirklich geguckt, wer ich eigentlich bin und was meine Stärken sind.« Ihre ersten beruflichen Begleiter seien nur Männer gewesen. Oft sei es darum gegangen, was sie anziehen oder wie sie tanzen solle. Schomaker erinnert sich daran, dass häufig für sie entschieden wurde, wie sie zu sein habe. Und sie erinnert sich an viele »Sei-anders-Sätze« aus dieser Zeit. Sei mehr wie dieser oder jener Popstar, so was. »Das hat mich lahmgelegt«, sagt sie. Monatelang habe sie keine Lieder mehr schreiben können, weil sie nicht mehr für sich, sondern nur noch für den Produzenten geschrieben habe.

Was Antje Schomaker als Newcomerin erlebt, scheint das zu bestätigen, was sie schon als Dreizehnjährige in ihrem Tagebuch angedeutet hat: dass es offenkundig gewisse Erwartungen gibt, denen sie als junge Sängerin und Songwriterin entsprechen muss, um erfolgreich zu werden.

Bei einem Musikvideodreh, bei dem auch Freundinnen von ihr mitspielen, fordert etwa ihr Manager, der auch die Kamera führt, die jungen Frauen auf, freizügiger zu sein, mal richtig Spaß zu haben. »Ich war ganz unglücklich damit. Aber ich konnte nicht beschreiben, was da gerade passiert«, erzählt Schomaker. Oder am Merchandise-Stand: Bei Fotos sei ihr an den Hintern oder an die Brust gefasst worden. Und im Studio habe sie mal mit einem Mann gearbeitet, der sie ständig angeflirtet, ständig Blickkontakt mit ihr gehalten habe. »Mir war das einfach zu intim«, erklärt sie. Beim nächsten Mal nimmt sie eine Freundin mit, »als Puffer, damit ich mich wohler fühle«. Als sie endlich ihrem Label mitteilt, dass sie mit dem Mann nicht mehr arbeiten möchte, habe sie gedacht: »Ich bin jetzt die Diva.«

Immer wieder gerät Antje Schomaker in solche Situationen, aber es fällt ihr schwer, Grenzen zu setzen. Ich darf das nicht, denkt sie dann, sonst heißt es, ich sei schwierig. Sie sieht sich gezwungen, stets die nette Künstlerin zu sein, die es sich mit niemandem verdirbt. Sie fühlt sich mit diesen Erfahrungen nicht nur oft unwohl, sondern auch allein.

2015 trifft sie deshalb eine erste, große Entscheidung. Sie wechselt zu einem neuen Produzententeam in München. Ein Moment der Befreiung, wie sie sagt. »Mein alter Produzent wollte immer, dass andere Menschen für mich schreiben, und plötzlich waren da Menschen, die gesagt haben: Du bist gut genug, du brauchst keinen Songwriter.« Schomaker tourt im Vorprogramm von Johannes Oerding, Bosse und Gloria, sie unterschreibt bei einem Major Label, Sony. In ihren Musikvideos zeigt sie kurze Clips von privaten Momenten mit ihren Freund*innen und den Bandmitgliedern, Roadtrips, Partys. Antje Schomaker lacht darin, albert herum. Das alles vermittelt eine gewisse Leichtigkeit.

Ihr erstes Album *Von Helden und Halunken* erscheint 2018. Es läuft gut für die Newcomerin, trotz verhaltener Kritiken. In der *ZEIT* wird Schomaker als »Neuzugang in der Phalanx radiotauglicher Befindlichkeitsmusiker« beschrieben, ihre Texte seien »brav und angepasst«. Sie nimmt es gelassen. »Es waren Texte, die ich damals gefühlt habe«, sagt sie uns im Gespräch. »So war ich eben.« Angepasst, sehr nett, auch in ihrer Sprache. »Das, was von Mädchen erwartet wird, habe ich gezeigt und erfüllt.« Ihre Musik habe sich in den Jahren danach so entwickelt wie sie selbst. Die Unangepasstheit, die sie heute manchmal zelebriert, kommt erst nach und nach. Sie sei ernster und vielleicht auch etwas schwermütiger geworden, sagt Schomaker. Die vielen Kämpfe hätten sie verändert.

Ein langer Kampf steht ihr damals, nach ihrem ersten Album, noch bevor: Die Trennung von ihrem zweiten Produzententeam aus München. Auch darüber spricht sie offen. Es habe einfach nicht mehr gepasst. Doch sie ist vertraglich gebunden und wieder blockiert. Während die Vertragsfragen nicht gelöst sind, kann sie nicht wirklich produzieren, monatelang ist sie den Juristen ausgeliefert. »Am Ende«, erklärt sie, »leidet unter so etwas immer die Künstlerin. Ich glaube, das ist oft so in der Musikbranche. Entscheidungen werden verschoben oder aufgeschoben. Und die können ja immer noch mit den anderen Künstlern oder Künstlerinnen weiterarbeiten. Aber für mich ist es meine eine Karriere.«

Erst nach dem nochmaligen Wechsel findet Antje Schomaker ein Management und ein Label, das ihre Werte vertritt, wie sie sagt. Heute ist sie bei BMG unter Vertrag. Sie merkt, dass sie besser wird, wenn sie mit Leuten arbeitet, die sie respektieren. »Meine Musik wird besser, weil sie viel mehr das ist, was aus mir herauskommt und was ich fühle und will.« Und Schomaker will offenbar mehr New Wave, mehr Synthesizer, klarere Ansagen. Sie schneidet sich ihre langen Haare ab, geht mit dem Song »Ich muss gar nichts« viral, trennt sich privat von einem toxischen Partner.

In übergriffigen Situationen traut sie sich jetzt eher, Grenzen zu setzen. Kürzlich, bei einem Dreh mit einem TV-Sender, sei ihr der Kameramann unangenehm nahe gekommen, erzählt Schomaker. Er habe Fingerabdrücke an ihrer Gitarre abgerieben, die sie vor ihrem Körper hatte, beim Dreh Fotos mit seinem privaten Handy von ihr gemacht und kommentiert, dass Schomaker eine »geile Rampensau« sei und dass er das Objektiv wechseln müsse, damit die Bilder »so scharf wie sie« seien. »Da habe ich gesagt, jetzt reicht's.« Schomaker spricht die Situation an. Später sei der Regisseur zu ihr gekommen und habe ihr gesagt, es sei toll, dass sie so reagiert habe. Der Kameramann mache das öfters. Der Regisseur habe noch überlegt, ob er ihn vor Schomaker warnen solle. »Weil ich feministisch bin.«

Auf Schomakers zweitem Album *Snacks* singt Eva Briegel mit, die Sängerin ihrer Jugendlieblingsband Juli. Schomaker hat sich Menschen gesucht, mit denen sie Dinge anders machen kann. Sie vernetzt sich mit anderen Künstlerinnen. Und sie will sich jetzt verstärkt um Jüngere kümmern. »Es gab so viele Situationen, in die ich als Newcomerin hineingeschlittert bin, wo ich niemanden hatte, weil meine ersten Wegbegleiter sich nicht bewusst waren über die problematischen Strukturen.« Sie hofft, mit ihren Erfahrungen anderen bessere Orientierung zu geben und ihnen Mut zu machen, ihren eigenen Weg zu gehen.

Antje Schomaker gehört zu einer neuen Generation Musikerinnen, die, so scheint es zumindest, unabhängiger und zugleich bewusster in ihre Karrieren gestartet sind: Diese Generation versteht es, sich von gängigen Erwartungen freizumachen. Weil sie mit den Geschichten von Madonna und Britney Spears aufwächst, weiß sie um die Zwänge, mit denen insbesondere Frauen in der Musikindustrie häufig umgehen müssen. Nicht zuletzt findet sie heute technische Möglichkeiten vor, die eine nie dagewesene digitale Unabhängigkeit versprechen, manche sagen: eine Demokratisierung im Musikmarkt. Die Einstiegshürden sind für Newcomer niedriger denn je, die Macht der Plattenfirmen schwindet. Der ehemalige Universal-CEO Tim Renner bestätigt das, als er uns sagt, dass diese Entwicklung gerade weiblichen Künstlerinnen zur endgültigen Emanzipation verhilft, weil Gatekeeper wegfallen und sie ihre selbstgemachte Musik direkt zu den Fans bringen können. Und die US-amerikanische Soulsängerin Janelle Monaé erklärt im Interview mit dem Musikjournalisten Jens Balzer 2018: »Es ist heute viel leichter für Frauen, Musik aufzunehmen, ohne dass irgendein männlicher Nerd ihnen die Beats bastelt oder sie produziert – einfach weil sich auf jedem Laptop die Software dafür findet. Das hat so viel weibliches Talent freigesetzt!«

Dieser zu Hause produzierte Sound hat sogar einen eigenen Namen: DIY-Musik oder Bedroom-Pop. Vom Schlafzimmer zu den Fans. Billie Eilish, 2001 geboren, ist damit weltberühmt geworden. Gleichzeitig macht die Amerikanerin aus ihrer Kompromisslosigkeit eine Marke: Sie stellt sich mit ihren Baggy-Klamotten bewusst gegen eine Hypersexualisierung. Und sie nutzt ihre Bühne, um Tabus rund um psychische Erkrankungen wie Depressionen zu brechen.

Inzwischen gibt es jedenfalls national wie international eine ganze Reihe von Künstlerinnen, die von Anfang an »ihr Ding« machen, wie Antje Schomaker es heute versucht. Dazu gehören auch Frauen wie die deutsche Indie-Pop-Sängerin Alli Neumann, die sich entschieden hat, ihr Debütalbum in ihrem eigenen Label herauszubringen, das sie mit ihrer Managerin gegründet hat. Sie hätten »mit dem Patriarchat in der Musikindustrie brechen wollen« und daher auch eine reine Frauenband gegründet, erklärte sie in einem Interview mit der *ZEIT*. »Das klingt nach Weltverbesserin, ich weiß – aber im Kunstbereich sollte man doch Vorreiterin sein!«

Eine solche Vorreiterin ist auch die Britin Kate Nash: Sie wird auf Myspace mit ihrer Musik bekannt und bekommt mit noch nicht einmal zwanzig Jahren einen Plattenvertrag beim Universal-Label Fiction Records. Als sie dann aber nach ihrem ersten internationalen Hit »Foundations« im Jahr 2007 und zwei erfolgreichen Alben beschließt, sich musikalisch neu zu orientieren, wird sie von ihrem Label fallengelassen. Auch sie veröffentlicht ihre Musik nun jahrelang eigenständig. Darüber hinaus nutzt sie ihre Bekanntheit und Unabhängigkeit dafür, sexuelle Belästigung und Gewalt in der Musikindustrie zu bekämpfen, und zwar gemeinsam mit ihren Fans und Followern. 2021 gründet sie die Plattform »The Safety Chain« und ruft dazu auf, Missbrauchserfahrungen auf Konzerten und Festivals zu teilen. Sie wolle, schreibt sie, Zahlen und Fakten sammeln, um die Musikindustrie zu einem sicheren Ort für alle zu machen.

Viele dieser Künstlerinnen verzichten auf Vorschüsse und die Infrastruktur von Plattenfirmen, weil es ihnen wichtiger ist, musikalisch und persönlich freier, beweglicher zu bleiben. Doch es ist nicht nur eine größere Unabhängigkeit, die diese Künstlerinnen auszeichnet – es ist auch ihre Bereitschaft, Machtmissbrauch und Übergriffe in der Branche offensiver als je zuvor anzuprangern.

Novaa

So, wie Novaa es tut. Die Electropop-Künstlerin aus Berlin thematisiert die Missstände in der Branche nicht bloß in ihren Songs, sie spricht darüber auch auf Instagram und TikTok. Novaa ist vielleicht das beste Beispiel für die endgültige Emanzipation, von der Tim Renner spricht. Sie macht fast alles selbst: Songwriting, Produktion, Release im Selbstverlag. 2022 gewinnt sie sowohl den Female Producer Price als auch den Preis für Popkultur in der Kategorie »Lieblingsproduzent*in«. Ihr Debütalbum bringt sie 2019 unter dem eigenem Label Novalty heraus. »Ich mag es, mich komplett frei ausdrücken zu können«, erklärt sie in einem Interview mit *Byte FM*. Das sei für sie eine Form der Selbstermächtigung. In einem anderen Interview erzählt sie, dass sie eine Zeitlang jeden Tag einen Song geschrieben habe.

Möglicherweise ist die heute siebenundzwanzigjährige Novaa aber auch das beste Beispiel für die Schattenseiten, die diese Verheißung birgt. Nach ihrer eigenen Aussage heißt ihr neues Album nicht zuletzt deshalb *Super Novaa*, weil sie längst ausgebrannt sei. Wie ein Stern, der in einer riesigen Explosion kurz ganz hell aufleuchtet und dann vernichtet wird.

Wir treffen Novaa, die eigentlich Antonia Rug heißt, Ende September 2023 am Rande des Reeperbahnfestivals in Hamburg für ein Interview. Auf dem Hans-Albers-Platz vor dem Drafthouse, wo sie am Abend auftreten wird, sagt sie, dass sie müde sei. »Müde von diesem Business. Ich kann es nicht anders sagen.« Zu diesem Zeitpunkt hat sie gerade besagtes Album *Super Novaa* fertiggestellt. Sobald es erscheint, will sie erst mal eine Pause machen. Es ist ihr fünftes und damit vorläufig letztes Studioalbum. Es sei schwer, immer wieder so laut zu sein in ihren Songs, »und dann verändert sich einfach nichts«. Auf dem Cover streckt sie der Welt zwei Mittelfinger entgegen, und in einem Track mit dem unmissverständlichen Titel »I'll Quit Music« kündigt sie ihren Exit mit besonders deutlichen Worten an.

Wie Novaa uns sagt, geht es in dem Lied um einen Mann, den sie nicht namentlich nennt, der aber wie sie in der Musikbranche arbeitet, ohne dass sie irgendwie abhängig von ihm wäre. Sie habe vor einigen Jahren mit ihm Dates gehabt. Zunächst sei der Sex einvernehmlich gewesen, beim zweiten Mal jedoch gewaltvoll. »Er wusste das, ich habe Nein gesagt«, betont sie. Weil diese Erfahrung sie bis heute beschäftigt, hat sie das Lied gemacht. »Abuser« nennt sie den Mann darin: »I see my abuser at your party / I guess I'll just go home while he is striking deals / I could call him out, but then he will sue me / I guess this is how the world will be ending.«

Die Müdigkeit, die sie verspüre, erklärt Novaa, rührt auch von einem Erlebnis wie diesem: Dieser Mann könne einfach unbekümmert weiterarbeiten, während sie die ganze Zeit versuche, ihm aus dem Weg zu gehen. Novaa erzählt uns, dass sie das Lied geschrieben habe, weil es für sie kaum einen anderen Raum gab, um über das Erlebte zu sprechen. »Das ist in der Branche nicht möglich. Im schlimmsten Fall redet man gar nicht drüber, oder es kommt raus, und dann geht es nur noch um die beschuldigte Person, nicht mehr darum, was du eigentlich brauchst«, sagt sie. Jahre nach dem Erlebten sei sie beim Weißen Ring gewesen, außerdem bei einer Rechtsberatung, aber dort habe man ihr von einer Anzeige abgeraten. Zu lange her. Es sei auch nicht ihr Ziel gewesen, den Mann zu canceln, betont sie. Aber sie habe sich so etwas wie eine Entschuldigung, vielleicht auch nur eine Einsicht gewünscht. »Musik kann das«, sagt sie.

Aber am Ende wird ihr klar, dass sie die Sache nicht auf sich beruhen lassen kann, und so postet sie im Frühjahr 2023 auf Englisch eine Instagram-Story. Sie sagt, diese Story werde nicht einfach für sie, weil sie ihr Trauma berühre. Sie wolle es dennoch tun, »weil ich es für absolut dringend erachte, dass die Gesellschaft und die Musikindustrie mehr Gespräche über dieses Thema führt«.

Die Story, die heute nicht mehr abrufbar ist, ist mit einer Triggerwarnung versehen, denn es geht um die erwähnte Erfahrung von sexueller Gewalt, die Novaa mit jenem Mann erlebt hat. Sie handelt aber auch von Verbündeten wie einer Hamburger Sängerin. Ihr hat Novaa ein Lied gewidmet, das ebenfalls auf ihrem neuen Album ist. In der Story auf Instagram gibt sie Einblicke in die Hintergründe des Songs: Weil die Sängerin Novaa und weitere Personen, die mit dem Mann ähnliche Erfahrungen gemacht haben sollen, unterstützt habe, habe diese wiederum Nachteile erlitten. Auf Instagram erklärt Novaa: »Ich bin einfach nur wütend.« Auch für sie selbst sei es risikoreich, über all das zu sprechen und es online zu teilen. Aber mittlerweile sei es ihr egal.

Schließlich hat sie da schon den Entschluss gefasst, erst einmal als Sängerin aufzuhören. Nur als Musikproduzentin will sie weitermachen, sagt sie uns. Also in die zweite Reihe rücken, raus aus dem Scheinwerferlicht. Hinzu kommt für sie, dass sie den Blicken nicht mehr so ausgesetzt sein will. Bei unserem Gespräch in Hamburg sagt sie: »Du wirst als Künstlerin nie als Person wahrgenommen, das ist sehr komisch für die eigene Identität.« Jetzt wolle sie ihrer eigenen begegnen. »Sich zu verändern ist schwer, wenn man eine Marke sein soll.« Als Produzentin arbeiten zu können, das mache sie viel unabhängiger.

Mit den Ansprüchen der Branche hat Novaa ohnehin von Anfang an gefremdelt. Bei einem ihrer ersten Kontakte mit Menschen aus der Musikindustrie sei es gleich auch schon um ihr Aussehen gegangen. Mit siebzehn habe ihr ein Labelmanager gesagt, sie hätte ein Gesicht, mit dem man »arbeiten« könne. Das habe sie sehr getroffen und verunsichert. Lange habe sie danach gedacht, sie sei »ein Outcast, anders, aber nicht schön. Andere haben kommentiert, ich sei ein bisschen mysteriös. Es wird so ein Bild geschärft, von außen.«

Das merke sie auch auf Instagram und TikTok, wo sie Songs teilt und über sexuelle Gewalt spricht. Social Media, eigentlich ihr zentrales Werkzeug, ist für sie zu einer Belastung geworden. Sie weiß, dass es wichtig ist, was sie postet, aber auch, wie sie auf Kommentare und Nachrichten von Fans reagiert, die sich ihr »krass öffnen«. Unmittelbar und intim sei das. Dazu kommt der Druck der Selbstvermarktung, dem sie sich gerade als Indie-Künstlerin nicht entziehen kann: der Zwang, ständig präsent zu sein.

Als wir Novaa im Januar 2024 noch einmal sprechen, diesmal am Telefon, sagt sie, dass sie bei ihrer Entscheidung bleibe. »So wie ich es bisher gemacht habe, will ich es nicht mehr machen.« Musik schreiben und produzieren nur noch für andere – für Antje Schomaker und Alli Neumann zum Beispiel. Und für sich selbst, wenn sie allein sei. Musik bleibe ihr Weg, ihre Erfahrungen zu verarbeiten.

Auf *Super Novaa* hat sie auch eine Sprachnachricht untergebracht, »10 20 22« heißt der Track, und er wirkt so, als rede sie einfach mit einer Freundin: »Am Anfang ist da diese Leidenschaft. Und dann denken Leute, die Leidenschaft bedeutet, dass du arbeitest, bis du kaputtgehst. (…). Ich bin so dankbar für die Menschen in meinem Leben. Aber ich werde das alles nicht für meinen Job opfern, schon gar nicht meine Liebe für die Musik.«

PART 11
Dickkopf

Der tiefe, aber extrem langsame Fall des R. Kelly beginnt mit einem Fax an die Lokalzeitung *Chicago Sun-Times.* Es ist der 22. November 2000, der R-'n'-B-Sänger R. Kelly ist schon damals einer der erfolgreichsten Musiker der Welt – und Jim DeRogatis ein relativ unbekannter, sechsunddreißigjähriger Musikkritiker aus dem Mittleren Westen. Zwei Wochen zuvor hat DeRogatis eine Kritik über R. Kellys neuestes Album *TP-2.com* veröffentlicht und diesem nur zwei von vier Sternen gegeben, weil es so hart zwischen Songs über Sex und frommen Gospelsongs springe.

Das erwähnte Fax, das einen Tag vor Thanksgiving in der Redaktion ankommt, ist nur eine Seite lang, aber es ist eng beschrieben und nennt eine Reihe von Namen, Daten und konkreten Vorwürfen. »Roberts Problem – und das geht schon viele Jahre zurück – sind junge Mädchen«, schreibt der anonyme Tippgeber.

DeRogatis lässt das Fax zunächst liegen und feiert Thanksgiving. Doch die Geschichte lässt ihn nicht los. Nach dem langen Wochenende beginnen er und sein Kollege Abdon Pallasch den Hinweisen nachzugehen. Sie rufen die im Fax genannten Menschen an, stoßen auf Dokumente sowie polizeiliche Ermittlungen.

Einen Monat später veröffentlichen sie in einem Artikel die Ergebnisse ihrer Recherche. »Der in Chicago lebende Sänger R. Kelly hat seine Macht und seinen Einfluss als Pop-Superstar ausgenutzt, um mit fünfzehnjährigen Mädchen Sex zu haben. Das zeigen Gerichtsunterlagen und Interviews.« So beginnt die Geschichte ganz unten auf der Titelseite. Im Inneren der Zeitung erstreckt sich der weitere Text dann über drei ganze Seiten.

DeRogatis und Pallasch schreiben unter anderem, dass R. Kelly als vierundzwanzigjähriger aufstrebender Künstler schon 1991 mit der damals fünfzehnjährigen Tiffany Hawkins Sex gehabt haben soll. Demnach habe er Hawkins nicht nur dazu überredet, die Schule zu schmeißen, sondern sie auch dazu gebracht, über drei Jahre lang immer wieder mit ihm und gemeinsam mit anderen minderjährigen Frauen Sex zu haben. Er habe ihr versprochen, ihre Musikkarriere zu unterstützen. 1994, vier Monate vor ihrem achtzehnten Geburtstag, habe Hawkins den Kontakt abgebrochen, kurz danach soll sie versucht haben, sich umzubringen.

Nach der Veröffentlichung des Artikels passiert: nichts. Die größte Zeitung der Stadt, die *Chicago Tribune*, greift die Recherche nicht auf, die lokalen Fernsehsender erwähnen sie nur kurz. Und auch die überregionalen Medien interessieren sich nicht für die Vorwürfe gegen einen der bekanntesten Musiker des Landes. Bis R. Kelly für seine Verbrechen bestraft wird, dauert es noch fast zwei Jahrzehnte.

DeRogatis, mittlerweile fast sechzig Jahre alt, kräftig, tätowiert, schmale Brille, nimmt sich an einem Abend Anfang September 2023 Zeit für ein Gespräch mit uns. Im Jahr 2019 hat er ein Buch über seine Recherchen zu R. Kelly veröffentlicht. *Soulless: The Case Against R. Kelly* ist eines der ganz wenigen Bücher, die sich in den vergangenen Jahrzehnten überhaupt mit dem Thema Gewalt und Machtmissbrauch in der Musikindustrie beschäftigt haben. Per Videocall unterhalten wir uns eine gute Stunde lang mit DeRogatis. Trotz des ernsten Themas lacht er viel. Der Musikjournalist hat schon oft über diese Recherche gesprochen, die ihn fast neunzehn Jahre lang begleitete. Heute gilt er als der Mann, der R. Kelly stoppte. Doch DeRogatis sieht das anders. Es seien vielmehr die »mutigen, jungen Frauen« gewesen, erklärte er schon vor einigen Jahren bei einer Preisverleihung. »Sie haben R. Kelly gestoppt. Ich habe bloß ihre Stimmen verstärkt.«

Allein die Tatsache, dass es so lange dauert, bis R. Kelly für seine Taten verurteilt werden kann, erzählt viel über die Beharrlichkeit von Macht in der Musikindustrie: Es ist die Geschichte eines Musikers, der mit seiner Kunstfigur spielt, die offen über Sex mit sehr jungen Frauen singt. Der jedoch tatsächlich Sex mit Minderjährigen hat, von denen viele auf eine Karriere als Musikerinnen hoffen. Es ist die Geschichte eines Umfelds, das über all das nicht nur Bescheid weiß, sondern es sogar noch unterstützt und deckt. Und es ist die Geschichte eines Superstars, der scheinbar unantastbar bleibt, obwohl immer wieder neue Belege für den schweren Missbrauch zutage gefördert werden. Nicht zuletzt erzählt die Geschichte aber auch viel über die schwierigen Bedingungen, unter denen journalistische Recherchen mitunter stattfinden.

Jim DeRogatis jedenfalls hat sich all die Jahre davon nicht beirren lassen. Sich selbst bezeichnet er im Gespräch mit uns als »dickköpfigen Kerl aus New Jersey« mit einem Tick: Er müsse alles zu Ende bringen, egal ob es ein schlechter Film sei oder eine aufwendige Recherche. »Und ich habe auch deshalb nicht aufgehört, weil die Frauen nicht aufgehört haben, anzurufen.« Sie melden sich bei ihm, obwohl ihnen bewusst ist, dass sie extremen Gegenwind zu befürchten haben, nicht nur von den R.-Kelly-Fans, sondern zum Teil auch von den eigenen Familien. »Sie wurden als Lügnerinnen und Schlampen beschimpft«, sagt DeRogatis.

Ihm zufolge ist seine Recherche auch deshalb so lange nicht durchgedrungen, weil die Betroffenen junge Schwarze Frauen seien – die wohl am meisten benachteiligte Gruppe in der US-Bevölkerung. »Ronan Farrow, Jodi Kantor und Megan Twohey«, erklärt uns DeRogatis, »haben einen Pulitzerpreis für ihre Recherchen zu Harvey Weinstein bekommen. Wer waren Weinsteins Opfer? Wunderschöne weiße Schauspielerinnen.«

Dabei hatte es schon in den Jahren vor seinen Veröffentlichungen immer wieder Hinweise auf mögliche Straftaten R. Kellys gegeben – und auf dessen Vorliebe für minderjährige Mädchen. Auf dem Cover seines ersten Soloalbums *12 Play*, das 1993 herauskam, ist R. Kelly beispielsweise mit einem Stock zu sehen, an dessen unterem Ende ein verstellbarer Spiegel angebracht ist, der dazu dient, Frauen unter den Rock zu schauen. Bereits im Sommer 1994 heiratete der damals siebenundzwanzigjährige R. Kelly die Sängerin Aaliyah, die zu dem Zeitpunkt erst fünfzehn Jahre alt war. Weil so etwas in den USA illegal ist, legte er einen gefälschten Ausweis für Aaliyah vor. Wenige Monate zuvor hatte er mit ihr das Album *Age Ain't Nothing But a Number* aufgenommen: Alter ist nichts als eine Zahl. Und schließlich hatte R. Kelly auch in seinen eigenen Texten immer wieder über Sex mit sehr jungen Frauen gesungen und sich als sexsüchtig dargestellt. Rückblickend, schreibt DeRogatis in seinem Buch über den Fall, hätte Kellys Karriere schon mit der Aaliyah-Hochzeit vorbei sein müssen.

Von dem ausbleibenden Echo auf ihre erste Veröffentlichung über R. Kelly lassen sich DeRogatis und Pallasch nicht unterkriegen. Im Gegenteil: Sie bekommen zahlreiche Hinweise von weiteren Betroffenen und erkennen ein Muster: R. Kelly begibt sich immer wieder an Orte, an denen er junge Mädchen treffen kann, etwa in Shopping Malls oder in den »Rock 'n' Roll McDonald's« im Zentrum von Chicago, in den vor allem junge, sozial eher benachteiligte Schwarze Mädchen gehen. Dort setzt er sich jedes Mal gleich vorn an die Tür, an den dritten Tisch von links, mit Blick auf den Eingang, schreibt DeRogatis in seinem Buch. Dann beobachtet er die hereinkommenden Mädchen und beginnt ein Gespräch, sobald sie ihn erkennen. Anderen verspricht er eine Karriere als Sängerin, verspricht, sie groß rauszubringen, bezahlt sie für kleinere Auftritte. Er nutzt seine Ausnahmestellung in der Musikbranche aus.

In den acht Jahren nach ihrem ersten Artikel über R. Kelly veröffentlichen DeRogatis und Pallasch insgesamt 33 weitere Artikel mit ihren Recherchen zu dem Superstar, die zunächst jedoch erneut kaum Reaktionen hervorrufen. Ein gutes Jahr nach dem ersten Artikel landet dann eine VHS-Kassette in DeRogatis' Briefkasten. Der Journalist weiß bis heute nicht, wer sie ihm zukommen ließ. Auf ihr findet sich ein knapp halbstündiges Video, das R. Kelly beim Sex mit der vierzehnjährigen Reshona Landfair zeigt. Unter anderem uriniert er ihr ins Gesicht.

Normalerweise arbeiten Journalist*innen nicht mit Ermittlungsbehörden zusammen. Doch nach der Veröffentlichung seines Artikels und langen Diskussionen mit seinen Kollegen bei der *Chicago Sun-Times* entschließt sich DeRogatis, das Video der Polizei zukommen zu lassen. Tatsächlich wird gegen R. Kelly Anklage erhoben – wegen des durch das Video belegten Kindesmissbrauchs. R. Kellys Anwälte verzögern den Prozessbeginn jedoch immer wieder. Bis es zu einer Verhandlung kommt, dauert es am Ende rund sechs Jahre.

R. Kelly ist in dieser Zeit äußerst produktiv – und erfolgreich. Er veröffentlicht mehrere neue Alben und kooperiert unter anderem mit Jay-Z, Snoop Dogg und Ludacris. Im Jahr 2008 wird er schließlich überraschend freigesprochen. Grund dafür ist unter anderem, dass das Gericht frühere Zeugenaussagen zu Vorwürfen weiterer minderjähriger Mädchen nicht zulässt – und damit auch keinen Blick auf das System R. Kelly. Der Prozess konzentriert sich lediglich auf das Video mit der vierzehnjährigen Reshona Landfair. Das Mädchen und ihre Eltern weigern sich allerdings, vor Gericht auszusagen. Die Familie habe von Kelly Geld bekommen, schreibt DeRogatis in seinem Buch, Reshonas Vater spielte auf mehreren von Kellys Alben Gitarre.

Nach dem Freispruch veröffentlicht Kelly weitere Alben, geht auf Tour, bespielt die größten Festivals, von Coachella über Bonnaroo bis Pitchfork. Er kooperiert mit zahlreichen Künstler*innen, darunter Beyoncé, Mariah Carey, Justin Bieber und Lady Gaga.

Ende

Hatten die Recherchen von DeRogatis im Jahr 2000 noch mit einem Fax begonnen, so steht am Anfang vom Ende eine E-Mail. Am 2. November 2016 schreiben Jonjelyn und Tim Savage an Jim DeRogatis. R. Kelly, so die Eltern einer jungen Frau, habe inzwischen einen regelrechten Sex-Kult aufgebaut, mit sechs jungen Frauen, die ihm in einer Wohnung in einem Vorort von Atlanta rund um die Uhr zu gehorchen hätten. Darunter auch ihre Tochter Joy. Noch am selben Abend ruft der Journalist die Eltern an, sie telefonieren stundenlang.

DeRogatis erfährt, dass die Frauen R. Kelly angeblich nicht nur sexuell zur Verfügung zu stehen haben, sondern ihn auch fragen müssen, wenn sie auf die Toilette gehen oder etwas essen und trinken wollen. R. Kelly habe den Frauen ihre Handys abgenommen. Sie hätten sich zur Wand drehen müssen, wenn andere Männer den Raum betraten. Kelly lasse sich von den Frauen mit »Daddy« ansprechen. Verstießen sie gegen diese Regeln, würden sie geschlagen, gewürgt und bestraft. DeRogatis stößt auf ein zweites Elternpaar, dass ihm fast exakt dieselbe Geschichte über seine Tochter erzählt. Es dauert nicht lange, da hat DeRogatis mit zehn weiteren Personen gesprochen, die ihm diese Informationen bestätigen – *on the record*, er darf also ihre Namen verwenden. Auch mit einigen der betroffenen Frauen kann DeRogatis schließlich reden.

Damit bekommen die Vorwürfe gegen R. Kelly, fast genau sechzehn Jahre nach der ersten Geschichte, eine neue Dimension. Das Problem ist nur: DeRogatis ist inzwischen nicht mehr Musikkritiker bei der *Chicago Sun-Times*, sondern Hochschullehrer und freier Journalist. Er muss also erst noch ein Medium finden, das seine neueste Recherche veröffentlichen will – was sich als unerwartet schwierig herausstellt. Für DeRogatis und die Betroffenen beginnt eine monatelange Odyssee.

Nacheinander wendet DeRogatis sich an drei verschiedene Redaktionen, mit denen er jeweils eng, zum Teil über Monate an der Geschichte arbeitet. In einem Fall konfrontiert die Redaktion R. Kelly sogar bereits mit konkreten Fragen, trotzdem machen alle drei Redaktionen am Ende einen Rückzieher. DeRogatis sagt uns im Gespräch, dass die Medien unter anderem deshalb kneifen, weil sie zu viel Angst vor Rechtsstreitigkeiten und geschäftlichem Ärger haben. Die Eltern, die R. Kelly vorwerfen, ihre Töchter zu manipulieren, drohen zu diesem Zeitpunkt damit, alle Medien in Atlanta anzurufen und vor dem Haus des Musikers zu campieren, sollte die Geschichte nicht endlich veröffentlicht werden.

DeRogatis wendet sich nun an die *Chicago Tribune* und die *Los Angeles Times*, zwei große Regionalzeitungen, bei denen er Redakteure kennt. Beide Blätter sagen, sie könnten die Recherche so kurzfristig nicht veröffentlichen. Schließlich meldet sich der Journalist bei BuzzFeed News, das zuvor schon über Missbrauchsvorwürfe gegen R. Kelly berichtet hatte. Die Redaktion sagt sofort zu, es folgen vier Tage Fact-Check und Redigatur, und am Morgen des 17. Juli 2017 geht die Recherche um 7:02 Uhr endlich online.

Dank Social Media werden die Enthüllungen diesmal nicht ignoriert. DeRogatis gibt innerhalb einer Woche mehr als vierzig Interviews, darunter auch in überregionalen Medien. Gut drei Monate vor der Weinstein-Veröffentlichung der *New York Times*, dem Beginn der weltweiten #MeToo-Bewegung, überrollen die Enthüllungen über R. Kelly die USA. Wenig später ziehen weitere Medien nach. Aktivist*innen starten den Hashtag #MuteRKelly, mit dem sie Spotify dazu bringen wollen, seine Songs nicht mehr zu spielen. Immer mehr Menschen interessieren sich für die Verbrechen von R. Kelly, darunter die Produzentin dream hampton [sic]. Es entsteht eine aufwendige Doku-Serie, die Anfang 2019 unter dem Namen *Surviving R. Kelly* läuft. Auch DeRogatis berichtet über weitere Opfer, bei BuzzFeed News, aber auch im berühmten Magazin *The New Yorker*.

Im Juli 2019, rund zwei Jahre nach der *BuzzFeed-News*-Veröffentlichung und mehr als achtzehn Jahre nach der ersten Recherche von DeRogatis, wird R. Kelly in seiner Heimatstadt Chicago erneut festgenommen, dieses Mal von Bundesbeamten. Seitdem ist er von verschiedenen Gerichten mehrfach verurteilt worden: unter anderem weil er mit seiner Crew eine kriminelle Organisation zur sexuellen Ausbeutung von Frauen betrieben hat, wegen des sexuellen Missbrauchs Minderjähriger, wegen Entführung und Bestechung. Während der Prozesse werden Dutzende Zeugen präsentiert, zahlreiche Fälle von Vergewaltigung Minderjähriger aufgerollt – und es wird noch einmal deutlich, wie viele Mitwisser und Möglichmacher R. Kelly hatte. Menschen, die offenbar nicht auf das Geld – oder die Nähe zum Ruhm – verzichten wollten, obwohl sie mitbekommen haben mussten, dass R. Kelly systematisch minderjährige Frauen ausbeutet. Vor Gericht ist die Rede von seinem Management, von Bodyguards, Fahrern, Assistent*innen und Freund*innen, die dabei geholfen hätten, junge Frauen für den Star zu rekrutieren.

Jim DeRogatis betont in seinem Buch, dass im Verlauf der Jahre Tausende Menschen aus der Musikindustrie und den Medien weggeschaut haben müssen. Viele hätten Kelly auch deshalb gewähren lassen, weil er ein musikalisches Genie gewesen sei, ein Hitgarant. Und weil sie vor ihm Angst gehabt hätten. »Wenn du so reich und mächtig bist wie R. Kelly, dann kannst du Menschen wehtun, die aussagen wollen«, schreibt DeRogatis.

Das Verhalten von R. Kelly sei über die Jahrzehnte extremer geworden, weil ihm seine Berühmtheit und sein Erfolg neue Möglichkeiten geschaffen hätten, meint DeRogatis, etwa indem er dank reichlich Geld die besten Anwaltskanzleien und Privatdetekteien anheuern konnte. Irgendwann habe er offenbar die Überzeugung gewonnen, dass er unantastbar sei – dass er mit allem durchkomme.

Bis heute hat R. Kelly weit mehr als 100 Millionen Platten verkauft. Dank des Mutes seiner Opfer – und des Dickkopfs von Jim DeRogatis – ist er inzwischen für seine Verbrechen in mehreren Prozessen zu insgesamt 31 Jahren Gefängnis verurteilt worden. Seine Anwälte haben im Frühjahr 2023 allerdings Berufung eingelegt und fordern einen neuen Prozess. R. Kelly bestreitet die Vorwürfe und sieht sich als ein unschuldiges Opfer der #MeToo-Bewegung.

R. Kelly hat Jim DeRogatis nie verklagt, nie auch nur eine Änderung in einem seiner Artikel verlangt. Trotzdem sind die zwei Jahrzehnte nicht spurlos an dem Journalisten vorübergegangen, das merkt man ihm im Gespräch an. Den betroffenen Frauen fühlt er sich heute sehr verbunden. 2019 trifft er – so schildert er es in seinem Buch – zum ersten Mal die Frau, die er im Jahr 2000 in seinem ersten Artikel zu den Vorwürfen beschrieben hat, Tiffany Hawkins. Die beiden umarmen sich fest, zur Begrüßung, zum Abschied. Und weinen zusammen. Lange Zeit erschien es aussichtslos, den vermeintlich übermächtigen R. Kelly zu stoppen. Was wäre gewesen, wenn DeRogatis nicht so hartnäckig drangeblieben wäre? Oder wenn die betroffenen Frauen und ihre Familien nicht immer wieder die Kraft gefunden hätten, sich bei ihm zu melden?

Abhängigkeiten

Gewalt und Machtmissbrauch nachzuweisen und an die Öffentlichkeit zu bringen ist für Redaktionen extrem aufwendig. In Deutschland gibt es kaum vergleichbare Recherchen wie die von DeRogatis. Das liegt auch daran, dass der investigative Journalismus hierzulande längst nicht so stark ausgeprägt ist. Insbesondere in der Musikwelt kommen darüber hinaus ganz eigene Abhängigkeitsverhältnisse hinzu. Denn der Musikjournalismus, der von spezialisierten Fachmagazinen betrieben wird, also außerhalb der Feuilletons der großen Printmedien oder Kulturressorts der öffentlich-rechtlichen Sender stattfindet, hat offenbar noch ein ganz anderes Problem: fehlende Distanz.

Mehrere deutsche Musikjournalist*innen berichten uns von Gängeleien und versuchter Einflussnahme seitens der Musikindustrie. Vor dem Hintergrund der engen persönlichen Beziehungen in der kleinen Szene und der stets prekären wirtschaftlichen Lage der Fachmagazine werde regelmäßig von Branchenakteuren versucht, kritische Berichterstattung zu unterdrücken. Da gebe es Ansagen wie: Wer mit diesem einen Künstler noch ein Interview haben wolle, der müsse aufhören, über jenen anderen so schlecht zu schreiben. Oder es kämen verärgerte Anrufe bis hin zu indirekten Gewaltandrohungen, weil eine Band es nicht auf die Titelseite geschafft hat.

Insgesamt sei in der Musikindustrie eine »ziemlich rustikale Vorstellung von Pressefreiheit« weit verbreitet, erklärt uns der freie Journalist Torsten Groß. Groß ist seit vielen Jahren in der Branche unterwegs, er war Redakteur beim deutschen *Rolling Stone* und Chefredakteur bei *Spex*. Heute berichtet er für den *RBB*, für *Deutschlandradio* und die *Süddeutsche Zeitung*. Ihm zufolge ist es bei den Branchenmagazinen üblich, dass etwa Interviewreisen von der Plattenfirma bezahlt werden, im Gegenzug dafür oder für das Schalten einer Anzeige erhoffen sich viele eine wohlmeinende Berichterstattung. »Bei einigen Medien kann die sogar direkt eingekauft werden«, sagt Groß.

Viele der spezialisierten Musikmagazine sind, um überlebensfähig zu bleiben, auf die wirtschaftliche Unterstützung der Musikindustrie förmlich angewiesen – nicht nur über Anzeigen, wie es auch bei großen Medienhäusern der Fall ist, sondern über Reisekosten- und Produktionskostenzuschüsse, sagt uns auch der langjährige Musikjournalist Daniel Koch, ehemaliger Chefredakteur der *Intro*, der für den *Rolling Stone* und den *Musikexpress* geschrieben hat und heute für verschiedene Medien von radioeins über den *Tagesspiegel* bis hin zu *DIFFUS* und dem Schweizer Online-Magazin *starzone.ch* arbeitet. »In diesem Umfeld kann kritischer Journalismus natürlich früh torpediert werden.« Und wo er doch stattfinde, drohe er, abgestraft zu werden. Die Abhängigkeiten zwischen dem Musikjournalismus und der Branche seien schon seit es Musikmagazine gibt so offensichtlich, sagt Daniel Koch, dass »man sich schon manchmal überlegt, wie man sich bei Fall XY jetzt positionieren will. Das passiert nicht oft, aber wenn man es sich mit einem großen Label oder einer Bookingagentur verscherzt hat, kann das natürlich Auswirkungen haben, was den Zugang zu Künstler*innen betrifft oder Anzeigenbuchungen oder Akkreditierungen.«

Das alles hat nicht zuletzt mit dem Niedergang der musikjournalistischen Fachmagazine zu tun: Die Popkulturzeitschriften *Intro* und

Spex stellen ihre gedruckte Ausgabe 2018 ein. *Juice*, ein Hip-Hop-Magazin, erscheint bis 2019 gedruckt, bis 2022 online. Schon zuvor war die *Intro* Kooperationen mit verschiedenen Festivals oder Plattenfirmen eingegangen, wodurch die Grenze zwischen Journalismus und Marketing verschwamm. Das gilt auch für viele Online-Magazine wie etwa das *splash! Mag*, ein journalistisches Spin-off des splash!-Festivals der Bookingagentur Goodlive. Im Frühjahr 2019 wird das *splash! Mag* eingestellt. Drei Jahre später hören auch *rap.de* und *Spex* im Netz auf.

Zu dem Problem, dass sich im Internet kaum mehr Geld mit diesen journalistischen Angeboten verdienen lässt, kommt der Aufstieg der Social-Media-Präsenz der Künstler*innen hinzu: Die Nähe zu den Stars, die die Fachmagazine lange geboten haben, bekommen die Fans heute direkt auf Instagram oder TikTok. Das Ganze scheinbar ungefiltert und hautnah – und inzwischen auch mit viel größerer Reichweite. Bekannte deutschsprachige Künstler haben auf Instagram oder TikTok zum Teil mehrere Millionen Follower. Ihre Botschaften und ihr Image können die Künstler*innen dort vollständig kontrollieren – und lästige kritische Fragen ignorieren.

Ihre Plattformen nutzen Künstler*innen zuweilen sogar dafür, Veröffentlichungen anzugreifen, die ihnen nicht gefallen. Da kann es schon heikel werden, wenn man sie einfach nur wörtlich zitiert. Im November 2017 führt eine freie Mitarbeiterin des *Spiegel* ein Interview mit dem Rockstar Morrissey. Morrissey wird schon länger vorgeworfen, mit Nationalismus und der extremen Rechten zu flirten. In besagtem Interview lobt er den Brexit, nimmt Harvey Weinstein in Schutz und bezeichnet Berlin als Vergewaltigungshauptstadt. »Wegen der offenen Grenzen.«

Als das Interview veröffentlicht ist, will Morrissey auf einmal nicht mehr zu seinen Aussagen stehen. Auf der Bühne eines seiner Konzerte, im ausverkauften Riviera Theatre in Chicago, beschuldigt er den *Spiegel* vor 2500 Menschen, seine Antworten falsch wiedergegeben zu haben. »Das ist das letzte Print-Interview, das ich jemals geben werde«, sagt er unter dem Jubel seiner Fans. Wenig später legt der Weltstar in einem Beitrag für seine 1,4 Millionen Facebook-Follower nach. Allein dort kommentieren fast 2000 Menschen. Die damals achtundzwanzigjährige Spiegel-Reporterin gerät in einen weltweiten Shitstorm. Erst als der *Spiegel* schließlich den Audio-Mitschnitt des Gesprächs veröffentlicht, der die Aussagen belegt, sei der Hass langsam wieder abgeebbt, berichtet sie später. »Um den Vorwürfen entgegenzutreten, haben wir uns entschlossen, das Gespräch mit Morrissey online zu stellen – auch, wenn es aus unserer Sicht selbstverständlich ist, dass im Spiegel veröffentlichte Interviews keine falsch oder irreführend wiedergegebenen Zitate enthalten«, schreibt uns die Sprecherin des *Spiegel* auf Anfrage. Morrissey beantwortet unsere Fragen zu der Angelegenheit nicht.

Die Auseinandersetzung des *Spiegel* mit Morrissey ist ein Beispiel dafür, wie Journalist*innen, die für große Medienhäuser arbeiten, allein durch ihre kritischen Nachfragen unter Druck geraten können. Die Fachmagazine stehen der Szene aber noch einmal deutlich näher. Dadurch kennen sie sich auf der einen Seite sehr gut aus, bekommen extrem viel mit und können Entwicklungen und Probleme früher beschreiben. Gleichzeitig sind sie jedoch auf besonders gute Zugänge angewiesen – und verstehen sich daher oftmals nicht einmal mehr selbst als unabhängige Beobachter*innen.

Rap-Medien in Deutschland sind ein markantes Beispiel für solche Szenemagazine. Die ersten gingen vor rund einem Vierteljahrhundert an den Start. Damals gab es in etablierten Medien, anders als heute, so gut wie keine Berichterstattung über Hip-Hop. Die Szene zu »pushen« und groß zu machen sei eines der Hauptanliegen gewesen, sagt uns ein ehemaliger Redakteur von *Juice*, der anonym bleiben will. Dadurch sei aber der Reflex entstanden, die Szene und die Kultur zu schützen. »Da gab es auf jeden Fall eine Art von Selbstzensur«, erklärt er. Viele Rapper seien sich nicht bewusst darüber gewesen, was sie da so alles von sich geben, und hätten mit Journalist*innen geredet wie mit ihren Freunden. Über sexistische, rassistische oder antisemitische Äußerungen in Interviews habe man daher in der Redaktion diskutiert und oft entschieden, die Aussagen nicht zu drucken. Man habe den berechtigten Aufschrei vermeiden wollen, so der ehemalige Redakteur. »Das wäre ein gefundenes Fressen für die etablierten Medien gewesen, und das wollten wir nicht.« Im Nachhinein, sagt er, hätten sie sich damit als Anwälte der Szene und der Künstler*innen geriert.

Wer das anders macht und kritisch berichtet, gilt nicht nur schnell als Nestbeschmutzer, sondern kann auch noch ganz andere Probleme bekommen. Wie in folgendem besonders bekannten und extremen Fall: 2010 kritisiert der damalige Chefredakteur von *rap.de*, Marcus Staiger, ein Album eines Rappers, der daraufhin gemeinsam mit fünf Freunden die Redaktion besucht. Nach einem Handgemenge schlägt der Rapper Staiger ins Gesicht, der bewusstlos zu Boden geht.

Miriam Davoudvandi

Auch wenn körperliche Übergriffe gegenüber Journalist*innen zumindest in Deutschland bisher selten sind, so hat es in den vergangenen Jahren doch eine ganze Menge Drohungen gegeben – telefonisch oder über Anwält*innen, aber auch öffentlich über Social Media. Vor allem Frauen werden dabei zur Zielscheibe. Frauen wie Miriam Davoudvandi.

Für Davoudvandi, in Bukarest geboren und als Sechsjährige mit der Familie nach Bad Säckingen, nahe der Schweizer Grenze, gezogen, ist sehr früh sehr vieles politisch. Das hat auch mit ihrem Migrationshintergrund zu tun – der Vater ist Iraner, die Mutter Rumänin, beide haben in ihren Heimatländern Revolutionen miterlebt.

Ihre ganze Kindheit über hört Davoudvandi Musik. »Zu Hause lief immer rumänisches Musikfernsehen. Das habe ich geschaut, seit ich sechs oder sieben Jahre alt bin«, erzählt sie uns Mitte September in einem Videocall. Früh kommt sie auch zum Rap, hört zunächst die Klassiker: Snoop Dogg, Eminem, 50 Cent. Mit zwölf Jahren beginnt sie auch deutschen Rap zu hören. Dort findet sie die Ungerechtigkeit und die Ausgrenzung, die sie erlebt, am besten repräsentiert. Rückblickend wird sie einmal sagen, sie habe damals Haftbefehls Musik »zum Überleben« gebraucht.

Schon als Jugendliche erkrankt Davoudvandi an einer Depression, auch wenn sie das erst Jahre später versteht. Sie verkriecht sich ins Internet, will nicht mehr zur Schule gehen, ist schlecht gelaunt, kann sich nicht mehr konzentrieren. Schreiben aber kann sie schon immer gut. »Was macht man damit? Journalismus. Das war eine pragmatische Entscheidung«, sagt Davoudvandi heute.

Im Frühjahr 2017, Davoudvandi ist Mitte zwanzig und studiert noch, stolpert sie über eine Anzeige: Das *splash! Mag* sucht eine neue Chefredaktion. Davoudvandi bewirbt sich aus Spaß auf die Stelle. Auf die Frage, wie sie sich selbst beschreiben würde, schreibt sie: *boss as bitch*. Davoudvandi wird für sie überraschend eingestellt, zieht nach Berlin und legt los. »Ich war viel zu unerfahren und habe gar nicht gecheckt, welche Verantwortung damit einhergeht.«

Sie findet es entsprechend schwierig, sich beim *splash! Mag* durchzusetzen. »Da gab es viele Vorfälle«, erinnert sie sich. »Da kamen Rapper und haben gefragt: ›Wo ist dein Chef?‹ Und wenn ich gesagt habe: ›Ich bin der Chef‹, dann haben die natürlich gelacht. Das war Standard.« Sie weiß, dass sie immer besonders gut vorbereitet sein muss, weil sie als Frau ganz besonders kritisch beobachtet wird.

Immer wieder erhält sie Hinweise auf Vorfälle von Gewalt und Machtmissbrauch, doch sie lernt schnell die Grenzen ihrer journalistischen Möglichkeiten kennen. Als Chefredakteurin habe sie mit nur einer weiteren Kollegin zusammen das ganze Magazin stemmen müssen, erzählt sie uns. Die beiden schreiben viele Texte selbst, kümmern sich um Marketing und Sponsoring-Deals und organisieren die Produktion. Es geht oft darum, das Magazin finanziell über Wasser zu halten.

Trotz allem versucht Davoudvandi beim *splash! Mag* kritischen Rap-Journalismus möglich zu machen. So kritisiert sie schon 2017 Songtexte, die Vergewaltigungen normalisieren, und sie verfasst den ersten gegenderten Text im Rap-Journalismus. Damals stößt das in weiten Teilen der Branche und des Internets noch auf Unverständnis.

Für größere Recherchen, für investigative Arbeit fehlen Davoudvandi aber die Ressourcen. Sie habe, sagt sie uns, damals »extrem viel Arbeit für extrem wenig Geld und gleichzeitig extrem viel emotionalen Stress« gehabt.

Wie viel sie als prominente Rap-Journalistin offenbar ertragen muss, das bekommt Miriam Davoudvandi besonders deutlich zu spüren, als sie anfängt, Videos für Social Media zu machen, auch mit ihr selbst vor der Kamera. Ihre Interviews, die sie stets gut vorbereitet, führt sie auf eine mitfühlende Art, für die sie im Netz gelobt und gehasst wird. Wenn ein Interview oder ein Kommentar von ihr zu kritisch gewesen sei, habe sie von Fans neben sexistischen Beleidigungen auch schon zahlreiche Mord- und Vergewaltigungsdrohungen erhalten. Zudem habe sie bei ihrer Arbeit in der Branche auch körperliche Übergriffe erlebt. »Man kann Deutschrap nicht durchlaufen und nicht selbst betroffen sein. Ich kenne keine einzige Frau, die nicht selbst eine lange Liste hat. Und ich zähle halt dazu.«

Miriam Davoudvandi hält trotz allem an ihrem Job fest. Zu sehr ist Hip-Hop Teil ihrer Identität, zu sehr stört sie sich an sexistischen Strukturen in der Musikindustrie. Sie sieht sich als Brückenbauerin – und erträgt dafür auch die Attacken. Als das *splash! Mag* im Frühjahr 2019 eingestellt wird, macht sie als freie Journalistin weiter. Dank ihrer Bekanntheit – auf Instagram hat sie Zehntausende Follower – wird sie als junge Frau mit Migrationshintergrund, die viele Entwicklungen im Hip-Hop kritisch betrachtet, zu einer der wichtigsten feministischen Identifikationsfiguren im Rap.

Dafür nimmt sie auch weiterhin in Kauf, immer wieder angegriffen zu werden – nicht nur von notorisch aufgebrachten Fans, sondern manchmal auch von Frauen, die ihr von Missbrauchserfahrungen berichten und dann enttäuscht sind, wenn sie ihnen erklärt, dass sie viele der Hinweise schon aus rechtlichen Gründen nicht veröffentlichen kann.

Im Sommer 2021 passiert dann jedoch etwas, was die üblichen Angriffe auf Frauen wie Davoudvandi noch einmal steigert. Für einen kurzen Moment scheint es so, als gerieten die Machtverhältnisse in der Hip-Hop-Welt ins Wanken, als immer mehr Frauen ihre Gewalt- und Missbrauchserfahrungen im Deutschrap öffentlich machen. Sehr schnell aber gehen Teile der Szene zu einem heftigen Gegenangriff über. Vor allem auf eine Frau, die völlig ungeschützt schwere Vorwürfe erhebt.

PART 12
Dammbruch

Nika Irani ist erkältet. Am Abend vor dem Interview mit uns war sie feiern, davor ein paar Tage auf Reisen. Eigentlich habe sie immer auf sich geachtet, sagt sie, aber nun hat sie doch etwas erwischt. Sie bestellt einen Tee und ein Frühstück, wird dann beides aber kaum anrühren. Das Berliner Café, das sie für das Treffen ausgesucht hat, ist so etwas wie ihr Wohnzimmer, wenn sie in der Stadt ist. Members only. Niemand spricht hier die Berühmten und Berühmteren an, so der Code. Nicht einmal ein Aufnahmegerät darf während des Gesprächs mitlaufen, obwohl Irani das ausdrücklich erlaubt.

Nika Irani gehört zu den Berühmten. Eigentlich heißt die gebürtige Hamburgerin Nika T. Unter dem Namen Nika Irani ist die Fünfundzwanzigjährige als Model und Influencerin bekannt, sie betreibt einen Only-Fans-Account, auf dem man gegen Geld professionelle Nacktfotos von ihr anschauen kann. Auf Instagram gibt es von ihr ebenfalls nackte Haut zu sehen, dazu Achsel- und Schamhaare und Periodenblut. In einem Interview hat sie einmal gesagt, sie spiele gern mit ihren Reizen, es mache ihr Spaß.

Dass sie damit auch auf Ablehnung stößt, sei ihr schon als Jugendliche klargeworden. Sie wünscht sich, dass sie anderen Frauen damit ein Vorbild sein kann. Dem *Sonntagsblatt* sagt sie: »Viele Frauen haben durch mich gelernt, dass sie aufschreien sollen und dass sie es nicht verdient haben, wenn ihnen etwas passiert.«

An diesem Freitagvormittag im September 2023 kommen ihr manchmal die Tränen, wenn sie erzählt. Dann wirkt es so, als würde sie am liebsten ausbrechen und einfach nur Spaß haben. Das Schwere scheint auch eine Bürde zu sein. Dann wieder gibt sie sich kämpferisch und sagt: »Ich will es einfach durchziehen. Ich hoffe, ich habe das Schlimmste hinter mir.« Sie sagt, sie trage Verantwortung für ihre vielen weiblichen Fans. Manche schreiben Irani, wenn sie nach einer Vergewaltigung zum ersten Mal wieder Sex hatten und sich dabei in Gedanken von Irani gehalten fühlten. Aber sie erhält auch andere Nachrichten. So was wie: »Wenn ich dich auf der Straße sehe, ich fick dich. Ich schlag auf dich ein, bis du bewusstlos bist.«

Doch solche Nachrichten seien weniger geworden, sagt Irani. Wie es ohnehin stiller geworden ist um sie, seitdem sie nicht mehr über das sprechen darf, was sie im Juni 2021 öffentlich gemacht hat. Damals schildert sie auf ihrem Instagram-Kanal eine Begegnung mit dem Deutschrapper Samra in dessen Studio etwa ein Jahr vorher. In dem Post erhebt sie Vergewaltigungsvorwürfe gegen ihn, die er seither bestreitet. Samra heißt bürgerlich Hussein Akkouche, ist 29 und wurde vor einigen Jahren durch Kooperationen mit Bushido und Capital Bra bekannt. Heute verkauft er unter eigener Marke Vapes.

Glaubt man Irani, habe sie selbst nicht absehen können, was ihr Post auslösen würde. Sie habe nur andere Frauen warnen wollen, sagt sie uns. Darauf gekommen sei sie, als sie auf Instagram einen Post zu einem Tätowierer gesehen habe, der in Berlin Frauen falsch anfasst, wenn er sie tätowiert. »Darunter waren Kommentare wie: ›Danke schön, ich habe gerade meine Termine abgesagt, du hast mich gerettet.‹ Und ich habe gedacht, oh mein Gott, wenn ich das jetzt sage, dann passiert es keiner anderen mehr.« Mehr als ein Jahr nach jenem Abend mit Samra veröffentlicht sie deshalb ihre Vorwürfe.

Aus dieser vermeintlich unbedarften Warnung wird der bis dahin größte #MeToo-Moment der deutschen Musikszene. Ein Dammbruch, wie eine Kommentatorin damals schreibt. Innerhalb weniger Tage folgen Hunderte Frauen Nika Iranis Beispiel und teilen ihre eigenen Missbrauchserfahrungen, viele unter dem Hashtag #deutschrapmetoo. Täglich kommen neue hinzu. Die Rapperin Shirin David springt Nika Irani zur Seite und kündigt an, die Veröffentlichung eines neuen Songs zu verschieben, da sie Samra dort »in einem positiven Zusammenhang« erwähnt. Universal, die Plattenfirma des Rappers, lässt aufgrund der Vorwürfe die Zusammenarbeit mit ihm ruhen.

Samra selbst reagiert einige Tage später mit einem wütenden Video, in dem er erklärt: »Du kriegst deine Strafe, nicht nur vom Richter. Du kriegst auch deine Strafe von Gott. Weil du lügst. (…) Also geh und schäm dich!« Sie habe sich vielleicht gekränkt gefühlt, weil er ihr »am nächsten Tag keine Blumen nach Hause gebracht habe«, und ihn deshalb beschuldigt. Auch an seine Fans wendet er sich: »Geht raus und zeigt der ganzen Welt, dass diese kleine süße Maus lügt.« Dann streckt er den Mittelfinger in Richtung Kamera: »Ihr kriegt mich nicht kaputt. Fick die Presse, fick diese ganze Universal, fickt doch euch alle. (…) Ich liebe Frauen und Frauen lieben mich. Ich muss so etwas nicht tun. Niemals.«

Zu diesem Zeitpunkt, erklärt uns Nika Irani, habe sie bereits Angst gehabt, ihre Wohnung zu verlassen, nachdem sie auf der Straße immer wieder von Fremden auf ihre Vorwürfe angesprochen worden sei. Einmal habe sie eine Gruppe Jugendlicher konfrontiert. Einer von den Jungen hätte sie daraufhin angegriffen. »Hat's dir gefallen?«, sollen die anderen gerufen haben. Auch im Netz habe sie sich nicht mehr sicher gefühlt, in Nachrichten und Kommentaren sei sie beschimpft und bedroht worden, ihr Instagram-Account wird zwischenzeitlich offenbar gelöscht.

Samra seinerseits spricht in einem Interview aus dem Mai 2023 von »einer der schlimmsten Phasen« seines Lebens. Es habe ihm den Boden unter den Füßen weggerissen. Zu einem ausführlichen Gespräch mit uns für dieses Buch ist er nicht bereit. Eine Anfrage mit detaillierten Nachfragen an seinen Anwalt bleibt inhaltlich unbeantwortet.

Die konkreten Vorwürfe Nika Iranis dürfen aufgrund einer Verfügung des Landgerichts Köln vom 16. Juli 2021 von ihr nicht mehr öffentlich geschildert werden. Ihre Instagram-Story von damals hat sie gelöscht. Die Entscheidung wirkt sich auch auf andere aus, deswegen werden wir in diesem Buch keine Details wiedergeben.

In einem einstweiligen Verfügungsverfahren, das Samra mithilfe seiner Anwälte gegen Iranis Anschuldigungen angestrengt hat, entschied das Landgericht, dass Irani nicht genügend Beweise vorgelegt habe, um ihre Vorwürfe zu untermauern. Sowohl sie als auch der Rapper versicherten ihre Angaben über die Geschehnisse in der Nacht im Juli 2020 an Eides statt. Die beiden einander widersprechenden Aussagen wurden als gleichwertig angesehen, die Beweislast sahen die Richter aber »aufgrund der Ehrenrührigkeit« der Vorwürfe bei Nika Irani.

Die Umstände der Begegnung zwischen Nika Irani und Samra in der betreffenden Nacht sind typisch für solche Auseinandersetzungen: Der Kontakt ist zunächst freiwillig, die Türen sind verschlossen, es gibt keine unmittelbaren Zeugen. Die Wahrheit herauszufinden ist da in der Regel kompliziert – das wird auch ein Strafverfahren zeigen, zu dem sich Nika Irani im Juli 2021 entschließt. Zweieinhalb Jahre ermittelt die Staatsanwaltschaft Potsdam und wird am Ende – Monate nach unserem Gespräch – das Verfahren einstellen.

Was Irani über die Begegnung mit dem Rapper sagen kann, schildert sie uns in dem Berliner Café so: Sie habe ihm 2020 auf Instagram geschrieben, weil ihr seine Musik zu der Zeit über ihren Liebeskummer hinweggeholfen habe. Er sei gleich sehr charmant gewesen, sie verabreden sich für ein Treffen in Berlin. Laut Irani ist es nicht das erste Mal, dass sie mit Stars in Kontakt tritt. Sie habe schon zuvor mit Berühmteren Zeit verbracht und dabei nur positive Erfahrungen gemacht. »Ich habe vorher schon mit sehr vielen gechillt.«

Als sie zu ihm ins Auto gestiegen sei, habe er gesagt, sie sei noch schöner als auf ihren Bildern, erzählt sie uns. Es bleibt bei einer kurzen Tour, erst beim zweiten Treffen sei sie mit ihm und seiner Begleitung in sein Studio gefahren. Im Auto hätten Samra und seine Begleitung, ein anderer Mann, sie unter Druck gesetzt, ihnen ihr Handy zu geben. »Und dann hat er seinen neuen Song angemacht und gesagt, ich sei die Erste, die das hört. Ich fand es ein bisschen süß, weil ich dachte: Oh, der gibt sich ja richtig Mühe.«

Als sie ankommen, habe sie zunächst neben dem anderen Mann auf der Couch gesessen. Irgendwann habe Samra ihr sein Aufnahmestudio im oberen Stockwerk zeigen wollen. Was nach ihrer Schilderung dann folgte, darf sie nicht wiederholen.

Klar ist: Nika Irani geht zunächst nicht zur Polizei, sondern fordert von Samra offenbar 3000 Euro, andernfalls würde sie zur Presse gehen. Uns sagt sie, ein Freund habe ihr das vorgeschlagen. Es gibt eine Klinikeinweisung wenige Wochen nach der Nacht, angeblich Arztberichte, die wir aber nicht einsehen können. Ein Jahr später erfolgt der Schritt in die Öffentlichkeit und erst dann die Anzeige bei der Polizei. Und es gibt heimlich gefilmte Videos von Dritten, die Irani angeblich der Lüge überführen, weil sie darin den Erpressungsversuch zugibt.

Nach Iranis Instagram-Story im Sommer 2021 stehen sich schnell zwei Seiten gegenüber. Und das ist bis heute der Fall: Samra sagt, er habe niemanden vergewaltigt. Nika Irani darf den Vorwurf nicht mehr äußern. Die einen glauben Irani. Für sie ist Samra auch ohne Gerichtsverfahren schuldig. Die anderen glauben Samra. Für sie ist Irani auch ohne Gerichtsverfahren eine Lügnerin.

Als wir im Herbst 2023 mit Irani sprechen, läuft das Ermittlungsverfahren noch. Da sagt sie, sie wünsche sich endlich Klarheit. Sie habe sich viel zu lange nicht eingestehen wollen, was ihr passiert sei. Sie habe sich allein gefühlt, »allein und wertlos«. Auch deshalb habe sie sich erst später zu einer Anzeige entschlossen.

Im Februar 2024 kommt dann die Nachricht über die Einstellung des Ermittlungsverfahrens. Warum das Verfahren so lange gedauert hat, beantwortet die Staatsanwalt Potsdam auf unsere Nachfrage nicht. Eine Sprecherin sagt uns dazu lediglich, dass die »erforderlichen umfangreichen Ermittlungen in der dafür benötigten Zeit ohne Unterbrechungen durchgeführt wurden.« Nika Irani und ihre Anwältin haben gegen die Einstellung Beschwerde eingelegt, weil »trotz langer Verfahrensdauer Aufklärungsdefizite« verblieben seien, wie die Anwältin uns mitteilt. Ob die Ermittlungen gegen Samra wieder aufgenommen werden, steht zum Zeitpunkt des Redaktionsschlusses für dieses Buch nicht fest. Samras Anwälte wollen uns gegenüber keine Stellungnahme zur Einstellung abgeben.

Der Fall wäre womöglich schon viel früher so leise aus der Öffentlichkeit verschwunden, wäre nicht einige Monate vor Nika Iranis Vorwürfen gegen Samra auf einem kleinen Twitter-Account ein Aufruf lanciert worden: Betroffene sexueller Gewalt im Deutschrap könnten sich bei den Betreiberinnen melden, heißt es da, anonym und diskret. Hinter dem Account stehen zwei Freundinnen, wir nennen sie hier zu ihrem Schutz Larissa Schneider und Çiğdem Alper. Sie kennen sich »quasi schon immer«, sagen sie uns im Juli 2023, haben gemeinsam viel erlebt und beide eigene Erfahrungen mit sexualisierter Gewalt im Deutschrap gemacht. »Wir haben uns darüber ausgetauscht und wollten eigentlich auch immer irgendwas tun, um gesellschaftlich etwas zu verändern, weil wir einfach selber mitbekommen haben, wie krass präsent das ist«, erklärt Larissa Schneider. Für sie sei damals keine Anzeige infrage gekommen. »Wir wollten uns aber trotzdem selbst ermächtigen. Und dann haben wir gesagt: Okay, wir können das nur im Kollektiv machen, wir wollen auch anderen Betroffenen die Möglichkeit geben, sich Gehör zu verschaffen.«

Ihr Aufruf findet zunächst kaum Beachtung in der Öffentlichkeit, aber es melden sich durchaus einige mutmaßlich Betroffene bei den beiden Frauen. Aus Kapazitätsgründen beschränken sie ihre Arbeit zunächst darauf, Daten zu sammeln und Personen, die denselben Namen eines mutmaßlichen Täters nennen, miteinander in Kontakt zu bringen. Im Juni 2021, nach Nika Iranis Instagram-Story, ändert sich das. Plötzlich schaut die Öffentlichkeit genauer hin. »Da waren der Druck und unsere Motivation so hoch, dass wir gesagt haben, jetzt müssen wir was machen«, sagen Schneider und Alper in einem Interview mit dem Onlinemagazin *LizzyNet.* Sie entscheiden sich, erneut mit einem Aufruf an die Öffentlichkeit zu gehen, dieses Mal auch auf Instagram. Ihnen ist wichtig, dass aus dem Fall eine Bewegung entsteht.

Innerhalb von 24 Stunden ging es »einfach los«, erinnert sich Alper im Gespräch mit uns. Das Handy meldet sich permanent, immer mehr Leute folgen dem Account, immer mehr Betroffene schreiben ihnen, fast stündlich treffen neue Erfahrungsberichte ein. Die Vorwürfe reichen von Penis-Bildern und Grooming in Instagram-Nachrichten über Belästigung und Nötigung bis hin zu Vergewaltigungen. Den beiden Aktivistinnen zufolge richten sie sich sowohl gegen unbekannte Rapper, die kaum von ihrer Kunst leben können, als auch gegen Superstars der Szene. Immer wieder geht es in diesen Schilderungen um sehr junge und zum Teil minderjährige Frauen. Immer wieder geht es darum, dass die Frauen den Rappern als Fans begegnen, dass sie ihre Idole kennenlernen wollen. Und dass Rapper diesen Kontakt ausnutzen, indem sie die Frauen im Backstage-Bereich oder im Hotel überrumpeln, ihnen Drogen geben, sie unter Druck setzen. Einige der Frauen schreiben auch über den mutmaßlichen Einsatz von K.-o.-Tropfen.

Heute füllen die Nachrichten und Berichte an Schneider und Alper Dutzende Seiten. Die beiden Aktivistinnen haben eine Liste mit rund siebzig Namen von mutmaßlichen Tätern erstellt. Zum Teil hätten sich mehrere Personen mit Vorwürfen zu denselben Künstlern gemeldet. Einer der Rapper soll einer Minderjährigen gegen ihren Willen ein Autogramm auf die Brüste gegeben haben. Gegen einen anderen bekannten Deutschrapper findet sich der Vorwurf, er habe zu einer Release-Party eingeladen, auf der einer Frau angeblich Drogen ins Glas getan worden seien. Die Frau schreibt, sie sei nach einem Blackout aufgewacht, während Männer aus der Crew sie gerade vergewaltigten.

Ein weiterer bekannter Rapper aus Deutschland soll eine Frau in seiner Wohnung erst mit dem Messer bedroht und sie dann vergewaltigt haben. Die Frau schreibt, sie habe sich danach jahrelang dafür geschämt. Bis heute habe sie mit niemandem darüber gesprochen. Eine andere Frau berichtet ebenfalls von einer Vergewaltigung durch einen Rapper, sie sei noch Jungfrau gewesen, doch er habe trotz klaren Neins und starker Schmerzen, die sie zum Ausdruck gebracht habe, nicht aufgehört. Ihre Nachricht beendet sie mit dem Satz, sie habe gelernt, mit den Schmerzen zu leben, und wolle keine Aufmerksamkeit, aber sie wünsche sich, dass anderen Frauen so etwas niemals passiere. »Es ist kein Einzelfall, es war schon tausendmal kein Einzelfall«, lautet Çiğdem Alpers Fazit uns gegenüber.

Die Vorwürfe, die bei #deutschrapmetoo landen, lassen sich von uns nur schwer überprüfen. Auch deshalb nennen wir hier keine Namen und lassen spezifische Details weg. Laut Larissa Schneider haben die Aktivistinnen mit allen Betroffenen im Anschluss Kontakt gehabt, bevor sie die Vorwürfe anonymisiert auf ihrem Instagram-Kanal veröffentlichten. Sie lassen sich auch Belege wie Screenshots von Nachrichten oder Fotos von Verletzungen zeigen. Dennoch nennen sie selbst weder die Namen von Betroffenen noch die von mutmaßlichen Tätern. Obwohl sie die »am liebsten überall aufkleben würden«, sagt eine der beiden Frauen. Aber das gehe schon aus juristischen Gründen nicht.

Letztlich, betonen Larissa Schneider und Çiğdem Alper, sei es ihnen jedoch gar nicht um die einzelnen mutmaßlichen Täter gegangen. Es gehe nicht um einen Pranger, sondern darum, die aus ihrer Sicht sexistischen Strukturen im Deutschrap offenzulegen, die die Übergriffe begünstigen.

In ihren Nachrichten beschreiben die Betroffenen, dass sie von den mutmaßlichen Übergriffen überfordert seien, sich diese im Anschluss schönreden oder nicht wahrhaben wollten, was ihnen da gerade passiert sei mit diesem Rapper, dessen Musik sie teils seit Jahren hören, den sie schon immer einmal kennenlernen wollten. Viele erwähnen, dass sie nicht wüssten, an wen sie sich wenden sollten. »Wenn die Betroffenen nur allein in ihren Wohnungen sitzen und sich mit ihren Freundinnen austauschen, dann kann da nichts passieren. Das muss an die Öffentlichkeit«, betonen deshalb die beiden Aktivistinnen.

So viel sei klar: Für die Betroffenen ist es enorm wichtig zu erkennen, dass diese Übergriffe nicht ihre Schuld seien. Entsprechend dankbar seien sie, so Alper, wenn sie ihre Geschichte irgendwo zumindest einmal erzählen können, gerade auch anonym und geschützt. Sie hätten viel zu große Angst, um an die Öffentlichkeit zu gehen:

vor den Künstlern und deren Rache selbst, aber auch vor den Folgen, die eine öffentliche Äußerung haben kann, inklusive Shitstorms und sonstigen heftigen Angriffen auf ihre Person, wie sie es am Beispiel von Nika Irani in den sozialen Medien vorgeführt bekommen haben. Oder am Beispiel von Larissa Schneider und Çiğdem Alper.

Schnell werden die beiden Frauen hinter dem Account im Sommer 2021 selbst zur Zielscheibe: Auf die Veröffentlichungen der Berichte von mutmaßlich Betroffenen hin folgen schon bald Gewalt- und Vergewaltigungsandrohungen gegen sie und Versuche, die Identität der Freundinnen aufzudecken. Instagram-Nutzer hätten eigens Accounts erstellt, um die Namen und Adressen der Aktivistinnen zu enthüllen. »Die Bedrohung wurde sehr schnell sehr akut«, sagen die beiden. Es habe auch Rapper gegeben, die ihre Fans auf sie angesetzt hätten. »Das war wie eine kleine Armee toxischer Männlichkeit.«

Backlash

Dass eine solche Armee auch zuschlagen kann, bekommt der Comedian Oliver Pocher zu spüren. Es ist März 2022, Felix Sturm boxt gegen István Szili. Pocher sitzt am Rand des Rings, als plötzlich ein Mann auf ihn zugeht, kurz vor ihm stehen bleibt und dann ausholt. Er schlägt Pocher mit Wucht ins Gesicht. Der Angreifer, ein Influencer namens Fat Comedy, sagt später, der Schlag sei die Rache dafür gewesen, dass Pocher Nika Irani und #deutschrapmetoo unterstützt habe. Pocher hatte sich ein halbes Jahr zuvor in einem Podcast kritisch über Deutschrap geäußert.

Einschüchterungen, Gewaltandrohungen, ein tätlicher Angriff – es ist ganz offensichtlich nicht ungefährlich, sich mit den mutmaßlichen Opfern sexualisierter Gewalt im Deutschrap zu solidarisieren. Einige Rapper sehen die Bewegung als »Kampfansage gegen Deutschrap«, wie sie es formulieren. »Make Hip Hop Great again!!!«, schreibt ein in der Szene bekannter Rapper auf Instagram. Und fährt fort: »Zur Hölle mit deutschrapmetoo und jeder anderen dreckigen Agenda.«

Die Rapper markieren so diejenigen, die für sie auf der anderen Seite stehen. Und ihre Fans, so scheint es, erledigen den Rest. »Ich habe Nachrichten bekommen, die selbst mir, obwohl ich seit über einem Jahrzehnt übe, damit umzugehen, zu viel waren«, schreibt damals etwa die Moderatorin Visa Vie, nachdem sie von eigenen Missbrauchserfahrungen berichtet hat. »Nachrichten, die dazu geführt haben, dass ich nach 12 Jahren teils bedingungsloser Liebe und Unterstützung für diese Kultur überlegt habe, ob ich mich komplett und für immer von Deutschrap verabschiede.« Das alles sei ein neues Level von Grausamkeit.

»Konzert wird dein letztes. Gibt keine zweite Mahnung«, »Du Fotze, lass Hip Hop in Ruhe«, »Dude du weißt anscheinend nicht, wo du in der Hierarchie stehst, aber das wird dir bestimmt noch beigebracht«, »Du ekliger Hurensohn, fahr zur Hölle und lass Hip Hop in Ruhe, und für die Respektlosigkeit gibt es noch Konsequenzen« – Nachrichten wie diese erhält damals auch der Rapper LGoony aus Köln. Er hatte sich in einem Post dagegen gewandt, die eigene Hip-Hop-Kultur als Vorwand für Frauenhass zu nehmen, und Aufrufe zum Cybermobbing kritisiert. »Dann«, so erklärt LGoony uns in einem Gespräch zwei Jahre später, »kursierten Gifs, in denen angedeutet wurde, dass mir in den Kopf geschossen wird. Es gab Leute, die mir geschrieben haben, es komme jemand mit einem Messer zu meinem Konzert. Ich hab das nicht so ernst genommen, aber natürlich ist das eine ernste Sache. Wenn man natürlich als Frau liest, okay, wir werden dich vergewaltigen, das hat noch mal eine ganz andere Schlagkraft, finde ich. Es ist so ultra real.«

Früher rezipierte LGoony die Gesten des Gangster-Raps im Kapuzenpulli, wollte Teil davon sein, mit einem »eigenen Twist«, wie er sagt. Heute ist Ludwig Langer, so sein bürgerlicher Name, eher wie David Bowie. Im Video seines 2023 veröffentlichten Songs »Schreib mir nie wieder« schaut er traurig in die Kamera, trägt Perlenohrringe, einen rosafarbenen Pulli mit Herzchen und Glitzertränen unter dem Auge.

Die Erfahrung damals habe etwas mit ihm gemacht, sagt LGoony uns. Was er früher cool gefunden habe, empfinde er heute als »toxisch und exkludierend«. Er habe einen neuen Blickwinkel auf seine eigene Rolle als Künstler bekommen. Die allermeisten Drohungen gegen ihn seien homo- und queerfeindliche Beschimpfungen gewesen – heute sei es ihm wichtig, sich davon noch klarer zu distanzieren. »Weil ich mich auch selber dieser Sprache bedient habe in meiner Vergangenheit als Rapper«, so LGoonys Begründung.

Als im Sommer 2021 die Sache – auch gegen ihn selbst – hochkocht, habe ihn die Schaulust der Szene frustriert. Viele einflussreiche Musiker*innen hätten einfach nur zugeguckt und nichts gesagt. »Der Drohkulisse wurde nicht widersprochen.« Daran habe er gemerkt, dass die Hip-Hop-Szene generell kein Ort sei, an dem er sich wirklich wohlfühle. Dass die sexistischen Strukturen sich nicht mit seinen Werten vereinbaren ließen. Und er habe verstanden, dass »man mehr Aufklärungsarbeit leisten muss und öfter laut sein muss«. Sonst überlasse man den Aggressoren das Feld.

#deutschrapmetoo erreicht im Sommer 2021 durch Nika Irani und die Aktivistinnen eine breite Öffentlichkeit in Deutschland, weit über die Branche hinaus. Diskutiert wird über frauenverachtende und gewaltverherrlichende Texte und Gesten. Ist die Szene noch aggressiver geworden, gerade weil sie diverser wird, weil mehr Frauen und queere Menschen teilhaben und immer erfolgreicher werden und damit die bislang dominante Männlichkeit infrage stellen? Fühlen sich so viele Rapper von den Berichten bedroht, weil die Betroffenen nicht mehr schweigen? Es sind Fragen wie diese, die im Zuge der Vorwürfe debattiert werden.

Ungeachtet der offenkundig angestoßenen Diskussionen ziehen Larissa Schneider und Çiğdem Alper ihrerseits nach wenigen Wochen eine ganz andere Bilanz. »Wir bedauern, dabei zusehen zu müssen, wie dieser Kampf immer noch von Betroffenen allein geführt werden muss, wozu wir auch selbst zählen«, schreiben sie auf Instagram. Aus ihrer Sicht sei die Branche trotz des medialen Widerhalls zur Tagesordnung übergegangen, erklären sie uns gegenüber. »Dabei kann man sagen, dass diese Übergriffe nur passieren können, weil sehr, sehr viele Menschen weggucken, ganz bewusst weggucken, immer wieder.«

Einige Monate später, im Herbst 2021, legen die beiden Aktivistinnen erst mal eine Pause ein. #deutschrapmetoo ruht. »Wir haben nur noch funktioniert«, sagt Larissa Schneider. »Wir dachten, dass wir jetzt eine riesige Verantwortung haben, und konnten gar nicht abschätzen, wie stark uns das belastet.« In der Zeit, in der sie den Instagram-Account kaum bespielen, bekommen sie nur wenige Nachrichten.

Sie nutzen die Pause allerdings dafür, sich nach und nach mit weiteren Aktivist*innen und Künstler*innen zu vernetzen. Gemeinsam beginnen die verschiedenen Aktivist*innen, mit Labels und anderen Unternehmen zu arbeiten, halten Vorträge und geben Workshops zu Diversity- und Awareness-Themen. Zwei Jahre später, nach dem Bekanntwerden der Vorwürfe gegen Till Lindemann, wird #deutschrapmetoo zu #musicmetoogermany. Die Plattform sammelt jetzt Berichte für alle Genres und will außerdem rassistische Diskriminierung oder Transfeindlichkeit sichtbar machen. »Wir haben diesen Account, und wir sollten jetzt weiter als Sprachrohr und als Multiplikator fungieren«, sagt uns Alper. »Das sind wir der Sache schuldig.«

PART 13
Callout Culture

Die Nachricht, die für Frederika Ferková und die Wiener Technoszene alles verändern wird, kommt an einem Sonntagabend Ende Juli 2023 über Instagram. Ob Ferková bitte helfen könne, es gehe um die Vergewaltigung einer Dreiundzwanzigjährigen. Die junge Frau sei auf der Party eines wichtigen Technoveranstalters als Tänzerin aufgetreten. Zwei Tage danach habe der Veranstalter sie zu sich nach Hause eingeladen, um weitere Auftritte mit ihr zu besprechen. Dort sei er sexuell übergriffig geworden. Die Dreiundzwanzigjährige sei direkt danach ins Krankenhaus gegangen und habe für die Polizei alle Verletzungen dokumentieren lassen. Danach habe die Frau eine Anzeige erstattet, und der Veranstalter sei tatsächlich verurteilt worden, allerdings sei die Strafe zur Bewährung ausgesetzt. Der Veranstalter treibe sich nun also weiter in der Szene rum, als sei nichts gewesen. Die Frau fühle sich dadurch verhöhnt, habe es in der Nachricht geheißen.

In der Wiener Partyszene ist Frederika Ferková eine Institution. Seit Jahren schon veranstaltet sie sexpositive, feministische Partys, die ein sicherer Ort sein sollen für Frauen, für queere Frauen, für People of Colour. Sie hat dabei eine besondere Regel, die schon oft für Empörung gesorgt hat: Ferková und ihr Team glauben immer der Frau. Wenn eine Frau sich an Ferková wendet und das Verhalten eines Mannes als problematisch benennt, darf dieser nicht auf Ferkovás Partys kommen. Von den Frauen verlangt sie dafür keine Belege, sie glaubt ihnen einfach. Auf eine Party zu gehen, sagt Ferková, sei kein Menschenrecht.

Als Frederika Ferková Ende Juli 2023 die erwähnte Nachricht auf Instagram erhält, ist ihr sofort klar, dass sie der Frau helfen wird. Sie ist bereit, ein rechtliches Risiko auf sich zu nehmen, um von Gewalt betroffene Frauen zu schützen. Denn sie weiß selbst, wie schwierig es für Frauen ist, Erfahrungen mit sexualisierter Gewalt zur Sprache zu bringen. Als wir im Herbst 2023 mit ihr telefonieren, erklärt sie uns, sie sei im Alter von dreiundzwanzig Jahren nach einer Party von einem DJ vergewaltigt worden. Damals habe sie sich überhaupt nicht vorstellen können, den Täter anzuzeigen oder gar öffentlich darüber zu reden. Auch deshalb, weil sie die Schuld lange bei sich selbst gesucht habe. »Ich hatte den Eindruck, dass ich falsche Signale ausgesendet hatte: Ich war ja mit auf der Afterparty. Ich habe mich ins Bett gelegt.«

Frederika Ferková ist einunddreißig Jahre alt, hat früher als Journalistin für die österreichische Ausgabe des Magazins *Vice* gearbeitet und war danach in verschiedenen Funktionen in der österreichischen Politik tätig. Aufgewachsen ist sie in der Slowakei, als Tochter eines Jazzmusikers, umgeben von Künstlern und einer Familie, die, wie Ferková sagt, Missstände nicht akzeptiert, sondern bekämpft. Schon als Jugendliche liebt sie es, Partys auszurichten. Ihren eigenen Geburtstag feiert sie mal auf einem Boot, mal in einem Strip-Club. Als Studentin, erzählt Ferková, organisiert sie eine Party im angesagten Wiener Club »The Loft«, wirbt auf Facebook und in den Vorlesungen der Studierenden im ersten Semester. Die Veranstaltung ist ein voller Erfolg und ihr Einstieg ins Eventgeschäft. Noch während des Soziologiestudiums gründet sie schließlich »Hausgemacht«, einen Verein zur Veranstaltung von Technopartys.

Frederika Ferkovás kompromisslos feministische Haltung spricht sich bald herum. Vor allem auf Instagram meldet sie sich immer wieder lautstark zu Wort. Vermutlich bekommt sie auch deshalb im Sommer 2023 die Instagram-Nachricht mit dem Hinweis auf den Übergriff auf die dreiundzwanzigjährige Frau. Ferková kennt den Technoveranstalter, der in der Nachricht beschuldigt wird. Sie überlegt nicht lange und veröffentlicht gleich am nächsten Morgen eine wütende, emotionale Story auf Instagram. »Es gibt einen Harvey Weinstein im Wiener Techno. Wir werden in Absprache mit den Opfern was dazu machen.«

Auf ihre Storys antworten in den ersten Tagen rund hundert Frauen, erzählt uns Ferková am Telefon. In ihren Nachrichten hätten diese Namen von weiteren mutmaßlichen Tätern genannt, immer wieder dieselben, unabhängig voneinander. Noch am Abend schreibt Ferková erneut auf Instagram: »Gute Nacht an alle Barbies, die gemeldet haben und FUCKING BESTE NACHT AN DIE MÄNNER DIE HIER ZUSEHEN UND ZURECHT MIT PANIKATTACKEN EINSCHLAFEN. Xoxo, Gossip Weib.«

Ferková sortiert die vielen Erfahrungsberichte, geht ihre Liste durch und identifiziert Männer, zu denen sich jeweils mehrere Frauen unabhängig voneinander mit Vorwürfen gemeldet haben. Die Informationen gibt sie exklusiv an eine Journalistin der österreichischen Tageszeitung *Standard*. Diese spricht mit den Betroffenen, die die Erlebnisse an Eides statt versichern.

Ferková kennt die Wellen, die #deutschrapmetoo in Deutschland geschlagen hat. Im Sommer 2023 verfolgt sie die heftig geführten Diskussionen über Rammstein. Sie will erreichen, dass Medien wie der *Standard* auch die Männer aus der Technoszene benennen, zu denen sie die Vorwürfe sammelt. Doch Ferková lernt, dass es für Medien auch in Österreich aus rechtlichen Gründen kaum möglich ist, Namen von mutmaßlichen Tätern zu nennen, wenn diese nicht prominent sind. Lokale Booker und Clubbesitzer fallen definitiv nicht darunter. Diese juristische Einschränkung soll – nicht nur in Österreich – die Privatsphäre von Menschen schützen, die nicht in der Öffentlichkeit stehen. Die Aussicht, dass die Männer anonym bleiben, habe die Betroffenen belastet, behauptet Ferková uns gegenüber. Sie findet, die Anonymität habe zu wenig Aussagekraft und keine warnende Wirkung. Sie will ein echtes Signal.

Ferková berät sich mit einem befreundeten Wiener Anwalt, dem Strafrechtler Philipp Springer. Der macht ihr klar, dass sie sich rechtlich auf dünnes Eis begibt, wenn sie die Namen dieser Männer nennt. Theoretisch könnten die genannten Männer sie nicht nur auf Unterlassung, sondern auch auf Rufschädigung und Schadensersatz verklagen. Ferková wägt ab – und beschließt am Ende, das Risiko in Kauf zu nehmen.

Der *Standard* veröffentlicht nur gut drei Wochen später, am 18. August 2023, einen Artikel, in dem Ferková prominent zitiert wird und der auch ein Foto von ihr zeigt. »Ist die Technoszene für Übergriffe besonders anfällig? Die Grenzen zwischen Privat- und Berufsleben verschwimmen schnell«, heißt es darin. »Dass viele Übergriffe am DJ-Pult, hinter der Bar oder im Backstagebereich nicht gemeldet würden, habe auch mit den prekären Arbeitsverhältnissen in der Szene zu tun. Viele arbeiten als Selbstständige. Sie haben Angst, nicht mehr engagiert zu werden, wenn sie Übergriffe melden.« In dem Artikel werden, wie von Ferková befürchtet, keine Namen genannt, aber die wichtigsten Vorwürfe thematisiert. Es geht um mutmaßliche körperliche Übergriffe und sexuelle Belästigung. Um Partyveranstalter, die selbst dann nicht einschreiten würden, wenn sie über Übergriffe informiert würden. Und um Securitys, die angeblich nicht ausreichend durchgreifen. Auch der Österreichische Rundfunk *ORF* berichtet und später das renommierte Wiener Stadtmagazin *Falter*.

Auf der Instagram-Seite von Ferkovás Technokollektiv »Hausgemacht« erscheint zeitgleich zur Presseberichterstattung ein Beitrag. Dort heißt es: »Mit sofortiger Wirkung beenden wir jegliche und potentiell zukünftige Zusammenarbeit mit« – und dann folgen die Namen von fünf Männern inklusive ihrer jeweiligen Funktion. »Weiters beenden wir auch jegliche und potentiell zukünftige Zusammenarbeit mit allen Kooperationspartner*innen & Projekten, die mit einem der fünf Männer in Verbindung gebracht werden. Bei Rücktritten reevaluieren wir die Zusammenarbeit. Danke.« Darüber hinaus gibt es keine weitere Erklärung. Der Beitrag sammelt schnell fast 4000 Likes. Viele aus der Szene verstehen sofort, dass die Namen im Zusammenhang mit dem Artikel im *Standard* stehen. Auf der Hausgemacht-Seite tauchen die Namen zwar ohne Kontext auf, aber über den fünf Männern schwebt nun ein allgemeiner Verdacht, ohne konkrete Vorwürfe, zu denen sie Stellung nehmen könnten. Schnell etabliert sich der Hashtag #TechnoMeToo. Unter diesem Schlagwort entsteht in Österreich eine wochenlange Debatte über die Vorwürfe.

Ferková erklärt uns: »Ich habe mich kurzerhand entschlossen, dass die Betroffenen nicht umsonst ihr Trauma aufgerissen haben sollten, und mich entschieden, dass unser Verein kommunizieren wird, mit wem er nicht mehr arbeiten mag, ohne den Artikel zu erwähnen.« Ferková sieht es, wie sie uns sagt, als ihre Verantwortung, »Bedingungen zu schaffen, dass so etwas fast gar nicht mehr passiert«. Sie nennt nicht nur Namen, mit dem Instagram-Beitrag setzt sie auch all diejenigen unter Druck, die bisher mit den genannten Männern arbeiten. Diese wiederum wehren sich: Fünf Tage nach der Veröffentlichung kündigen drei der Männer in einem Schreiben eine Klage an. Sie verlangen von Ferková, die Vorwürfe nicht weiter zu verbreiten und auf der Hausgemacht-Seite eine Entschuldigung zu veröffentlichen. Doch statt den Beitrag runterzunehmen, veröffentlichen Hausgemacht und Ferková wenig später ein knappes Statement von Ferkovás Anwalt, in dem er die Forderungen ablehnt. Sollten die genannten Männer sie wirklich verklagen, so Ferkovás Hoffnung, würden Medien über die Klagen berichten und damit die Vorwürfe gegen die Männer weiterverbreiten.

Ferková und ihr Anwalt Philipp Springer wollen mit ihrer Arbeit den Raum für Diskussionen über sexuelle Übergriffe weit – sehr weit – öffnen. Was Ferková gemacht habe, sei »absolut in Ordnung« und »im Bereich der Meinungsfreiheit und ja auch gewollt in unserer liberalen Gesellschaft«, sagt uns Ferkovás Anwalt Springer im Herbst 2023 in einem Videocall.

Frederika Ferková stellt sich klar auf die Seite der mutmaßlich betroffenen Frauen – und sie ist ein gutes halbes Jahr später immer noch davon überzeugt, das Richtige getan zu haben. Es brauche Menschen, die ihr Gesicht hinhalten und alles organisieren, das sei sonst für viele Betroffene zu viel. Ferková fordert aber auch, dass nun die Politik übernimmt. Nötig sei eine offizielle Meldestelle bei der Stadt Wien, die Frauen unterstützt, vernetzt und auch finanzielle Mittel zur Verfügung stellt. Sie sieht in diesem Zusammenhang die Vienna

Club Commission in der Pflicht, eine Einrichtung der Stadt Wien, die Partyveranstalter*innen unterstützt und vernetzt. Tatsächlich scheint die Stadt Wien reagiert zu haben. Als wir Martina Brunner, die Geschäftsführerin der Vienna Club Commission, Anfang 2024 anfragen, bestätigt sie erste Gespräche über eine offizielle Meldestelle. Es sei jedoch noch nicht klar, wann diese starten könne. Brunner lobt sogar Ferkovás Mut, sich öffentlich für Veränderungen einzusetzen. Ihre #TechnoMeToo-Bewegung sei ein »bedeutendes Beispiel dafür, wie die Clubszene auf interne Probleme aufmerksam machen kann«. Das Benennen mutmaßlicher Täter auf Social Media sei jedoch »ein zweischneidiges Schwert«, so Brunner. »Einerseits ist es wichtig, dass Betroffene von Missbrauch und Ungerechtigkeit eine Stimme erhalten und dass solche Themen nicht unter den Teppich gekehrt werden. Andererseits müssen wir darauf achten, dass der Prozess der Aufklärung fair, respektvoll bleibt und dass die Rechte aller Akteur*innen gewahrt werden.«

Ob das in diesem Fall geglückt ist? Fragt man die beschuldigten Männer, ist die Antwort eindeutig. Zwar hat keiner der fünf von Ferková genannten Männer gegen die Veröffentlichung ihrer Namen geklagt. Aber sie alle haben sich inzwischen weitestgehend aus der Öffentlichkeit zurückgezogen. Wir bitten sie jeweils um ein Gespräch, doch nur einer der Männer telefoniert Anfang Januar 2024 mit uns – unter der Bedingung, dass wir seinen Namen nicht erwähnen. Er ist ein Clubbetreiber aus Wien. In dem *Standard*-Artikel wird ihm unter anderem vorgeworfen, dass er seine Teammitglieder – Männern wie Frauen – »an den Po gefasst habe, sie betatscht oder anzüglich angesprochen habe«. Ein Security-Mitarbeiter wird mit den Worten zitiert, der Clubbesitzer habe »durch sein aggressives, sexistisches und übergriffiges Verhalten immer wieder für mehr Ärger gesorgt als die Gäste des Abends«. Der Clubbesitzer ist in dem Artikel anonym zitiert: Er weist sexuelle Übergriffe zurück, es werde viel Blödsinn geredet, das Ganze gleiche einer Hexenjagd.

In dem Telefonat mit uns ein halbes Jahr später erklärt der Mann: »Das ist Rufmord. Selbstjustiz, basierend auf Behauptungen und Gerüchten.« Er habe darüber nachgedacht, juristisch gegen Ferková vorzugehen, aber das habe er sich finanziell nicht leisten können. In den vergangenen Monaten habe er online viele Hassnachrichten bekommen. »Diese Angriffe auf mich, die haben mich und meine Familie seelisch sehr mitgenommen.« Er suche sich nun einen Therapieplatz, für sich selbst, seine Frau und auch für seine Tochter. Viele seiner Bekannten und Geschäftspartner würden ihm seit der Veröffentlichung bei Treffen den Rücken zudrehen und gehen. Mit einigen habe er gar keine Gespräche mehr führen können, sie hätten ihn abgestempelt, seine Version nicht hören wollen. Die Veröffentlichung seines Namens in den sozialen Medien mit klarem Bezug zu den Vorwürfen im *Standard*, dieser sogenannte Callout, der habe sein Leben ruiniert. »Mein Name ist verbrannt.« Den Club, den er fast zwei Jahrzehnte lang aufgebaut habe, wolle er deshalb jetzt in andere Hände geben.

Wenn Künstler und Bands öffentlich mit Vorwürfen sexualisierter Gewalt konfrontiert werden, ist die Reaktion darauf sehr unterschiedlich. Viele haben entsprechende Vorwürfe in der Vergangenheit grundsätzlich abgestritten oder sie ignoriert, wohl in der Hoffnung, dass der Sturm – etwa in den sozialen Medien – an ihnen vorüberzieht. Andere lösen sich auf, so wie die amerikanische Punkband Anti-Flag. Am 19. Juli 2023 war deren Sänger Justin Sane in einem Podcast beschuldigt worden, eine Frau vergewaltigt zu haben. Noch am selben Tag verließen die drei anderen Musiker die Band und löschten deren Webseite sowie Social-Media-Kanäle. Und wieder andere gehen in die Vorwärtsverteidigung, so wie zuletzt Kool Savas, der Ende 2023 dem *Spiegel* jenes Interview gegeben hat, in dem er sehr deutlich macht, dass er sein Verhalten bereut. Dazu sah er sich wohl gezwungen, nachdem sich mehrere Frauen bei den Journalist*innen und bei seiner Plattenfirma Sony über ihn beschwert hatten.

Runa Hoffmann, der wir bereits in einem früheren Kapitel begegnet sind, befasst sich seit Jahren mit der Frage, wie mit Vorwürfen gegen Künstler und Bands möglichst sinnvoll umgegangen werden kann. Hoffmann entwickelt mit ihrer Agentur Awareness-Konzepte und berät die Branche in ihrer Arbeit gegen Diskriminierung. Immer wieder begegnen ihr dabei Forderungen nach einem kompletten gesellschaftlichen Ausschluss von mutmaßlich übergriffigen Menschen – so wie ihn auch Ferkovás Bewegung #TechnoMeToo anstrebt. Doch von dieser »Cancel Culture« hält Hoffmann gar nichts. Solche absoluten Forderungen würden »überhaupt nicht funktionieren, weil die Person ja nicht aufhört zu existieren«, erklärt sie uns. Das Internet sei deshalb im #MeToo-Kontext ein sehr machtvolles, aber auch ein sehr, sehr gefährliches Werkzeug.

Hoffmann glaubt, dass es bei solchen Vorwürfen dagegen oft eine große Chance sei, den Dialog aufzunehmen. Sie arbeitet daher seit einigen Jahren ganz bewusst auch mit Menschen, die übergriffig geworden sind, sich aber ernsthaft ändern möchten. Manchmal, so erlebt sie es, würden diese Menschen zunächst selbst nicht verstehen, was sie falsch gemacht hätten. »Die sagen: Ich habe anscheinend der Person wehgetan, ich weiß nicht genau, warum, aber ich möchte es verstehen, damit es nicht wieder passiert.« Diese Arbeit sei nur möglich, wenn es einen Raum für solche Gespräche gebe. Ein Internet-Pranger sei da eher kontraproduktiv. Und gerade Männer hätten zu wenige Räume, an denen sie offen über ihre blinden Flecken reden könnten. Hoffmann ist dabei wichtig, dass die Künstler wirklich in die Aufarbeitung gehen und Veränderung wollen. »Wir sind nicht dafür da, Menschen reinzuwaschen.« Deshalb dürfen die meisten ihrer Kunden nicht einmal öffentlich darüber sprechen, dass sie überhaupt mit ihr arbeiten. Auch sie äußert sich nur in Ausnahmefällen dazu.

Noch seltener erfährt die Öffentlichkeit, welche konkreten Überlegungen hinter den Kulissen angestellt werden, wenn Künstler*innen oder Bands sich mit Anschuldigungen konfrontiert sehen. Bei der Band 100 Kilo Herz ist das anders. Sie sprechen darüber, auch mit uns. Und sogar derjenige, dem die Vorwürfe gemacht werden, entschließt sich letztlich, uns erstmals seine Sicht der Dinge zu schildern.

100 Kilo Herz

2015 gründen sieben Freunde – alle Anfang zwanzig, alle vor Kurzem vom Dorf in die Stadt gezogen – in Leipzig die Band 100 Kilo Herz. Sie spielen Punk mit Saxophon und Trompete und nennen das selbst »Brass Punk«. 100 Kilo Herz ist links und dezidiert antifaschistisch, die Männer beschäftigen sich in ihren Texten mit politischen Fragen und singen über Alkoholismus oder das Leben junger Menschen in ostdeutschen Dörfern, aber auch über Sexismus. Immer wieder werden sie vor allem in ihren Anfangsjahren mit der linken Punkband Feine Sahne Fischfilet verglichen.

Es dauert fünf Jahre, dann feiert 100 Kilo Herz mit ihrem zweiten Album den Durchbruch. *Stadt Land Flucht* landet im Herbst 2020, mitten im ersten Corona-Jahr, auf Platz 19 der deutschen Album-Charts. Der weitere Aufstieg der Band wird anschließend aber nicht nur durch die Pandemie gebremst, sondern auch durch Vorwürfe gegen einen ihrer Gitarristen. Er soll Frauen übergriffige Nachrichten geschrieben und damit auch nicht aufgehört haben, nachdem diese ablehnend reagiert hätten. Mindestens eine Frau habe sich dadurch sexuell belästigt gefühlt. Der Gitarrist bestreitet diese Vorwürfe. Die Fans und die Öffentlichkeit erfahren von alldem zunächst nichts. Erst viel später werden 100 Kilo Herz in Interviews offen darüber berichten, wie sie mit der Situation umgegangen sind.

»Aus heutiger Sicht hätten wir direkt auf die Betroffenen zugehen und mit ihnen sprechen sollen«, sagt Thomas Fleck, der Trompeter der Band, in einem Telefonat mit uns. »Und wenn ihr Bedürfnis ist, das öffentlich zu machen, dann wäre das die richtige Entscheidung gewesen. Den Frauen hätte es auf jeden Fall geholfen.« Doch damals, als die Vorwürfe gegen die Band erstmals auftauchen, entscheidet sich 100 Kilo Herz anders. Das wirkt bis heute nach.

Es ist das Frühjahr 2021, als mehrere Mitglieder der Band Chatverläufe einer Frau mit einem der damaligen Gitarristen geschickt bekommen. Sie seien, so stellt es die Band heute dar, schnell einhellig der Meinung gewesen: Das grenzt an sexuelle Belästigung. Sie hätten zunächst nicht gewusst, wie sie damit umgehen sollen. Bei der nächsten Probe hätten sie ihren Gitarristen deshalb zur Rede gestellt. Doch statt die Vorwürfe zu diskutieren, habe dieser nach Aussage von Trompeter Fleck seine Kollegen beschimpft und fluchtartig den Proberaum verlassen. Seit diesem Tag, so Fleck, habe er den Gitarristen kein einziges Mal mehr gesehen.

Schon an dieser Stelle gehen die Erzählungen auseinander. Der Gitarrist, der Anfang 2024 ebenfalls mit uns per Videocall spricht, erzählt von einem schon länger andauernden Streit um die Ausrichtung und darüber, wer wie viel Anteil am Erfolg der Band hat. Die erwähnten Nachrichten habe es zwar gegeben, aber sie seien harmlos gewesen. »Ich habe mit dieser Frau hin und her geschrieben, aber da war nichts dabei. Wir hatten einfach nur stinknormalen Kontakt.« Auch habe er nicht fluchtartig den Proberaum verlassen, sondern er und die Band seien an diesem Abend ganz normal auseinandergegangen. Erst einige Tage später habe die Band ihn über seinen Rauswurf informiert. Der Gitarrist sagt, er habe die Band daraufhin auf seinen Anteil an den Tantiemen verklagt. Auch zwei Jahre später ist dieser Rechtsstreit noch nicht beendet. Wir nennen den Gitarristen hier nicht beim Namen, weil er in der breiteren Öffentlichkeit nicht bekannt ist.

100 Kilo Herz jedenfalls sucht sich einen neuen Gitarristen. Den Wechsel in der Besetzung müssen sie öffentlich erklären, aber, sagt Fleck heute, »das haben wir dann richtig dumm gemacht«. Die Band schreibt nur, dass man sich mit dem Ex-Gitarristen über den weiteren Weg uneinig sei. Die Vorwürfe machen die verbliebenen Mitglieder nicht öffentlich. Sie haben in dem Moment laut Fleck Angst davor, öffentlich Richter zu spielen, und glauben – oder besser: hoffen –, dass sich die Sache mit dem Rauswurf des Gitarristen erledigt hat. Einige Monate später erhält 100 Kilo Herz Fleck zufolge dann eine lange E-Mail von einer weiteren mutmaßlich betroffenen Frau. Diese beschreibt ihre Vorwürfe detailliert und beschwert sich auch darüber, dass die Band bei der Trennung von ihrem Gitarristen den Grund dafür verschwiegen habe.

Zu diesem Zeitpunkt, so Fleck heute, hätte die Band sich äußern müssen. Sie hätten aber befürchtet, von ihrem ehemaligen Gitarristen verklagt zu werden, sollten sie die Vorwürfe selbst publik machen. Auch ihr Anwalt habe zur Zurückhaltung geraten. »Wir haben dieser zweiten Frau dann relativ uncharmant geantwortet und ihr geschrieben, dass wir nichts öffentlich machen werden«, erklärt Fleck. »Und dann haben wir leider noch einen unschön formulierten Satz geschrieben, dass wir ihr ebenfalls abraten, an die Öffentlichkeit zu gehen, weil wir wissen, dass der Gitarrist relativ klagefreudig ist.«

Die Frau – die auf unsere Anfrage nicht reagiert – fasst das offenbar als Drohung auf. Wieder einige Monate später, Ende Juli 2022, wird die Band dann von ihrem öffentlichen Schweigen eingeholt. Die Frau registriert nun nämlich einen Instagram-Account und geht unter dem Namen »punkrock_mit_belaestigung« online. Dort veröffentlicht sie anonym einen langen Text über die Erfahrungen mit dem Ex-Gitarristen der Band. Es sind die gleichen Vorwürfe, die sie der Band zufolge zuvor per E-Mail erhoben hat – nur dass sie jetzt der Band zusätzlich Vorwürfe macht: Sie würden den Täter schützen, schreibt sie, denn sie hätten verschwiegen, warum der Gitarrist gehen musste.

»Von 2018 bis 2020 war ich betroffen von starker sexueller Belästigung, Sexualisierung, Ausnutzung sowie psychischer Manipulation in enger Verstrickung mit zahlreichen Lügen durch den ehemaligen Gitarristen C. der Band 100 Kilo Herz«, schreibt die Frau in ihrem Callout. »Der restlichen Band werfe ich Nichthandeln trotz detaillierter Beweislage sowie ein fehlendes Statement vor.« Sie sei jahrelang mit dem Sänger der Band in Kontakt gewesen und habe ihn über die Belästigung durch den Gitarristen informiert. »Lange habe ich dafür gekämpft, dass die Band ihre Fehler einsieht. Sie hatten ihre Chance, sich zu verändern. Ich schreibe diesen Text nicht aus dem Motiv der Rache. Ich möchte auf die Geschehnisse aufmerksam machen, mich mit weiteren Betroffenen solidarisieren und vor allem nicht weiter schweigen.« Ob andere Fans 100 Kilo Herz weiterhin unterstützen und auf die Konzerte der Band gehen könnten, das müssten die Fans mit sich selbst ausmachen. Der Beitrag wird von fast 2000 Nutzer*innen gelikt.

Die Band erfährt von dem Beitrag Ende Juli 2022 – eine knappe Stunde bevor sie für ein Konzert auf die Bühne muss. »Da ist uns natürlich das Herz in die Hose gerutscht, und wir standen danach wie Falschgeld auf der Bühne«, erinnert sich Thomas Fleck. Am nächsten Tag veröffentlicht 100 Kilo Herz ein Statement auf Instagram. Sie verweisen auf den Beitrag der betroffenen Frau und bitten darum, sich solidarisch mit ihr zu zeigen. »Wir können nur um Entschuldigung bitten, dass wir nicht gehandelt haben«, schreiben sie. »Wir als Band haben uns viel zu spät damit auseinandergesetzt, welche Macht wir einerseits als Männer in dieser Gesellschaft und andererseits als Menschen, die auf Bühnen stehen, haben.« Fleck sagt heute, er und seine Kollegen hätten »mehrere Schüsse vor den Bug bekommen und nicht reagiert«, da könne er nachvollziehen, dass sich eine Betroffene irgendwann an die Öffentlichkeit wendet. »Was soll sie denn noch machen, wenn keiner zuhört?«

Es gibt noch jemand anderes, der sagt, ihm sei nie zugehört worden: der ehemalige Gitarrist von 100 Kilo Herz, dem die Vorwürfe gelten. Im Videocall erzählt er uns, wir seien in den zwei Jahren die Allerersten, die überhaupt nach seiner Version der Geschichte gefragt hätten. Man merkt ihm die Nervosität an, immer wieder fährt er sich durch die Haare, häufig wiederholt er sich. Ihm sei es wichtig, seine Version der Geschichte zu erzählen – gleichzeitig habe er Angst, dass dadurch alles wieder von vorne losgeht, er neue Hassnachrichten erhält, Leute ihn wieder bedrohen.

Der Gitarrist sagt uns, dass er die Frau hinter dem Instagram-Account »punkrock_mit_belaestigung« tatsächlich kenne. Über mehrere Jahre sei er mit ihr befreundet gewesen, sie hätten sich immer wieder geschrieben und regelmäßig getroffen. Irgendwann hätten sie dann einmal einvernehmlich miteinander geschlafen. An den Anschuldigungen sei jedoch nichts dran. Er habe niemanden belästigt und sei nicht übergriffig geworden. »Ich habe auch nach Konzerten niemals irgendwelche Mädchen angeschrieben. Ich habe nie jemanden aktiv angeschrieben. Und ich habe auch nie nach Konzerten irgendwelche Mädchen mit aufs Hotel genommen.«

Immer wieder habe er nach den Anschuldigungen überlegt, sich öffentlich zu äußern. Doch immer wieder habe ihm sein Anwalt davon abgeraten. »Wenn ich mich dazu äußere und die Hintergründe erkläre, schießt sowieso wieder irgendjemand dagegen. Das wird eine Never-Ending-Story. Und deshalb habe ich mich zurückgezogen.« Seit den Anschuldigungen, sagt der Gitarrist, sei sein Leben nicht mehr wie vorher. Lange habe er von einer Karriere als professioneller Musiker geträumt und viel investiert. Heute traue er sich auf keine Konzerte mehr, in keine Kneipe, selbst im Supermarkt habe er Angst, erkannt zu werden. An einem der wenigen Abende, an denen er doch mal in Leipzig auf ein Konzert gegangen sei, habe ihn jemand auf der Toilette erkannt und daraufhin beschimpft, angespuckt und ihm Prügel angedroht. »Das Ganze macht mich total fertig. Ich kann nachts nicht mehr schlafen. Und ich bin auch der Meinung: Hätte dieser Post den Falschen getroffen, der hätte sich vermutlich das Leben genommen.«

Der Gitarrist sagt, er habe die Frau hinter dem Account »punkrock_mit_belaestigung« später wegen Verleumdung bei der Polizei angezeigt. Bei Instagram habe er um eine Löschung des Beitrags gebeten, doch dem sei der Mutterkonzern Meta nicht nachgekommen. Er glaubt nicht, dass er die Anschuldigungen jemals wieder loswird. Für eine Unterlassungsklage habe er nicht genügend Geld gehabt. Deshalb stehe er das Ganze jetzt alleine durch.

100 Kilo Herz hingegen sucht sich Unterstützung, jemanden, der ihnen »aus der Scheiße hilft«, wie Fleck es später im Gespräch mit uns formuliert. Ihnen wird die Kreuzberger Agentur »same but different« von Runa Hoffmann empfohlen. Das Erste, was Hoffmann den Musikern vorschlägt, ist eine ehrliche, persönliche Entschuldigung an die betroffenen Frauen. In den Wochen und Monaten danach diskutiert die Band mit Hoffmann, aber auch untereinander viel über Macht und Machtmissbrauch, über Situationen, in denen Machtgefälle auftreten und ausgenutzt werden können. Ihnen ist bald klar,

dass es nicht darum gehen kann, sich in den sozialen Medien reinzuwaschen. »Weil wir dann festgestellt haben, dass wir Mist gebaut haben«, sagt Fleck. »Und dass wir nicht einfach eine PR-Kampagne zünden können, und dann ist alles wieder gut, sondern dass wir an uns selbst arbeiten müssen.« Die Band entwickelt konkrete Regeln für ihre Arbeit. »Ab jetzt keine privaten Freundschaftsanfragen mehr schicken«, lautet etwa eine davon. »Keine Verlegung von Band-Kommunikation ins Private« eine andere. Und natürlich: Keine Fans mehr ins Backstage.

Neben der Arbeit mit Hoffmann holen sich die Musiker mit Johanna Bauhus später noch eine zweite Frau zur Unterstützung in diesem Prozess. Bauhus ist eigentlich Bassistin der Indie-Punkrockband Wenn einer lügt dann wir. Gleichzeitig ist sie Chefin eines eigenen Labels: 2016 gründet sie »Ladies & Ladys«, das ihrer Aussage nach erste »offiziell sexistische Musiklabel der Welt«. Nebenher kümmert sie sich mit ihrer Agentur »Safe the Dance« um Awareness-Konzepte auf Konzerten und Festivals, hat zuletzt etwa mit dem Deichbrand-Festival gearbeitet. Und sie berät – wie auch Runa Hoffmann – Künstler und Bands, die beschuldigt werden, übergriffig geworden zu sein.

Von sexualisierten Übergriffen betroffene Frauen, so erzählt es uns Bauhus in einem Telefonat im Februar 2024, fühlten sich oft ohnmächtig. Das öffentliche Sprechen über ihre Erlebnisse – zum Beispiel durch Callouts in den sozialen Medien – sei für die Betroffenen dagegen eine Selbstermächtigung. Jahrzehntelang sei Frauen eingeredet worden, sie sollten mit öffentlichen Äußerungen lieber vorsichtig sein. »Aber das führt dazu, dass die Betroffenen stumm bleiben.« Manchmal, so Bauhus, sei ein Callout die einzige Möglichkeit, Aufmerksamkeit für die Anliegen und Erfahrungen der Frauen zu provozieren – und damit andere Frauen zu warnen.

Auf der anderen Seite, sagt Bauhus, seien die Band oder der Künstler nach solchen Callouts »immer direkt verbrannt«. Auf Social Media fehle die Differenzierung. »Es bilden sich schnell zwei Lager, auch weil es so einfach ist, sich anonym zu äußern und auch krass zu äußern.« Oft werde dazu aufgerufen, die beschuldigten Künstler*innen zu boykottieren. Mit dieser extremen Cancel Culture à la Ferková, mit diesem Absolutismus hat Bauhus genau wie Runa Hoffmann ein Problem.

Johanna Bauhus wünscht sich mehr Räume, an denen betroffene Menschen über ihre Erfahrungen sprechen können, ohne gleich an die Öffentlichkeit gehen zu müssen. Ihrer Erfahrung nach bräuchte es eine interne Möglichkeit, um Probleme anonym anzuzeigen, und dann festgelegte Prozesse, etwa eine garantierte Rückmeldung innerhalb von 24 Stunden. Mit einer solchen Kontaktmöglichkeit müssten Vorwürfe nicht offen in den sozialen Netzwerken diskutiert werden.

Für 100 Kilo Herz stehen in den Wochen nach dem Callout, im Spätsommer 2022, die größten Konzerte an, die sie bis dahin gegeben haben. Von einem Konzert und einem Festival werden sie nach den Vorwürfen ausgeladen, andere Auftritte finden trotzdem statt. Die Band beschließt, sich öffentlich zu erklären. »Wir können nicht das erste Konzert nach dem Callout spielen und so tun, als sei nichts gewesen«, hätten sie sich damals gedacht, erklärt uns Thomas Fleck am Telefon. Die Band stellt sich deshalb noch vor dem Beginn der Show auf die Bühne, spricht die Vorwürfe an und entschuldigt sich bei ihren Fans. Als ein Fan dazwischenruft und die Band auffordert, endlich loszuspielen, habe ein Bandmitglied zurückgeschrien: »Du hältst die Schnauze und hörst jetzt mal ganz besonders gut zu.«

Ein paar Monate danach beginnen Einzelne aus der Band auch in Medien über ihre Arbeit an sich selbst zu sprechen und geben Interviews. Bis heute macht 100 Kilo Herz bei jedem ihrer Auftritte eine Ansage, dass bitte alle auch im Publikum darauf achten sollten, keine Grenzen zu überschreiten, damit alle gemeinsam einen guten Abend haben. Anschließend spielen sie immer das Lied »Drei Jahre ausgebrannt«. Darin heißt es: »Eure ironischen Witze sind gerade voll im Trend. / Und der Griff an die Hüfte war doch nur ein Kompliment.«

PART 14
Krass verliebt

»Hallo Till! Es ist über elf Jahre her, und jetzt endlich kann ich die Geschehnisse von damals klarer sehen. Ich war gerade vor zwei Wochen siebzehn Jahre alt geworden, als ich Dich im Dezember 2002 kennenlernte. Ich war unglaublich in Dich verliebt. Ich war nicht bloß verknallt, sondern ich habe mich in meiner ganzen Seele hingegeben. Geliebt, wie es nur eine Siebzehnjährige kann. Vorbehaltlos idealisierend, pur und ohne Hintertür. Ich bin mit Dir und Flake mitgegangen. (…) Für ein Mädchen, das gerade seine ersten sexuellen Erfahrungen macht, ist Sex viel prägender als für einen vierzigjährigen Mann. Ich war labil und wollte gehalten werden und beschützt. Du hast Dich danach nicht mehr bei mir gemeldet, und ich stand mit meinem ganzen Herz voller Sehnsucht da und wusste nicht wohin mit meinem Schmerz. Ich will, dass Du weißt, wie sehr mich diese Erfahrungen geprägt haben, so dass ich viele Jahre später immer noch Angst habe, mich zu öffnen. (…) Ich weiß nicht, ob ich Dich mit diesem Brief irgendwie emotional erreiche. Aber mir ist es wichtig zu sagen, dass ich finde, dass Du Dich echt verantwortungslos, respektlos und Deine Macht missbrauchend verhalten hast.«

Als Jasmin Stevens diese Worte vorliest, sitzt sie in ihrem Garten, zwischen Kakteen und Orangenbäumen. Das flache Haus in einem Land in Südeuropa liegt ein wenig abgelegen, mit weiß getünchten Wänden und niedrigen, blauen Türen aus Holz. Stevens' Mann ist unterwegs, ihr Kind in der Schule. Gerade hat Jasmin Stevens unserem Rechercheteam, in diesem Fall Daniel, Laura Hertreiter und Sebastian Pittelkow, ihre Geschichte erzählt. Fast zwei Stunden lang. Dann hat sie ein kleines, stark gebrauchtes Notizbuch hervorgeholt.

Neben anderen Erinnerungen findet sich in diesem kleinen Buch der eben zitierte Entwurf eines Briefes an Till Lindemann. Stevens hat ihn rund zehn Jahre zuvor verfasst, einiges ist durchgestrichen und neu geschrieben. Sie wollte ihre Worte mit Bedacht wählen, präzise beschreiben, was die Begegnung mit Till Lindemann im Dezember 2002 ausgelöst hat. Wie sehr der Abend, den sie damals mit ihm und dem Rammstein-Keyboarder Flake in dessen Haus verbracht hat, ihr junges Leben beeinflusst hat.

Später hat sie den Brief noch einmal sauber abgeschrieben und dann über gemeinsame Bekannte an Lindemann geben lassen. Eine Antwort hat sie nie erhalten. Aber das Notizbuch hat sie aufbewahrt, all die Jahre.

Inzwischen ist sie Ende dreißig, hat das seinerzeit Erlebte in einer Therapie verarbeitet – aber wirklich hinter sich gelassen, sagt sie, habe sie es bis heute nicht. Fast zwanzig Jahre hat Jasmin Stevens geglaubt, mit ihrer Erfahrung allein zu sein. Bis sie im Juni 2023 von Shelby Lynn erfährt. Daraufhin beschließt sie, sich bei der *Süddeutschen Zeitung* zu melden.

Stevens möchte nicht mit ihrem echten Namen in die Öffentlichkeit, weil sie sich die Abgeschiedenheit erhalten will, die sie hier in ihrem Garten mit ihrer Familie hat. Deshalb ändern wir einige Details aus ihrem Leben, auch das Land in Südeuropa, in das sie vor einigen Jahren ausgewandert ist. Gleichzeitig möchte Stevens nicht, dass wir sie komplett anonymisieren. Vor der Kamera des *NDR*-Kollegen macht sie sich deshalb nur mit einer Basecap, einer Sonnenbrille und einem Tuch ein wenig unkenntlich. Sie will sich schützen, aber nicht verstecken.

Jasmin Stevens ist Teenager, als sie Anfang der 2000er-Jahre Rammstein-Fan wird. Die Band ist da schon einer der größten deutschen Acts. Die sechs Ostdeutschen touren durch Amerika, treten unter anderem mit der Metal-Band Slipknot auf. Ihr drittes Studioalbum erscheint. *Mutter* hält sich wochenlang auf Platz eins der deutschen Charts.

Stevens gefällt damals »die Lebenskraft«, die in der Musik von Rammstein steckt. »Dann hat es sich für mich ziemlich schnell auf Till konzentriert, dass ich ihn vor allem toll fand und ich mich da auch mit einer Freundin gemeinsam reingesteigert habe«, sagt sie. »Ich wollte ihn unbedingt kennenlernen.« Irgendwann habe ihre Freundin angerufen und ihr gesagt, dass Lindemann eine Signierstunde zu seinem Gedichtband *Messer* gebe. In einem Berliner Plattenladen stellt sie sich in die Schlange. »Ich war krass aufgeregt und glücklich. Richtig glücklich«, erinnert sich Stevens, die damals gerade siebzehn Jahre alt geworden war.

Als Lindemann ihre *Messer*-Ausgabe signiert, habe sie ihm gesagt, in welche Bar sie später mit Bekannten weiterziehen werde. Tatsächlich sei Lindemann dann gemeinsam mit Christian »Flake« Lorenz in der Bar aufgetaucht. Irgendwann hätten die Musiker sie gefragt, ob sie nicht mitkommen wolle in das Haus von Lorenz in Brandenburg. Aber bitte, sie solle ihren Bekannten nichts erzählen und erst mit etwas Abstand die Bar verlassen.

»Ich hab gedacht, wie cool, ich lerne ihn kennen«, sagt Stevens. Natürlich habe ihre Mutter ihr damals eingeschärft, nicht mit fremden Männern ins Auto zu steigen. »Aber ich habe halt nicht gedacht, dass die Fremde sind. Ich habe einfach überhaupt nicht damit gerechnet, dass die mir irgendwie schaden könnten.«

Die beiden Stars hätten sie auf der Rückbank eines weißen Oldtimers mitgenommen, erzählt Stevens weiter, und ihr etwas auf einer CD-Hülle angeboten, das sie für Koks gehalten habe. »Nee danke«, habe sie gesagt. Sie fühlte sich frei, erwachsen – und sicher. »Till hatte mich recht früh gefragt, wie alt ich sei, ich sagte 22. Das war eine Lüge, weil ich mir dachte, eine gerade mal seit zwei Wochen Siebzehnjährige nehmen sie doch nicht ernst.« Erst nach der Ankunft im Haus habe sie ihr wahres Alter genannt. Lorenz habe genervt reagiert, Lindemann gleichgültig. In dem Haus mit Seeblick habe es Bier und Wodka gegeben. »Wir haben Musik gehört, gequatscht und viel getrunken.« Irgendwann habe sie sich seltsam gefühlt, sagt sie. Ihr Mund sei trocken gewesen. Lorenz habe ihr von seiner Oldtimersammlung erzählt, was sie gelangweilt habe, »ich wollte jede kostbare Sekunde mit Till sprechen«. Der aber sei irgendwann offenbar im Untergeschoss schlafen gegangen.

»Danach saß ich dann auf der Couch und dachte: Wow, die Wände kommen auf mich zu«, sagt sie. »Flake hat mir das Zimmer gezeigt, wo ich schlafen sollte, die Treppe rauf. Ich bin da auf allen vieren raufgekrabbelt und habe gesagt, dass ich mich übergeben müsse.« Er habe ihr das Bad gezeigt und gemeint, es sei auch nicht schlimm, wenn das im Bett passiere. Sie habe sich dann hingelegt. Als sie gemerkt habe, dass er sich danebengelegt habe, habe sie sich weggedreht.

Jasmin Stevens braucht eine kurze Pause, bevor sie weitersprechen kann. Dann erzählt sie, wie Flake sie wieder herumgedreht habe – und sie Sex gehabt hätten. »Ich lag auf dem Rücken und habe nichts gemacht. Ich habe es geschehen lassen. Ich war wie off, abgetrennt von mir selbst.« Sie erinnere sich, dass sie sich geekelt und sich gefragt habe: »Warum passiert das denn jetzt?«

Auf die Frage hat sie bis heute keine Antwort erhalten. Und es gibt noch eine Frage, die sie seit jenem Abend beschäftigt: Warum sie nicht Nein gesagt hat. »Ich fand lange, dass ich selbst schuld sei«, erklärt sie. Erst später sei da auch die Wut gewesen, die sie heute noch verspürt. »Die wichtigere Frage lautet doch: Warum muss ein siebzehn Jahre altes, sturzbetrunkenes Mädchen Nein sagen in einer solchen Situation zu einem fast zwanzig Jahre älteren Star?« Immer wieder ringt Stevens bei dem Gespräch in ihrem Garten mit den Worten und ihren Tränen.

Am nächsten Morgen hätten Lorenz und Lindemann sie zur S-Bahn gefahren, Lindemann habe ihr seine Nummer gegeben. Einige Wochen später hätten sich die beiden wiedergesehen. »Ich war so krass verliebt«, sagt sie. Sie erzählt von Gesprächen in Bars, die sich vertraut angefühlt hätten, von Küssen auf seinem Balkon und mehr. Und davon, dass er sich sorgte, ob sie genug gegessen habe, ob es ihr gut gehe. Diese Erinnerungen, sagt sie, hätten so hell gestrahlt, dass ihr die dunkleren Momente erst Jahre später auffielen, lange nachdem Lindemann nach ein paar Monaten offenbar das Interesse an ihr verloren und sich nicht mehr zurückgemeldet habe.

Einmal, so erinnert sich Stevens, habe Lindemann sie gefragt, warum sie denn mit Flake geschlafen habe? Sie habe ihm daraufhin anvertraut, dass sie in der Nacht nicht bei Sinnen gewesen sei, dass da etwas nicht gestimmt habe mit ihr. Da habe er gereizt reagiert, und sie habe sich bemüht, die Stimmung zu retten. Dann sagt sie: »Wenn ich mir heute Fotos von mir damals anschaue, sehe ich da ein Kind. Es ist mir unbegreiflich, wie zwei erwachsene Männer das ausblenden konnten.« Lorenz war damals sechsunddreißig, Lindemann neununddreißig. Sie siebzehn.

Wenige Wochen nach dem Interview in Südeuropa ist Jasmin Stevens zu Besuch in Berlin. In einem Keller im Osten der Stadt lagert sie vieles aus ihrer Vergangenheit. Es ist staubig und dunkel. Stevens hält ihr Handy in der einen Hand, um etwas Licht zu haben, während sie mit der anderen in den Kisten wühlt. Schließlich findet sie alte Fotos von sich und Lindemann, sogar welche von dem Abend, an dem sie sich kennengelernt haben. Aus einem Pappkarton zieht sie außerdem zwei von Till Lindemann und Keyborder Christian »Flake« Lorenz signierte Bücher. Sie schlägt eines davon auf und liest die Widmung vor: »Ich wünsche der lieben Jasmin [Name geändert] alles erdenklich Gute, obwohl wir eigentlich böse sind. Gruß Flake, 2002.«

Die Fotos und die Signaturen stützen ihre Geschichte. Und Jasmin Stevens hat ihre Version des Abends in den vergangenen zwei Jahrzehnten zudem vielen Menschen erzählt: Ihrem Mann genauso wie Freundinnen, Kolleginnen, ihrer Familie und ihrer Therapeutin. Lange bevor Shelby Lynn sich an die Öffentlichkeit wendet. Damals kann Stevens also nichts von ähnlichen Vorwürfen gewusst haben. Am Ende sprechen unsere Kolleg*innen und wir mit fast einem Dutzend Personen, die Stevens' Aussagen mit Versicherungen an Eides statt stützen, also auch vor Gericht wiederholen würden – darunter Stevens' Psychotherapeutin, die sogar noch alte handschriftliche Notizen ihrer Therapiesitzungen mit Stevens findet und uns mit deren Einverständnis zur Verfügung stellt.

Mit Christian »Flake« Lorenz versuchen wir mehrfach in Kontakt zu kommen, um mit ihm über den Abend zu sprechen. Ob er sich überhaupt noch daran erinnert? Lorenz hat in seinem Leben häufig vom Alkohol erzählt, von dem er sich offenbar 2010 verabschiedet hat.

»Nüchtern erlebte ich nun mal kein sexuelles Abenteuer«, schreibt er in seinem autobiografischen Buch *Tastenficker* von 2015. »Wenn eine Frau überraschenderweise doch einmal nicht nein sagte, lag das größtenteils daran, dass sie noch betrunkener war als ich«, steht in seinem Buch *Heute hat die Welt Geburtstag*, das zwei Jahre später herauskam. 2016 erzählte er in einem Interview: »Ohne den Alkohol habe ich nachgedacht, ob es sich lohnt. Betrunken waren mir die Konsequenzen, die Sex hat, egal.« Körperlich abhängig sei er nie gewesen, trotzdem habe er der Trinkerei abgeschworen, als seine Ehefrau mit der Trennung gedroht habe.

Unsere Gesprächsanfragen bei Lorenz bleiben unbeantwortet. Stevens' Aussagen lässt er im Sommer 2023 allerdings durch einen Anwalt dementieren. »Die Fragen enthalten reine Spekulationen und Mutmaßungen und schildern angefragte angebliche Sachverhalte bestenfalls lückenhaft«, schreibt die Kanzlei. Eine Verdachtsberichterstattung sei »unter keinem rechtlichen Gesichtspunkt denkbar«. Für den ebenfalls angefragten Till Lindemann teilt dessen Anwalt damals mit, eine Berichterstattung zu diesem Komplex sei rechtswidrig. Auf erneute Anfragen für dieses Buch haben beide nicht reagiert.

Unser Rechercheteam veröffentlicht Jasmin Stevens' Geschichte Mitte Juli 2023 in der *Süddeutschen Zeitung* und im *NDR* – während Rammstein drei Konzerte im ausverkauften Berliner Olympiastadion spielen. Zu diesem Zeitpunkt, etwa sieben Wochen nach Shelby Lynns ersten Tweets, diskutieren viele in Deutschland darüber, wie schwer die Vorwürfe gegen Lindemann wiegen und ob eine Berichterstattung überhaupt gerechtfertigt sei. Für manche scheint dabei zentral zu sein, ob das, was Till Lindemann vorgeworfen wird, strafrechtlich relevant ist. Nicht zuletzt, weil die Staatsanwaltschaft Berlin zu dieser Zeit noch gegen Lindemann ermittelt.

Ende August 2023, nach knapp zwei Monaten, stellt die Berliner Staatsanwaltschaft ihre Ermittlungen gegen Till Lindemann und Alena Makeeva ein. Viele interpretieren dies als rechtskräftigen Freispruch für Lindemann. Die von Lindemann beauftragte Medienrechtskanzlei unterstreicht diese Interpretation mit einer eigenen

Pressemitteilung. Die Einstellung der Ermittlungen zeige, dass die »schwerwiegenden Vorverurteilungen unseres Mandanten in den sozialen Netzwerken und in den Medien keine Grundlage hatten«, heißt es darin. An den Anschuldigungen sei »schlichtweg nichts dran«.

Dabei – so sehen es selbst Opferanwält*innen wie die Berliner Rechtsanwältin Christina Clemm – hatte die Staatsanwaltschaft gar keine andere Wahl, als die Ermittlungen einzustellen. Denn außer der Youtuberin Kayla Shyx haben die Staatsanwält*innen offenbar keine der Frauen vernehmen können, die auf Social Media und gegenüber Journalist*innen Vorwürfe erhoben hatten. Und Kayla Shyx hatte selbst nichts beobachtet, was strafbar gewesen wäre. »Die Möglichkeit, etwaige Tatvorwürfe ausreichend zu konkretisieren, bestand daher ebenso wenig wie die, einen Eindruck von der Glaubwürdigkeit der mutmaßlichen Geschädigten und der Glaubhaftigkeit ihrer Angaben im Rahmen von Vernehmungen zu gewinnen«, schreibt die Generalstaatsanwaltschaft Berlin in einer Pressemitteilung zur Einstellung des Verfahrens. Ohne mit den Frauen zu sprechen, das machen die Ermittler*innen deutlich, können sie keine Aussage über den Wahrheitsgehalt der öffentlich erhobenen Vorwürfe treffen. Und ohne die Frauen zu sprechen, können sie auch nicht weiterermitteln.

Süddeutsche Zeitung und *NDR* hatten zuvor Briefe erreicht, in denen die zuständige Staatsanwältin darum bat, ihr die Namen der Frauen mitzuteilen, die sich uns anvertraut hatten. Doch das kommt für unsere Redaktionen nicht infrage. Wir haben den betreffenden Frauen zugesagt, dass wir ihre Identitäten schützen. Außerdem arbeiten unsere Redaktionen generell nicht mit Ermittlungsbehörden zusammen. Das ist eine grundsätzliche Entscheidung, denn würden solche Grenzen verschwimmen, wäre die Gefahr groß, dass Journalist*innen zu einer Art »verlängertem Arm« der Ermittlungsbehörden werden. In der Antwort an die Staatsanwaltschaft berufen sich unsere Justiziare deshalb auf den Quellenschutz. Keine der Frauen, die mit unserem Rechercheteam gesprochen hat, macht letztlich eine Aussage in dem Ermittlungsverfahren.

Christina Clemm ist die wohl bekannteste Juristin Deutschlands, wenn es um Gewalt gegen Frauen geht. Seit fast dreißig Jahren setzt sie sich für Opfer sexualisierter Gewalt ein, hat Hunderte Betroffene vor Gericht vertreten und zwei Bücher über das verfasst, was sie »den unbändigen Hass auf Frauen« nennt: *AktenEinsicht* und *Gegen Frauenhass*. Sie ist aber auch Strafverteidigerin, vertritt also zugleich Beschuldigte in Strafverfahren und kennt daher beide Seiten. Die Einhaltung rechtsstaatlicher Prinzipien wie die Unschuldsvermutung oder den Zweifelsgrundsatz hält sie für unabdingbar.

In ihrem Buch *Gegen Frauenhass* schreibt sie, Betroffene gingen sehr individuell mit den Ereignissen um: »Opfer von geschlechtsbezogener Gewalt berichten von Scham, Ekel, Schmerz, Verzweiflung, Selbsthass, Verunsicherung, Kraftlosigkeit, Trauer, Verwirrung, Angst und Panik. Auch von Wut. Wut darüber, dass sie niemand schützt, sie in die Opferrolle gezwängt wurden, dass ihr Leid nicht anerkannt wird. Wut über die Ungerechtigkeit, dass sich nichts ändert.« Sie sei voller Respekt für ihre Mandant*innen, die trotz allem oftmals in ein glückliches, lustvolles Leben zurückfänden.

Nur die wenigsten Frauen in Deutschland dürften noch nie einen sexuellen Übergriff erlebt haben, aber für das konkrete Ausmaß gibt es kaum genaue Zahlen. Auf der Homepage des Bundesfamilienministeriums heißt es: »Nach sogenannten Dunkelfeldstudien ist jede dritte Frau in Deutschland mindestens einmal in ihrem Leben von Gewalt betroffen (also nicht nur von Partnerschaftsgewalt). Statistisch gesehen sind das mehr als 12 Millionen Frauen.« Auch das Bundeskriminalamt (BKA) geht von einer sehr hohen Dunkelziffer aus: Im Durchschnitt werde nur eine von hundert Sexualstraftaten bei der Polizei angezeigt. Unter anderem weil viele Betroffene glauben, »die Straftat nicht mit Beweisen belegen zu können«, so das BKA.

Einige derjenigen, die nicht in der Statistik des BKA auftauchen, kommen zu Christina Clemm in die Kanzlei. Sie hält die Sorgen der Betroffenen vor einer Anzeige, die das BKA erwähnt, durchaus für berechtigt. Clemm zeigt sich im Gespräch mit uns überrascht, wie schnell die Ermittlungen gegen Till Lindemann eingestellt wurden. Nicht überrascht ist sie dagegen davon, dass sich keine der mutmaßlich betroffenen Frauen bei der Staatsanwaltschaft gemeldet hat. Nicht selten, sagt sie, entschieden sich Mandantinnen nach einer Beratung gegen eine Strafanzeige.

Clemm beschreibt uns, wie detailliert die Befragungen von Frauen in solchen Verfahren sein müssen. Von Position und Zustand der Geschlechtsteile während des Aktes bis hin zu intimen Erfahrungen in Jugend oder Kindheit werde alles abgefragt. Diese Vernehmungen dauerten oft mehrere Stunden. Sollte es danach zu einer Anklage kommen, warte man je nach Bundesland mehrere Monate bis Jahre, ehe es zu einer Verhandlung kommt. Und solche Verhandlungen sind zudem meist öffentlich. »Das auszuhalten, sich dem auszusetzen ist oft eine Qual. Viele Mandantinnen beschreiben die Verfahren als ebenso traumatisierend wie die Taten.«

In einem Interview mit dem *Deutschlandfunk* kurz nach Einstellung des Verfahrens erklärt Clemm, dass sie bei den Vorwürfen gegen Till Lindemann zusätzlich »verheerende Angriffe auch gegen Betroffene« beobachte. »Sie werden öffentlich beschimpft, werden als Lügnerin dargestellt, ihnen drohen erhebliche juristische und auch finanzielle Konsequenzen.« Sollte sich eine der Frauen dennoch entscheiden, eine Aussage zu machen, sagt Clemm uns, könne das Strafverfahren jederzeit wieder aufgenommen werden.

Wenn Clemm Frauen vertritt, die Männer wegen sexualisierter Gewalt anzeigen, steht nicht selten ein Mann auf der anderen Seite: der Strafverteidiger Ursus Koerner von Gustorf. Er hat sich – wie Clemm – auf Sexualstrafrecht spezialisiert, selbst seine Webseite heißt so. Seit rund zwei Jahrzehnten verteidigt Koerner ausschließlich in diesem Bereich, und bei seinen Mandanten handelt es sich fast ausschließlich um Männer. Er betreibt seine Kanzlei in Berlin-Schöneberg. Seine Spezialisierung sei dadurch entstanden, dass er als junger Anwalt »sehr dogmatisch« gewesen sei. »Ich habe gegenüber Kollegen immer gesagt, jeder hat einen Anspruch auf Verteidigung.« Das habe dann dazu geführt, dass ihm harte Fälle rübergereicht wurden, die andere nicht machen wollten, weil sie das moralisch nicht in Ordnung fanden oder weil es ihnen zu belastend erschien. Bis heute fasziniert ihn an seiner Arbeit, dass er ein ganz eigenes Verhältnis zu seinen Mandanten entwickelt. »In diesem Raum führe ich Gespräche, die die meisten meiner Mandanten nicht einmal mit ihren engsten Vertrauten führen«, sagt Koerner.

Der Anwalt beschäftigt sich jeweils auch intensiv mit den – meist weiblichen – Geschädigten, deren Vernehmungen er in der Akte findet. Oftmals seien dies Frauen, von denen er den Eindruck bekommt, sie könnten auch außerhalb von sexuellen Begegnungen Schwierigkeiten haben, ihre Bedürfnisse zu erklären. Und seine Mandanten seien in der Regel keine Männer, die sich bewusst über den Willen ihrer Sexualpartnerin hinwegsetzen. Ohne ein klares Nein könne nach geltender Rechtslage aber niemand verurteilt werden. Genau in diesen Details lägen oft die Probleme. Wie deutlich das »Nein« beim Mann angekommen sei und auf welche Situationen und Handlungen sich das dann bezogen habe, das sei im Nachhinein oft nur schwer aufzuklären. Ob ein Machtgefälle zwischen den beiden Personen bestand, mache juristisch dabei keinen Unterschied.

Die allermeisten seiner Fälle, sagt Koerner, bekomme er daher sogar schon im Ermittlungsverfahren eingestellt: Zu einer Anklage komme es fast nie. »In meiner Erfahrung ist es so, dass ein ganz, ganz großer Teil dieser Fälle eingestellt wird, weil die Staatsanwaltschaft sagt: Wir haben zwei Aussagen. Wir können nicht aufklären, was passiert ist.« Koerner geht trotzdem davon aus, dass fast alle Frauen vor Gericht tatsächlich die Wahrheit sagen. Falschaussagen kämen seiner Erfahrung nach so gut wie nie vor. »Ich glaube, dass die Frauen in den meisten Fällen genau das schildern, was sie erlebt haben.«

Christina Clemm weist im Gespräch mit uns darauf hin, dass sich Frauen, die Sexualstraftaten anzeigen, durchaus Vorurteilen ausgesetzt sähen, die gesellschaftlich tief verankert und trotz aller Diskussionen auch bei Polizei und Justiz zu finden seien. Die Schuld, sagt

Clemm, werde oft noch bei den Frauen gesucht. Immer wieder erlebe sie, dass diesen unterstellt wird, einvernehmlichen Sex im Nachhinein mit einem Vergewaltigungsvorwurf kaschieren zu wollen – erst kürzlich habe sie wieder so einen Fall gehabt.

Der entscheidende Punkt bei vielen Verfahrenseinstellungen – Clemm sieht das wie Koerner – sei die Frage des erkennbaren Willens. Clemm kommt aber zu einem anderen Schluss: Viele ihrer Mandantinnen berichten davon, wie eingefroren reagiert zu haben oder aufgrund von Drogen nicht mehr in der Lage gewesen zu sein, Nein zu sagen. Manche erklären, sie hätten still geweint. »Wie kann jemand das nicht merken?«, fragt Clemm. »Eines der großen Grundübel ist, dass man bis heute so tut, als würden Männer nicht erkennen, wann sie ihre Macht missbrauchen.«

Beide Jurist*innen sehen es gleichermaßen als problematisch an, dass es im Strafrecht keine Grautöne gibt oder sie in der Öffentlichkeit schnell verschwinden. »Wenn es keine Verurteilung gibt, wird behauptet, es habe keine Tat gegeben, die Frauen hätten gelogen. Dabei gibt es unzählige Gründe, weshalb strafrechtlich nichts zu machen ist«, sagt Clemm. Viele ihrer Mandantinnen zögerten, Anzeige zu erstatten, oft auch, weil es ihnen gar nicht darum ginge, eine strafrechtliche Verurteilung zu erlangen – sondern darum, durch eine »Anerkennung des ihnen widerfahrenen Unrechts zu verhindern, dass der Täter weitere Taten verübt, oder auch darum, eine Entschädigung zu erlangen«, sagt Clemm. Sobald eine Frau eine Vergewaltigung anzeigt, sagt Koerner, »hat die Frau nicht mehr in der Hand, wie das Verfahren weiterläuft. Sie ist dann Teil eines Prozesses, den sie nicht steuert. Und das Perfide ist ja, es geht um einen Prozess, den sie vorher auch nicht steuern konnte.« Sowohl Clemm als auch Koerner stellen in ihrer Praxis fest, dass eigentlich ein Raum außerhalb des Strafrechts fehlt. »Ein Schutzraum, in dem die Betroffene eine Art Verfahren einleiten kann, das aber nicht zwangsläufig zu einem Strafverfahren führen muss«, sagt Koerner. Das würde auch manchen seiner Mandanten guttun: »Zu hören, was sie aus der Sicht der Frau falsch gemacht haben. Denn die Männer, die Beschuldigte in einem Strafverfahren sind, die sind gerade nicht eingeladen zu sagen: Ich weiß, was ich falsch gemacht habe. Die werden gedrängt zu sagen: Ich weiß überhaupt nicht, wovon die spricht.«

Einig scheinen sich die beiden Jurist*innen darin zu sein, dass das Strafrecht gesellschaftlich bedingte Missstände nicht beheben kann. Die Strafbarkeit, sagt Koerner, sei ohnehin nur die äußerste Grenze dessen, was vom Staat mit seinem schärfsten Mittel geahndet werden sollte. »Das ist nicht die Grenze für gutes, gesellschaftlich akzeptables Verhalten.« Wer allein aufs Strafrecht schiele, weise damit gewissermaßen auch Verantwortung von sich.

Doch auch der Raum, in dem ausgehandelt wird, wie dieses gute, gesellschaftlich akzeptable Verhalten aussehen mag, ist immer umkämpfter. Womit wir wieder bei Shelby Lynns Vorwürfen gegen Till Lindemann wären und dem, was sie ausgelöst und an Fragen aufgeworfen haben. Ihr Anwalt ist Jasper Prigge, Medienrechtler aus Düsseldorf. Im Gespräch mit uns erklärt er, dass eine öffentliche Debatte über schwere Vorwürfe nicht nur zulässig, sondern grundrechtlich geschützt sei. »Genau das ist der Kern von gesellschaftlichen Auseinandersetzungen.«

Dabei ist die Frage, was öffentlich gesagt werden darf und was nicht, für ihn durchaus politisch. Prigge leitet eine Kanzlei »mit Werteorientierung«, wie er es formuliert, die sich für die Rechte derjenigen einsetzt, die sich einem scheinbar mächtigeren Gegner ausgesetzt sehen, der ihnen den Mund verbieten will.

Während seines Jurastudiums will Prigge eigentlich Verwaltungsrechtler werden, doch nach dem zweiten Staatsexamen 2015 kommt es schnell anders. Prigge ist damals schon lange bei der Linkspartei aktiv und sitzt sogar im Landesvorstand von Nordrhein-Westfalen. 2017 kandidiert er – wenn auch erfolglos – für den Landtag. Deutschland befindet sich da längst mitten in einem Rechtsruck, der sich bei Wahlen durch ein Erstarken der AfD zeigt. Prigge registriert, dass die politische Auseinandersetzung unter anderem darüber geführt wird, ob die neuen, teilweise sehr rechten Politiker*innen auch als solche benannt werden dürfen. Viele seiner Bekannten hätten in diesen Jahren Anwaltsschreiben mit Unterlassungsaufforderungen aus dem AfD-Umfeld erhalten, erzählt er uns. Das habe einzelne Aktivist*innen oder kleine Vereine betroffen, die eingeschüchtert werden sollten und die ihn deshalb um seine Hilfe gebeten hätten. Medienrecht, das wird ihm dabei klar, »ist eine mächtige Möglichkeit, in die Gesellschaft zu wirken und auch politisch etwas zu verändern«. Das Verwaltungsrecht hängt er deshalb bald an den Nagel.

Der Kampf um die Deutungshoheit habe sich in den vergangenen Jahren extrem verschärft, erklärt uns der Medienanwalt, »natürlich auch durch die Verbreitungswege auf Social Media«. In den vergangenen Jahren sei aufgerüstet worden, und es würden zunehmend teure Anwaltskanzleien eingeschaltet, um Aussagen verbieten zu lassen. Auf der Gegenseite könnten Menschen ihre Aussagen oft nur verteidigen, wenn sie richtig viel Geld zur Verfügung hätten. »Da sehe ich ein starkes, gefährliches Ungleichgewicht.«

Spezialisierte Kanzleien, so Prigge, würden normale Anwälte, die nur hin und wieder Medienrecht machen, »einfach in die Tasche stecken«. Denn das Verteidigen von öffentlichen Äußerungen könne extrem aufwendig sein. Prigge sagt, er habe sich auch deshalb in diesem Bereich spezialisiert, um Betroffenen wie Shelby Lynn eine faire Verteidigung zu ermöglichen. Es brauche Anwälte, die sich aufseiten der Betroffenen mit den großen Kanzleien messen könnten.

Denn seit #MeToo kämen immer wieder auch Frauen zu ihm in die Beratung, die öffentlich über Übergriffe sprechen wollen, die sie erlebt hätten. Da sei richtig etwas in Bewegung gekommen. »Sie wollen aus ihrer passiven Rolle herauskommen und andere warnen«, meint Prigge. »Dazu bereit zu sein, das erfordert eine ganze Menge an Mut und auch an Leidensfähigkeit. Ohne diese Bereitschaft würde es, glaube ich, häufig weiter hinter verschlossenen Türen stattfinden und verhandelt werden.« Prigge beobachtet noch eine Entwicklung: Der Verweis aufs Strafrecht soll nach seinem Eindruck die Vorwürfe tendenziell wieder aus der Öffentlichkeit raushalten. Letztlich sei es aber allein die Entscheidung der Betroffenen, ob sie mit der Presse oder mit Ermittlungsbehörden sprechen – oder beides. Oder ob sie ihre eigenen Wahrnehmungen auf Social Media posten, wie Shelby Lynn es getan hat.

Gegen die Nordirin war Till Lindemann presserechtlich vorgegangen, um ihr bestimmte Äußerungen zu verbieten. Unter anderem sollte sie in ihrem Profil auf der Plattform Twitter nicht mehr schreiben dürfen, dass sie das Mädchen sei, das bei Rammstein Drogen ins Getränk bekommen habe. Auch zwei weitere Äußerungen auf Instagram und aus einem Gespräch Lynns mit der BBC, in denen es um angebliche K.-o.-Tropfen geht, greift Lindemann über seinen Anwalt an.

Mitte August 2023 weist das zuständige Landgericht Hamburg den Antrag von Lindemann zurück, weil Lynn »auf Grundlage unstreitiger Tatsachen die schlussfolgernde Wertung vornimmt, dass ihr Drogen verabreicht worden seien«. Dies sei keine Tatsachenbehauptung, sondern eine Meinungsäußerung. Lynn habe die Absicht gehabt, »in aufklärender Weise darüber zu berichten, was ihr auf einem öffentlichen Konzert einer überaus bekannten Band widerfahren sei«. Die Entscheidung des Landgerichts ist ein erster Sieg für Lynn, den Prigge erstritten hat. Lindemanns Kanzlei reicht im März 2024 jedoch eine sogenannte Hauptsacheklage ein. Es geht also weiter. Das Verfahren könnte sich noch Jahre hinziehen. Bis es ein rechtskräftiges Urteil gibt, darf Lynn ihre Äußerungen aber weiter verbreiten.

Dass Shelby Lynn in erster Instanz recht bekommen hat, sei für sie persönlich unglaublich wichtig gewesen, sagt Prigge, die Entscheidung sei aber auch für andere mutmaßlich Betroffene von Bedeutung. Denn das Verfahren berühre ganz grundsätzliche Fragen: Muss eine mutmaßlich Betroffene bei ihren Äußerungen die gleichen Vorgaben beachten wie Journalist*innen in der Verdachtsberichterstattung? Etwa den Personen, die sie öffentlich beschuldigen, eine Möglichkeit zur Stellungnahme einräumen, wie wir es als Journalist*innen vor einer Veröffentlichung machen? Ist ein Video mit einer medialen Veröffentlichung gleichzusetzen, wenn Social-Media-Beiträge wie die von Shelby Lynn plötzlich mehrere Millionen Menschen erreichen? Das alles, findet Prigge, müsse von den Gerichten in Zukunft klarer benannt werden.

»Vor Gericht ist man sehr schnell bei der Frage, wer welche Tatsachen beweisen muss«, sagt uns Prigge. Richter*innen müssten jedoch sensibler dafür werden, in welchem Kontext Menschen sich in der Öffentlichkeit äußern, wie viel Vorbildung sie in medienrechtlichen Fragen hätten und ob sie gerade aus einer emotionalen Situation kommen. Manchmal müsse es genügen, wenn die mutmaßlich Betroffenen selbst ihre Aussagen glaubhaft versichern – und es zu diesen Aussagen keine offensichtlichen Widersprüche gebe.

In Verfahren wie dem gegen Shelby Lynn, so erlebt es Prigge immer wieder, gehe es »auch ein Stück weit darum, diejenigen einzuschüchtern, die noch zusätzliche Vorwürfe erheben können. Und wenn man ankündigt, wir verklagen alles, was sich bewegt, dann macht das natürlich was mit Betroffenen.« Laut Prigge ist es in vielen Fällen »möglich, sich erfolgreich zu wehren«, er habe jedoch zahlreiche Mandant*innen, die aufgrund solcher Einschüchterungen sagen: »Ich schaffe das nicht« – und dann trotz guter rechtlicher Aussichten einen Rückzieher machen.

Belfast

Shelby Lynn macht keinen Rückzieher. Aufhören werde sie nicht, sagt sie, als wir sie im Februar 2024 noch einmal treffen. »Ich war von Anfang an darauf vorbereitet, das bis zum Ende durchzustehen.« Schon während der Veröffentlichung ihrer Rammstein-Vorwürfe Ende Mai 2023 auf Twitter und Instagram habe sie sich genau überlegt, was im schlimmsten Fall auf sie zukommen könnte, und den Schritt dann ganz bewusst vollzogen.

Gut acht Monate nach diesem Tweet besuchen wir, Daniel, Jakob Biazza und Sebastian Pittelkow, Shelby Lynn erneut im kleinen, gemütlichen Haus ihrer Mutter am Stadtrand von Belfast. Das Wohnzimmer im Erdgeschoss ist keine 20 Quadratmeter groß: zwei Sofas, ein Fernseher, ein Aquarium und ein Kamin. Direkt daneben ist ein Durchgang in die kleine Küche. Im Hinterhof bellen die drei Hunde der Familie. Lynns Mutter meldet sich während des Interviews immer wieder selbst zu Wort. Ihre Tochter und sie stehen sich offensichtlich sehr nahe.

Lynn sagt, sie habe schon immer eine sehr klare Vorstellung davon gehabt, was falsch und was richtig sei. Ihre Mutter habe sie und ihre Geschwister mit einer starken Haltung großgezogen. »Ich bin am glücklichsten, wenn ich eine ehrliche, authentische Version von mir sein kann. Wenn ich mich nicht verstellen muss, für niemanden. Und mir ist es auch egal, ob ich damit jemanden verletze oder nerve.« Schon in der Schule, als junge Teenagerin, hört Lynn gerne Heavy Metal, hat wenig Freunde, ist eine Außenseiterin. Auch weil sie nur mit Menschen klargekommen sei, deren Wertvorstellungen und Grenzen mit ihren eng übereinstimmten. Sie habe sich nie verstellt und nie anpassen wollen. Deshalb sei sie als Jugendliche gemobbt worden, und so heftig, dass sie mit vierzehn versucht habe, sich umzubringen. Danach, sagt Lynn, habe sie die Schule gewechselt und auch neue Freunde gefunden. Ihren eigenen Kopf habe sie sich bis heute bewahrt.

Auch Anfang 2024 melden sich noch immer Frauen aus der Row Zero bei Shelby Lynn. Sie hat inzwischen Tausende Screenshots, Fotos und Videos zu Rammstein gesammelt. Zu jeder Tages- und Nachtzeit dringen die Nachrichten – egal ob Hassbotschaften, Solidaritätsbekundungen oder Erfahrungsberichte – über das Handy direkt in ihr Zuhause. »Wenn sich mein Handy meldet, dann weiß ich nicht, ob es meine Mama ist, die mich fragt, was ich zum Abendessen möchte, oder eine weitere Frau, die mir ihre Erfahrung beschreibt. Es hört einfach niemals auf.« Trotz allem, sagt Lynn, habe sie sich verpflichtet gefühlt, weiterzumachen. »Und gleichzeitig dachte ich, ich ertrinke in dem, was da ständig auf mich einprasselt und mich immer wieder an diesen traumatischen Abend erinnert.« An jenen Abend in Vilnius, am 22. Mai 2023. An den Moment, als sie auf Till Lindemann trifft, der sie dann unter der Bühne angeschrien haben soll. Und daran, wie sie danach die Kontrolle verliert.

Im Fall von Shelby Lynn entscheidet die zuständige Staatsanwaltschaft in Vilnius, gar nicht erst gegen Lindemann zu ermitteln. In ihrer Pressemitteilung von Ende Juni 2023 heißt es, es könnten keine objektiven Tatsachenbeweise ermittelt werden. Für Lynn kommt das zu dem Zeitpunkt nicht überraschend. Einen objektiven Beweis für ihren Vorwurf, man habe ihr etwas ins Getränk getan, hätte nur ein professioneller Drogentest erbringen können. Doch Lynn zufolge haben weder Sanitäter noch Polizei einen solchen Test dabei, als sie ihre Anzeige damals in ihrem Hotelzimmer aufnehmen.

Shelby Lynn ist die erste Belastungszeugin, und so fokussiert sich die Rammstein-Seite umgehend auf sie. Wohl um ihre Glaubwürdigkeit zu erschüttern, beauftragt Lindemanns Kanzlei noch im Sommer das Institut für Rechtsmedizin der Uniklinik Köln, Lynns Fotos und Videos auszuwerten. Wurde sie körperlich misshandelt? Das Ergebnis: Zwar sei »eine sexuelle Nötigung oder Vergewaltigung« nicht auszuschließen. »Umgekehrt fanden sich aber auch keine Hinweise auf eine sexualisierte Gewalt.« Nachdem die Kanzlei das Gutachten publik gemacht hat, sehen viele Rammstein-Fans darin den Beweis, dass Lynn gelogen hat. Allerdings hat sie nie behauptet, vergewaltigt worden zu sein. In einem Tweet betonte Lynn sogar, Lindemann habe sie nicht angefasst.

Bei unserem Besuch Anfang 2024 kommen ihr immer wieder die Tränen. Ihre Depressionen, sagt Shelby, hätten sich in den zurückliegenden Monaten verschlimmert. »Das vergangene Jahr habe ich zu einem Großteil im Bett verbracht, tagelang, und geweint. Ich war zu nichts in der Lage, wie eingefroren.« Ihre Zeit verbringt sie vor allem mit der Familie, ihrem Hund und ihrem Job als Verwaltungsbeamtin, den sie seit zwei Jahren fast ausschließlich im Home-Office ausübt.

Immerhin, sagt sie, habe sie langsam wieder Lust auf ihre Hobbys. Sie dekoriert ihre Wohnung um. Sie malt. Sie geht mit ihrem Hund raus in den Wald und hört dabei die Musik von Slipknot, von Megan Thee Stallion und von Scene Queen, einer feministischen Metalcore-Sängerin. Es gehe ihr schon besser als in den langen Monaten zuvor, versichert sie uns. Sie hat sich ihre Haare neu gefärbt. Statt schwarz strahlen sie jetzt in einem kräftigen Rot.

Jasmin Stevens

Auch Jasmin Stevens besuchen wir noch einmal in Südeuropa. Es ist Anfang Februar, und dort, wo sie wohnt, blühen bereits die Mandelbäume. Dieses Mal treffen wir Stevens nicht in ihrem Garten, sondern in ihrem Atelier im Dorf in der Nähe ihres Hauses. Die hohen Räume des ehemaligen Lebensmittelladens hat sie liebevoll hergerichtet. Als wir eintreten, ist sie gerade dabei, Blumen für den Zeichenkurs zu arrangieren, den sie am Nachmittag geben wird. Ein bisschen fühlt es sich so an, als platzten wir herein in die idyllische Abgeschiedenheit, wie Boten aus ihrer Vergangenheit, aus Rammstein-Land. Als wir, in diesem Fall Lena und die *SZ*-Kollegin Antonia Franz, Stevens direkt darauf ansprechen, nimmt sie uns die Sorge: Wieder darüber zu reden, sagt sie, helfe ihr bei der Verarbeitung des Erlebten. Es tue ihr gut, auch um einen Abschluss dafür zu finden.

Seit unserem letzten Treffen sei sie mit dem Atelier sehr beschäftigt gewesen, erklärt Stevens. Währenddessen habe ihr siebzehnjähriges Ich von früher mit seiner Wut und seiner Trauer einen neuen Platz bekommen, der ihr angemessen erscheint. Sie bittet uns darum, sich in diesem Gespräch nicht wieder in die Siebzehnjährige hineinfühlen zu müssen.

Dennoch erzählt sie davon, wie bestimmend das war, was im Dezember 2002 und in den Wochen danach passiert sein soll. Lange sei sie davon »unangenehm geprägt« gewesen, das weiß sie heute. »Die ersten sexuellen Erfahrungen sind wie ein Betriebssystem, das erst mal aufgespielt wird«, sagt sie. Und mit dieser »schrägen Programmierung« habe sie dann später umgehen müssen. Sie habe bei Männern etwas gesucht, ohne zu wissen, was es war, und »nicht die gesündesten Kontakte« gehabt. Selbst als sie einen ersten festen Freund hatte, habe sie beim Sex das Gefühl gehabt, nicht richtig da zu sein, sich selbst nicht zu spüren. So wie damals im Haus von Flake.

Als sie, mit Anfang dreißig, ihren heutigen Mann kennenlernte, habe sie wieder intensiv von Till Lindemann geträumt. »Ich habe gemerkt, dass ich wirklich Schwierigkeiten mit Intimität hatte, dass ich mich nicht wirklich einlassen konnte. Da war noch etwas, was mich blockiert«, sagt Stevens. Sie geht noch einmal in eine Therapie. Und sie schreibt den Brief an Lindemann, den sie uns beim letzten Besuch in ihrem Garten vorgelesen hat. Das Erlebnis mit Flake Lorenz habe sie erst Jahre später für sich als Übergriff benennen können. Die Wochen mit Till Lindemann seien hingegen noch schwieriger für sie zu fassen gewesen. Sie habe damals festgestellt, dass sie Lindemann noch immer idealisiert habe, ihn schützte. Erst der Brief habe ihr geholfen, klar zu formulieren, »dass es falsch war«, erklärt sie. »Er war ein Rockstar, der mich, das Kind, das eigentlich Halt gebraucht hätte, einfach fallen ließ.« Mit dem Brief sei zum ersten Mal diese Wut da gewesen, ein Aufbäumen. Gleichzeitig sei sie nie sicher gewesen – und wisse auch heute nicht –, ob Lindemann den Brief überhaupt gelesen hat.

Wut habe sie auch gespürt, als Till Lindemann 2020 seinen dritten Gedichtband veröffentlicht: *100 Gedichte*. Eher kurze Verse über die Natur, Liebe, Körper und dessen Flüssigkeiten, in einem wird ein Rehbock mit Pfeil und Bogen erledigt und fällt in einen Swimmingpool. Und dann gibt es da ein Gedicht, »Wenn du schläfst« heißt es, in dem Lindemann über die Vergewaltigung einer sedierten, wehrlosen Person schreibt. »Und genau so soll das sein (so soll das sein so macht das Spaß) / Etwas Rohypnol im Wein (etwas Rohypnol ins Glas) / Kannst dich gar nicht mehr bewegen / Und du schläfst / Es ist ein Segen.« Als sie Berichte darüber gelesen habe, habe sie kurz gedacht, jetzt müsse sie an die Öffentlichkeit gehen, erklärt Stevens. Sie habe eine Weile mit sich gerungen und es dann doch gelassen. Aber da war dieser Impuls, alles hinauszuschreien. Und als Shelby Lynn genau das tat – den Schmerz und die Wut rausbrüllen, wie Stevens sagt –, habe sie gewusst, dass dies nun ihre Gelegenheit ist, gehört zu werden. »Zu unterstreichen, was in den Medien ist. Mich mit den Frauen, die sprechen, zu solidarisieren und ihnen auch den Rücken zu stärken mit meiner Geschichte.«

Jasmin Stevens sagt, sie habe nie das Bedürfnis gehabt, die Vorwürfe strafrechtlich klären zu lassen. Trotzdem habe sie sich im Sommer 2023 bei der Staatsanwaltschaft erkundigen wollen, wie eine Zeugenaussage ablaufen würde. Drei Tage hintereinander habe sie versucht, die ermittelnde Staatsanwältin unter ihrer Durchwahl zu erreichen. Niemand habe abgenommen. Jedes Mal habe sie sich mental auf den Anruf vorbereitet. Später habe sich Stevens mit einer Anwältin ausgetauscht. Die Beratung habe ihr gezeigt, wie schwierig ein Verfahren für sie sein könnte, in dem sie den Behörden ausgeliefert gewesen wäre und in dem sie ihre Anonymität verloren hätte.

»Ich hätte den Schritt vielleicht gemacht, um meine Glaubwürdigkeit in dieser öffentlichen Diskussion zu stärken«, sagt sie. »Aber für mich nie. Nein. Ich weiß, was passiert ist.« Anders als bei dem Brief, den sie Lindemann 2014 geschrieben hat, sei sie sich bei den Artikeln, die unser Rechercheteam im Sommer 2023 veröffentlicht hat, sicher, dass er und Flake sie gelesen haben. »Das, was ich ihnen mitteilen wollte, ist bei ihnen gelandet. Mehr brauche ich nicht.«

Jasmin Stevens steht auf, kocht noch einen Kaffee. Sie öffnet die Flügeltüren, um die Vormittagssonne hereinzulassen. Jetzt sind auch die Stimmen vom Dorfplatz zu hören. Als die Türen wieder geschlossen sind, sagt sie, wie heilsam es gewesen sei, ihre Geschichte erzählen zu können. Und wie erleichternd, dass ihr geglaubt wurde. Jahrelang habe sie sich eingeredet, dass sich ohnehin niemand dafür interessiere. »Das lasse ich jetzt los«, sagt Stevens. Auch die Geschichte, die sie ihrer Tochter erzählen werde, sei jetzt eine andere. »Mach so lange weiter, bis du gehört wirst, gib nicht auf«, wird sie ihr jetzt sagen.

Schon in der Schwangerschaft habe sie die Aussicht, ein Mädchen zu bekommen, als herausfordernd empfunden. »Es ist eine Aufgabe, sie aufs Leben vorzubereiten«, sagt sie. Ihre Tochter versuche sie so zu erziehen, dass sie ihre Grenzen sehr gut spürt. »Und sich auch nicht scheut, die zu verbalisieren und auch deutlich zu werden. Ihr die Sicherheit mitzugeben, dass sie gut mit sich ist. Und dass sie sich dann traut, für sich einzustehen.« Sie hoffe, sagt Stevens, dass ihr das gelingt.

Und Rammstein?

Auch Monate nach Aufkommen der Vorwürfe schweigen die Band und ihr enges Umfeld weiterhin. Lediglich Christoph Schneider, der Schlagzeuger, hat sich im Sommer auf Instagram geäußert. Till Lindemann habe sich in den vergangenen Jahren von der Band entfernt, heißt es in der Stellungnahme. »Gewisse Strukturen« seien gewachsen, »die über die Grenzen und Wertvorstellungen der restlichen Bandmitglieder hinausgingen«. Die Betroffenen täten ihm leid, strafrechtlich relevante Taten seien aber nicht passiert. Schneider beendet sein Statement mit den Worten: »Wir stehen zusammen«.

Noch im Herbst kündigt Rammstein eine Tour für 2024 an. Einige Konzerte sind schnell ausverkauft.

Als im November 2023 die Solotour von Till Lindemann beginnt, haben sich etwa 600 Menschen vor der Quarterback-Arena in Leipzig versammelt. Als die ersten Fans bei der Halle eintreffen, rufen die Demonstrierenden »Schämt euch, schämt euch« und »Nie, nie, nie wieder Lindemann!«. Vor der Halle steht an diesem Abend auch Susan Hommel von Music S Women*. Sie wohnt in Leipzig und ist eine der wenigen Vertreterinnen aus der Branche gewesen, die sich kurz nach Aufkommen der Vorwürfe gegen Lindemann und Rammstein immer wieder kritisch zu Wort gemeldet haben.

Anfangs, im Juni 2023, hegt sie noch die starke Hoffnung, dass sich die Musikindustrie über den Fall Lindemann grundsätzlich aufrütteln lässt. An diesem Abend im November jedoch sei sie müde, vielleicht sogar etwas verbittert. Sie habe gehofft, dass für Aufklärung und Transparenz gesorgt werde, aber jetzt werde alles einfach so laufen gelassen, sagt sie uns später am Telefon. Der Erdrutsch, den sie im Sommer erwartet habe, sei ausgeblieben.

Deswegen hat sie sich den Demonstrierenden in Leipzig angeschlossen, trotz ihrer Angst vor der Auseinandersetzung mit vermeintlich aggressiven Rammstein-Fans, die sie von Berichten über andere Konzerte aus dem Sommer kennt. Hommel will einige Reichskriegsflaggen auf der Kleidung von Fans erkannt haben, später wird bekannt, dass die Polizei wegen eines Hitlergrußes ermittelt. Bei den Demonstrierenden gegen die Show seien viele junge Leute gewesen, die ihrer Wut Luft verschaffen wollten, sagt Hommel uns hinterher. »Eigentlich versammeln wir uns nur vor einem Konzert, aber es ist alles so aufgeladen, da treffen politische Lager aufeinander. Dieser Fall ist so viel mehr als ein #MeToo-Fall in der Musikindustrie geworden. Beim Protest war das deutlich zu spüren – es ist ein Kulturkampf.«

In der Quarterback-Arena steht Lindemann mit seiner Soloband auf der Bühne, alle in roten Lackanzügen. Hinter ihm werden auf einer riesigen Leinwand sexuell aufgeladene Videos projiziert, Fotos von Vulven jagen durchs Bild. Lindemann beim Sex mit zwei Frauen in einem Bettgestell. Auf einem Video zieht Lindemann eine leblose nackte Frau durch eine verschneite Landschaft. Aufnahmen des Konzerts zeigen, wie er tote Fische ins Publikum wirft und sich auf einer Trage durch die Halle schleppen lässt. Zu den Klängen von »Platz Eins« – »Alle Frauen, alles meins« – winkt er seinen rund 12 000 Fans zu.

Wenige Wochen später bekommen wir von verschiedenen Quellen zahlreiche Screenshots und Videos von Instagram-Storys zugeschickt. In den Storys zeigen sich Frauen auf Aftershowpartys von Till Lindemann, offenbar nach seinen aktuellen Solokonzerten, mit VIP-Bändchen. »Afterparty with Till Lindemann …«, schreibt eine auf ihre Fotos, eine andere »Lindemann VIP-Guests« und wieder eine andere »Front Row«. Mehrere Frauen erwähnen in ihren Storys Alena Makeeva. Ob Makeeva wieder für Lindemann rekrutiert? Diese Frage beantwortet sie uns nicht.

Auf anderen Screenshots sind Nachrichten zu sehen, die offenbar zwischen Makeeva und Lindemann-Fans hin- und hergegangen sind. Eine Person fragt darin, ob sie Makeeva in ihren Videos markieren soll. »Erwähne mich lieber nicht«, antwortet Makeeva. Und: »Hab eine tolle Show.«

DANK

Ohne die mehr als 200 Menschen, mit denen wir in den vergangenen Monaten – teils mehrfach, teils stundenlang – gesprochen haben, gäbe es dieses Buch nicht. Egal ob ihr mit Namen auftaucht, unter Pseudonym oder uns als eine der vielen vertraulichen Quellen mit Informationen, Einschätzungen und Dokumenten weitergeholfen habt – unsere Arbeit als investigative Reporter*innen ist nur aufgrund des Mutes von Menschen wie euch möglich: Danke!

Begonnen haben unsere Recherchen im vergangenen Sommer gemeinsam mit unseren Kolleg*innen von *Süddeutscher Zeitung* und *NDR*. An den Recherchen zu Rammstein waren in den ersten Wochen beteiligt: Jakob Biazza, Sebastian Erb, Laura Hertreiter, Volkmar Kabisch, Elena Kuch, Sebastian Pittelkow, Isabel Schneider und Ralf Wiegand. Vielen Dank an unsere Chefredaktionen, die solche Recherchen überhaupt möglich machen.

Dieses Buch wäre nicht entstanden ohne unsere Literaturagentin Franziska Günther, die uns durch diesen Prozess begleitet hat. Danke auch an Dominique Pleimling vom Eichborn Verlag für das Interesse an diesem Projekt, für das Vertrauen, für die Flexibilität und die Unterstützung. Alexandra Heÿn gilt unser Dank für das aufmerksame Lesen und die präzisen Anmerkungen.

Ganz besonders möchten wir uns bei unserem Lektor Ludger Ikas bedanken, der uns über Wochen geduldig dabei unterstützt hat, das Manuskript sprachlich zu schärfen. Und bei unserer herausragenden Faktencheckerin Veronika Völlinger, die uns dabei geholfen hat, dieses Buch so akkurat und so gut dokumentiert wie möglich abzugeben. All jene, die unsere Manuskriptfassungen neben ihrer eigentlichen

Arbeit am Wochenende oder spätabends gelesen und uns auf Lücken, unverständliche Stellen oder offene Fragen hingewiesen haben, sollen hier unbedingt erwähnt werden: Julia Friedrichs, Anne-Kathrin Gerstlauer, Benjamin Lück, Jonathan Sache und Andreas Spinrath. Danke euch!

Der größte Dank gilt natürlich unseren Familien und Freund*innen, die uns und unsere Arbeit an dieser Recherche fast zehn Monate lang ertragen haben – und in dieser Zeit auf vieles verzichten mussten.

QUELLENNACHWEISE

Das Buch ist in weiten Teilen Ergebnis unserer Gespräche mit mehr als 200 Menschen aus der Musikindustrie. Wir stützen uns aber auch auf die Arbeit von Kolleg*innen und Expert*innen. Zitieren wir andere Veröffentlichungen, schreiben wir dies so im Text. Alles andere sind von uns selbst recherchierte Informationen und Informationen aus Gesprächen oder zugespielten Unterlagen. In einigen von uns abgebildeten Chatnachrichten haben wir Grammatik und Satzzeichen zur besseren Lesbarkeit leicht korrigiert. Fremdsprachige Nachrichten und Interviews haben wir meistens ins Deutsche übersetzt.

In diesem Quellennachweis wollen wir zusätzlich alle Veröffentlichungen anführen, auf die wir uns gestützt haben und die uns geholfen haben, Hintergründe besser zu verstehen. Wo es uns sinnvoll erscheint, geben wir außerdem Empfehlungen für eine weiterführende Lektüre. Sollten wir eine Quelle nicht genannt haben, ist das ein Versehen und keine Absicht.

Part 0: Row Zero

Fast vierzehn Jahre lang: Zu der Geschichte von Britney Spears empfehlen wir insbesondere ihr Buch *The Woman in Me: Meine Geschichte*, München 2023, sowie die Video-Dokumentation »Framing Britney Spears« der *New York Times* von Samantha Stark und Liz Day aus dem Jahr 2021.

Auch Michael Jackson: Wer sich intensiver über Michael Jackson und die Vorwürfe gegen ihn informieren will, dem empfehlen wir die Video-Dokumentation *Leaving Neverland* von Dan Reed aus dem Jahr 2019. Und für aktuellere Entwicklungen: »Sexual Abuse Suits Against Michael Jackson's Companies Are Revived«, *New York Times*, Christopher Kuo, 18. August 2023, https://www.nytimes.com/2023/08/18/arts/music/michael-jackson-sexual-abuse-lawsuits.html

Die amerikanische Essayistin Claire Dederer: Hier zitieren wir aus Dederers Buch *Monsters: A Fan's Dilemma*, London 2023 (dt.: *Genie oder Monster. Von der Schwierigkeit, Künstler und Werk zu trennen*, München 2023).

R 'n' B-Superstar R. Kelly: Zu R. Kelly ist das Buch *Soulless: The Case Against R. Kelly* aus dem Jahr 2019 Pflichtlektüre.

Sänger Bertrand Cantat: »French Rock Musician Gets Eight Year For Killing His Actor Girlfriend«, *Guardian*, Jon Henley, 30. März 2004, https://www.theguardian.com/world/2004/mar/30/arts.filmnews

Künstler Ryan Adams: »Ryan Adams Dangled Success. Women Say They Paid a Price«, *New York Times*, Joe Coscarelli und Melena Ryzik, 13. Februar 2019: https://www.nytimes.com/2019/02/13/arts/music/ryan-adams-women-sex.html

Gegen Lizzo zum Beispiel: »The allegations against Lizzo, briefly explained«, *Vox Media*, Li Zhou, 9. August 2023: https://www.vox.com/culture/2023/8/3/23819049/lizzo-sexual-harassment-lawsuit-dancers-hostile-work-environment

Oder gegen Sean Combs: »Sean Combs Is Accused by Cassie of Rape and Years of Abuse in Lawsuit«, *New York Times*, Ben Sisario, 16. November 2023: https://www.nytimes.com/2023/11/16/arts/music/sean-combs-diddy-cassie-rape-lawsuit.html

eine Geldzahlung in unbekannter Höhe: »Cassie Settles Lawsuit Accusing Sean Combs of Rape and Abuse«, *New York Times*, Ben Sisario, 17. November 2023: https://www.nytimes.com/2023/11/17/arts/music/cassie-diddy-sean-combs-settlement.html

einem bemerkenswerten *Spiegel*-Interview: »Ich war ein Arschloch«, *Der Spiegel*, Nora Gantenbrink, 8. Dezember 2023: https://www.spiegel.de/panorama/rapper-kool-savas-ueber-sex-mit-fans-und-seinen-umgang-mit-frauen-ich-war-ein-arschloch-a-803e3a01-5bba-4fd1-a7d1-90ced1bc896c

berichteten uns von ihren Erlebnissen: »Am Ende der Show«, *Süddeutsche Zeitung*, Jakob Biazza, Daniel Drepper, Sebastian Erb, Laura Hertreiter, Lena Kampf und Ralf Wiegand, 2. Juni 2023: https://www.sueddeutsche.de/projekte/artikel/kultur/till-lindemann-rammstein-missbrauchsvorwuerfe-e316483/ Und: »Neue Vorwürfe gegen Till Lindemann«, *tagesschau.de*, Daniel Drepper, Sebastian Pittelkow und Isabel Schneider, 2. Juni 2023: https://www.tagesschau.de/investigativ/ndr/till-lindemann-rammstein-100.html

von dem Filmproduzenten Harvey Weinstein: »Harvey Weinstein Paid Off Sexual Harassment Accusers for Decades«, Jodi Kantor und Megan Twohey, *New York Times*, 5. Oktober 2017: https://www.nytimes.com/2017/10/05/us/harvey-weinstein-harassment-allegations.html Außerdem sehr empfehlenswert dazu: Die Bücher *She Said* von den beiden genannten *NYT*-Journalistinnen Jodie Kantor und Megan Twohey sowie *Catch and Kill: Lies, Spies, and a Conspiracy to Protect Predators* von Reporter Ronan Farrow, beide aus dem Jahr 2019.

Part 1: Alles meins

5500 Menschen feiern: U. a. Angaben auf der Webseite »Time for Metal«: https://time-for-metal.eu/lindemann-frau-mann-tour-2020-am-04-02-2020-in-der-swiss-life-arena-hannover/

Auf Videoaufnahmen ist festgehalten: YouTube-Video von Lindemanns »Platz Eins« am 4. Februar 2020 in der Swiss Life Hall in Hannover: https://www.youtube.com/watch?v=Y5AQVuf14_A

die zweiundzwanzigjährige Cynthia Ahrens: Mit »Cynthia Ahrens«, die eigentlich anders heißt, haben wir über mehrere Monate zahlreiche, teils mehrstündige Gespräche geführt – über Telefon und in persönlichen Treffen. Die Schilderungen von Ahrens beruhen aber nicht nur auf diesen Gesprächen. Wir haben in dieser Zeit außerdem mit fünf anderen Personen gesprochen, die uns die Beschreibungen der Konzertabende, aber auch viele Erzählungen aus Ahrens' Privatleben, aus ihrer Kindheit und ihrer Jugend bestätigt haben. Sowohl Ahrens als auch drei weitere Frauen haben ihre Angaben an Eides statt versichert. Die Anwälte der *Süddeutschen Zeitung* und des *NDR* haben diese Versicherungen im Herbst 2023 bei presserechtlichen Verfahren vor dem Landgericht Frankfurt und dem Landgericht Hamburg eingereicht. Ahrens hat uns zudem zahlreiche Fotos und Videos von den Konzertabenden und aus dem Backstage zukommen lassen sowie eine Aufnahme der gesamten Whatsapp-Gruppe mit Alena Makeeva.

Auch Shelby Lynn ist großer Rammstein-Fan: Auch mit Shelby Lynn haben wir und unsere Kolleg*innen von *NDR* und *Süddeutscher Zeitung* uns in den vergangenen Monaten immer wieder ausführlich ausgetauscht. Wir sind gleich zu Beginn unserer Recherche mit ihr in Kontakt gekommen. Nach wenigen Tagen war es dann möglich, dass unsere Kolleg*innen von *NDR* und *SZ* sie vor Ort besuchen. Seitdem sind wir mit ihr in regelmäßigem Kontakt und haben sie im Herbst 2023 und im Februar 2024 noch mal persönlich getroffen sowie zahlreiche Nachrichten und Informationen mit ihr ausgetauscht. Sie hat uns etliche Fotos, Videos und weitere Informationen und Kontakte zukommen lassen, die uns geholfen haben, ihre Angaben zu überprüfen. Die Beschreibungen und Zitate zu Shelby Lynn in diesem Kapitel stammen aus dem Interview, das unsere Kolleg*innen damals vor Ort geführt haben genauso wie aus Veröffentlichungen anderer Kolleg*innen – etwa in der *Welt* – und Lynns eigenen Beiträgen in den sozialen Medien. Die im Text erwähnten Fotos und Videos liegen uns vor.

für die Party klare Regeln: Die Regeln für die Party an dem Abend beschreibt nicht nur Shelby Lynn, sondern auch eine weitere Frau aus der Row Zero namens Ieva. Ihre Erlebnisse hat sie in mehreren TikTok-Videos veröffentlicht: https://www.tiktok.com/@ziliuteieva/video/7237208019900058906 Außerdem hat sie darüber ausführlich mit der Zeitung *Die Welt* gesprochen, was u. a. in diesem Podcast nachzuhören ist: https://www.welt.de/podcasts/dicht-dran/article246313152/Backstage-Rammstein-und-das-System-Row-Zero-Dicht-dran-Teil-2.html Die Schilderungen stimmen zudem mit den Erlebnissen anderer Frauen von anderen Konzerten überein.

Mehr als 20 Millionen Platten und CDs: »So viele Alben haben Rammstein im Laufe ihrer Karriere verkauft«, *Rolling Stone*, Kristina Baum, 12. Juni 2023, https://www.rollingstone.de/rammstein-album-verkaeufe-tontraeger-2599111/

einen neuen Twitter-Account zu: Shelby Lynns Account ist unter twitter.com/shelbys69666 zu finden. Die Plattform Twitter hat ihren Namen Ende Juli 2023 zu »X« geändert.

I'm the girl that was spiked at Rammstein: Hier findet sich der allererste Tweet von Shelby Lynn: https://twitter.com/Shelbys69666/status/1661519494924099586

meldet sich die Band: Der erste Tweet von Rammstein, in dem sie den Vorwürfen entgegentreten, findet sich hier: https://twitter.com/RSprachrohr/status/1662932645657944065?s=20

Investigativreporter*innen versuchen normalerweise: Wer sich intensiver über die Arbeit investigativer Journalist*innen informieren will, dem legen wir das Netzwerk Recherche ans Herz, den Verein investigativer Journalist*innen in Deutschland – in dem wir beide Vorstandsmitglied sind: netzwerkrecherche.org

Part 2: Till's girls

die sich auf Instagram in schönen Kleidern zeigt: Alena Makeevas Instagram-Account findet sich unter https://www.instagram.com/alena_makeeva/. Ihr VK-Profil unter https://vk.com/alena_makeeva

in ihrer Heimatstadt Samara: Bericht über das »Rock over the Volga«-Festival unter https://www.eg.ru/showbusiness/38977/

»berühmtestes russisches Groupie«: Aus einem Interview mit Makeeva unter https://drugoigorod.ru/without-manson/; weitere Infos zu Makeevas Beziehung zu Rammstein auch aus diesem Text unter https://www.gazetametro.ru/legacy/articles/zhitelnitsa-samary-rasskazala-o-semkah-v-novom-klipe-rammstein-25-02-2019

Im Video zu »Radio«: Makeeva taucht im Video bei Minute 3:07 auf https://www.youtube.com/watch?v=m6UNdY0xadQ

in zwei Musikvideos von Lindemanns Soloprojekt: Angaben zu Auftritten Makeevas aus der IMDb unter https://www.imdb.com/name/nm14571056/

Anfang November schreibt sie: Die beiden Beiträge finden sich unter https://www.instagram.com/p/Bre6QK6AVZQ/?utm_source=ig_web_copy_link&igshid=MzRlODBiNWFlZA== und https://vk.com/alena_makeeva?w=wall6215319_14492

Eine Frau wird von ihr gefragt: Die in dieser Passage von uns gemachten Angaben und zitierten Aussagen stammen aus Chat-Nachrichten aus, die uns vorliegen oder aus eidesstattlichen Versicherungen der jeweiligen Quellen.

hat davon sogar einmal Videoaufnahmen machen lassen: Das Video ist im Netz zu finden. Eine Berichterstattung dazu gibt es u. a. hier: https://www.rollingstone.de/konzert-rammstein-till-lindemann-blowjob-video-von-2020-geht-im-netz-viral-2604801/

schwärmen geradezu von ihren Begegnungen: Wir haben in unseren Recherchen auch mit mehreren Frauen gesprochen, die solche positiven Erfahrungen gemacht haben. Zwei Frauen haben zudem einen offenen Brief geschrieben, in dem sie unsere Berichterstattung bei *NDR* und *SZ* im Sommer 2023 kritisieren. Trotz mehrfacher Anfrage waren sie jedoch nicht dazu bereit, mit uns im Detail oder unter Klarnamen über ihre persönlichen Erlebnisse zu sprechen. Ihr Brief findet sich unter https://nichtinmeinemnamenbrief.wordpress.com/

genau das Gegenteil: Auch die Aussagen dieser Passage stammen von mehreren Frauen, mit denen wir ausführlich gesprochen haben und die zum Großteil auch Versicherungen an Eides statt abgegeben haben.

in einem Youtube-Video Anfang Juni 2023: Das gut halbstündige Video von Kayla Shyx ist von Till Lindemann juristisch angegriffen worden. Einige Aussagen musste

Shyx nach einer Verfügung des LG Hamburg löschen. Ein ausführlicher Bericht dazu ist hier nachzulesen: https://www.lto.de/recht/hintergruende/h/324026423-lg-hamburg-rammstein-lindemann-shyx-sexuelle-belaestigung-medienrecht/ Der Großteil des Videos steht weiter online – auch die von uns in diesem Buch beschriebenen Inhalte: https://www.youtube.com/watch?v=9YLsMXyo3Uc

ist auch Kaya Richard: Die junge Österreicherin hat uns ihre Aussagen an Eides statt versichert, auch ihre Mutter hat für ihre Beobachtungen eine eidesstattliche Versicherung unterschrieben. Dazu stützen Kommunikation mit einer Freundin sowie Fotos die Erzählungen von Richard. Seit Ende Mai 2023 haben wir und unsere Kolleg*innen von *NDR* und *SZ* mehrere Male lange mit Richard über ihre Erfahrungen gesprochen.

mutmaßt ein Vertrauter Lindemanns: Während der Recherchen haben wir und unsere Kolleg*innen von *NDR* und *SZ* mit zahlreichen Menschen aus dem engen Umfeld von Till Lindemann und der Band Rammstein gesprochen.

später in einem Interview sogar davon: Lindemanns Anwalt hat mehrere Interviews zu der juristischen Auseinandersetzung gegeben. Das hier benannte Gespräch führte er mit der *Neuen Zürcher Zeitung*, https://www.nzz.ch/feuilleton/medien/till-lindemann-sein-medienanwalt-ueber-verdachtsberichterstattung-ld.1761716

rechtliche Schritte gegen falsche Behauptungen: Die Pressemitteilung von Lindemanns Kanzlei ist damals in vielen Medien zitiert worden, etwa hier im *Tagesspiegel*. https://www.tagesspiegel.de/kultur/die-vorwurfe-sind-ausnahmslos-unwahr-rammstein-sanger-lindemann-lasst-anschuldigungen-zuruckweisen-9951783.html

derweil einen Krisenkommunikator: In vielen Medien ist der PR-Manager (mit dem auch wir kommuniziert haben) als »ein Vertrauter der Band« bezeichnet worden. Das lässt die Zitate nach Recherche klingen, de facto war es aber die Sicht und das gewollte Framing der Band, die über diesen PR-Manager verbreitet wurden, etwa hier beim *Redaktionsnetzwerk Deutschland*: https://www.rnd.de/promis/rammstein-vertrauter-bestaetigt-sex-partys-hinter-der-buehne-und-bestreitet-straftaten-L5IWXD5HRFFUNBDO3GVL2XUWSU.html

kündigt das Management eine Untersuchung an: Angeblich, so hieß es damals in den Tagen nach den ersten Veröffentlichungen, seien »siebenseitige Fragenkataloge vorbereitet worden, die mit zahlreichen an der Tournee beteiligten Mitarbeitern durchgearbeitet werden sollen«. Bis zum Redaktionsschluss dieses Buches sind diese nicht vorgelegt worden. Hier findet sich die Berichterstattung über die damalige Ankündigung: https://www.sueddeutsche.de/kultur/kanzlei-lindemann-rammstein-row-zero-alena-m-1.5905780

postet auf Instagram Beiträge: Die Storys finden sich – zum Redaktionsschluss dieses Buches – in Teilen noch in den Highlights von Alena Makeevas Instagram Account, etwa hier: https://www.instagram.com/stories/highlights/17903354177715109/

kommt es zu Konfrontationen: »Rammstein-Konzert Kein Abend wie jeder andere«, *Süddeutsche Zeitung*, Michael Zirnstein, Robert Haas, Jana Jöbstl und Martin Tofern, 7. Juni 2023, https://www.sueddeutsche.de/kultur/rammstein-konzert-muenchen-1.5909040

werden Fenster eingeschmissen: »Berliner Firmensitz der Band Rammstein attackiert«, rbb, ohne Autor*in, 27. Juni 2023, https://www.rbb24.de/panorama/beitrag/2023/06/berliner-firmensitz-band-rammstein-attackiert.html wird eingebrochen: »Bericht über Einbruch: Unbekannte sollen in Berliner Wohnung von Till Lindemann eingedrungen sein«, *Tagesspiegel*, ohne Autor*in, 5. August 2023, https://www.tagesspiegel.de/berlin/bericht-uber-einbruch-unbekannte-sollen-in-die-berliner-wohnung-von-till-lindemann-eingedrungen-sein-10268269.html

weiter schreibt jemand: Hier waren wir selbst für Recherchen vor Ort.

kündigt die Berliner Staatsanwaltschaft an: »Vorwürfe gegen Rammstein: Berliner Staatsanwaltschaft ermittelt gegen Sänger Till Lindemann«, *Tagesspiegel*, Jost Müller-Neuhof, Alexander Fröhlich, Anna Thewalt, 14. Juni 2023, https://www.tagesspiegel.de/berlin/vorwurfe-gegen-rammstein-berliner-staatsanwaltschaft-ermittelt-gegen-sanger-till-lindemann-9983014.html

Ende August 2023 eingestellt werden: https://www.berlin.de/generalstaatsanwaltschaft/presse/pressemitteilungen/2023/pressemitteilung.1360122.php

Part 3: Tsunami

Zwischen Schockstarre, Wut, Aktionismus: Der LinkedIn-Beitrag von Susann Hommel: https://www.linkedin.com/posts/susann-hommel-792bb7263_rammstein-tilllindemann-activity-7074104602656174080-eH6L

Susann Hommel, 34, ist Musikerin: Mehrfach haben wir mit Susann Hommel seit unseren Veröffentlichungen im Sommer 2023 gesprochen. Auch aus diesen Gesprächen sind Informationen und Zitate in dieses Buch eingeflossen.

Verein Music S Women: Die Webseite des Vereins findet sich unter https://musicswomen.de/

Show Down – der Feierkultur Podcast: Die entsprechende Folge mit Susann Hommel als Gast findet sich hier: https://showdownpodcast.podigee.io/112-musicmetoo

Unter dem Namen Time's Up: Einige Informationen über die damaligen Aktivitäten von Time's Up finden sich auf dem entsprechenden Instagram-Account: https://www.instagram.com/timesupnow/

sagt Monáe auf der Bühne: Die Rede ist knapp zwei Minuten lang, eine Aufnahme gibt es hier: https://www.facebook.com/RecordingAcademy/videos/143967729603251/

die Sängerin Kesha gemeinsam: »Kesha Led an Incredible Group of Women in a Time's Up Tribute at the Grammys«, *Time*, Raisa Bruner, 28. Januar 2018, https://time.com/5122525/kesha-grammys-times-up/

ein offener Brief: »Robyn, Nina Persson of The Cardigans Sign Open Letter Alleging Widespread Sexual Harassment in Sweden's Music Industry«, *Billboard*, Marc Schneider, 20. November 2017, https://www.billboard.com/pro/open-letter-robyn-nina-persson-sweden-music-industry/

Das britische Unterhaus: Alle Informationen zu der parlamentarischen Untersuchung gibt es auf dieser Seite: https://committees.parliament.uk/work/6736/misogyny-in-music/

heißt es in dem Abschlussbericht: Eine Zusammenfassung der wichtigsten Ergebnisse gibt es z. B. hier: https://theconversation.com/sexism-permeates-every-layer-of-the-music-industry-new-report-echoes-what-research-has-been-saying-for-years-222645

This is a tsunami: Zitiert aus »Uniformen find ich sexy: Jens Balzer spricht mit Janelle Monáe«, *Die Dame*, Frühling/Sommer 2018, S. 180–185.
»perfekte Bedingungen, um Systeme zu errichten«: »Die große Show«, *Süddeutsche Zeitung*, Nils Minkmar, 8. Juni 2023, https://www.sueddeutsche.de/kultur/machtmissbrauch-kunst-und-kultur-rammstein-1.5911345
»In Plastik gegossene Revolution«: Zitiert aus Tim Renner: *Kinder, der Tod ist gar nicht so schlimm!*, Frankfurt am Main 2004, S. 10.
»komplexen und miteinander verwobenen ›Ökosystem‹ der Musikwirtschaft«: Studie des BDKV »Musikwirtschaft in Deutschland 2020«, S. 17. https://gema-politik.de/wp-content/uploads/2020/09/Musikwirtschaftsstudie_2020_ds_DIW_Econ.pdf
eines der meistgelesenen Branchen-Newsletter: https://lowbudgethighspirit.com/
Drei Viertel der Umsätze: https://de.statista.com/statistik/daten/studie/215773/umfrage/umsatzentwicklung-von-musikdownloads-gegenueber-vorjahr/
bei 26,2. Milliarden Dollar: https://de.statista.com/statistik/daten/studie/182361/umfrage/weltweiter-umsatz-der-musikindustrie-seit-1997/
Die restlichen zehn Prozent: »Verlasst Spotify!«, *Rolling Stone*, Rocko Schamoni, 7. Juni 2023, https://www.rollingstone.de/verlasst-spotify-2597143/
von den Streams ihrer Musik nicht leben: *Dirty Little Secrets*, ARD-Dokumentation, Folge 1: »Der geheime Deal mit den Labels«, 28. Mai 2023, https://www.ardmediathek.de/video/dirty-little-secrets/folge-1-der-geheime-deal-mit-den-labels-s01-e01/br-fernsehen/Y3JpZDovL2JyLmRlL3ZpZGVvL2EzMTUwZThiLTM2OTQtNDlhMy05ZmNmLTEwYjU4NjUwZWQ1Ng
hatte das Unternehmen schon im Visier: »Expansion am Bundeskartellamt vorbei«, *Tagesschau*, Sammy Khamis und Friederike Wipfler, 3. Juni 2023, https://www.tagesschau.de/investigativ/br-recherche/eventim-musikindustrie-100.html. Und: »Bundeskartellamt untersagt Zusammenschluss zwischen CTS Eventim und Four Artists«, Pressemitteilung des Bundeskartellamtes, https://www.bundeskartellamt.de/SharedDocs/Meldung/DE/Pressemitteilungen/2017/23_11_2017_CTS_Eventim_Four_Artists.html
oft unter prekären Bedingungen: »Corona-Hilfen der Bundesregierung: So sollen kleine Festivals gerettet werden«, *Tagesspiegel*, Marian Schuth, 21. November 2020, https://www.tagesspiegel.de/berlin/so-sollen-kleine-festivals-gerettet-werden-4212037.html. Und: »Debatte um Förderung: Welche Festivals braucht das Land?«, *Deutschlandfunk*, Adalbert Siniawski, 20. September 2018, https://www.deutschlandfunk.de/debatte-um-foerderung-welche-festivals-braucht-das-land-100.html. Und: Eigene Gespräche.

Part 4: Revolution

Pamela Ann Miller ist sechzehn Jahre alt: Die Erzählungen zu Pamela Des Barres haben wir aus verschiedenen Veröffentlichungen zusammengetragen. Zitiert und paraphrasiert haben wir u. a. aus ihren beiden Büchern: *Light My Fire. Bekenntnisse eines Groupies*, Frankfurt am Main – Berlin 1989. Und: *Im Bett mit den Rockgöttern. Die intimsten Bekenntnisse der Supergroupies*, München 2008.
»Ich verschmolz mit ihrer Musik«: Zitiert aus Des Barres, *Light My Fire*, S. 54.
»waren einfach mein Leben«: Ebenda, S. 60.

»war Mick Jagger«: Ebenda, S. 83.
»inmitten einer Revolution befanden«: Ebenda, S. 50.
»das Gefühl geben, eine Familie zu sein«: »The Groupies and Other Girls«, *Rolling Stone*, Jerry Hopkins, John Burks und Paul Nelson, 15. Februar, 1969, https://www.rollingstone.com/feature/groupies-gtos-miss-mercy-plaster-caster-75990/
»dass ich sie schmecken konnte«: Zitiert aus Des Barres, *Im Bett mit den Rockgöttern*, S. 16.
in einem Interview mit dem ZDF: »Ich bin Fan: Von der Liebe zur Besessenheit«, Dokumentation von *ZDF aspekte*, 29. September 2023, https://www.zdf.de/kultur/aspekte/fankultur-leidenschaft-besessenheit-taylor-swift-100.html
»Der Rest hat sich zufällig ergeben«: »Ich bekomme, was ich will. Zumindest meistens«, Interview mit Uschi Obermaier in der *Galore*, Gerd Rosenacker, 31. Oktober 2006, https://web.archive.org/web/20070928141643/https://www.galore.de/index.php?id=37&interview=453
»was sie heute sind«: »Good time girl: memories of super groupie Pamela Des Barres«, Interview mit Pamela Des Barres im *Guardian*, Craig McLean, 6. Mai 2018, https://www.theguardian.com/global/2018/may/06/good-time-girl-memories-of-a-super-groupie
»nasse Chiffonhemd auszuziehen«: Zitiert aus Des Barres, *Light My Fire*, S. 159.
in einem Interview mit Big Issue: »Pamela Des Barres: #MeToo was different in music«, *Big Issue*, Laura Kelly, 2. Mai 2018, https://www.bigissue.com/culture/music/pamela-des-barres-metoo-was-different-in-music/
damals in Ordnung gewesen: »Good time girl«, https://www.theguardian.com/global/2018/may/06/good-time-girl-memories-of-a-super-groupie
»Ich bin nie verletzt worden«: »Pamela Des Barres«, https://www.bigissue.com/culture/music/pamela-des-barres-metoo-was-different-in-music/
wie der Tagesspiegel 2023 zusammentrug: »Prahlereien in Autobiografien – Wie skrupellos Musiker über die sexuelle Ausbeutung von Groupies schreiben«, *Tagesspiegel*, Inga Barthels, Luca Lang, Hannes Soltau, Saara von Alten, 22. Juli 2023, https://www.tagesspiegel.de/gesellschaft/prahlereien-in-autobiografien-wie-skrupellos-musiker-uber-die-sexuelle-ausbeutung-von-groupies-schreiben-10169101.html
jünger war und besser aussah: Zitiert nach ebenda.
sogar einen gleichnamigen Song: https://www.songtexte.com/songtext/frank-zappa/crew-slut-1bd71d08.html
auf den Hotelflur retten können: Zitiert aus Des Barres, *Im Bett mit den Rockgöttern*, S. 232.
angeblich fünfzehn Jahre alt: »I lost my virginity to David Bowie – Confessions of a '70s Groupie«, Interview mit Lori Mattix in *Thrillist*, Michael Kaplan, 11. März 2015, https://www.thrillist.com/entertainment/nation/i-lost-my-virginity-to-david-bowie
in seinem Lied »Look Away«: https://genius.com/Iggy-pop-look-away-lyrics
»Ich war Jimmy's kleiner Engel«: »I lost my virginity to David Bowie – Confessions of a '70s Groupie«, https://www.thrillist.com/entertainment/nation/i-lost-my-virginity-to-david-bowie
etwa in »Stray Cat Blues«: https://www.songtexte.com/songtext/the-rolling-stones/stray-cat-blues-43d5fb43.html

»als solche zu erkennen waren«: Zitiert aus Des Barres, *Im Bett mit den Rockgöttern*, S. 251.
»So schlimm war das nicht.«: Ebenda, S. 266.
ihre Mutter habe sich sogar gefreut: »I lost my virginity to David Bowie – Confessions of a '70s Groupie«, https://www.thrillist.com/entertainment/nation/i-lost-my-virginity-to-david-bowie
»einen guten Kontakt verschaffen könnte«: *Star* Nr. 5/73, S. 60. Fünf Ausgaben des nur kurze Zeit herausgegebenen Teenie-Magazins *Star* finden sich, frei zum Download, hier: https://www.star1973.com/
einflussreiche Radiomoderator Rodney Bingenheimer: Mehr über Bingenheimer zeigt der Dokumentarfilm *Mayor of the Sunset Strip* von 2003, https://www.imdb.com/title/tt0230512/
in einem Dokumentarfilm: *Look Away* aus dem Jahr 2021 von Autorin Sophie Cunningham, https://www.imdb.com/title/tt21228320/
»ich war zu jung«: »Kim Fowley's Estate Sued for Sexual Assault of Minor«, *Rolling Stone*, Ethan Millman, 27. April 2023, https://www.rollingstone.com/music/music-features/runaways-kari-krome-kim-fowley-lawsuit-1234724326/
Assembly Bill 218: https://leginfo.legislature.ca.gov/faces/billTextClient.xhtml?bill_id=201920200AB218
»es hat nur niemanden interessiert«: »Kim Fowley's Estate Sued for Sexual Assault of Minor«, https://www.rollingstone.com/music/music-features/runaways-kari-krome-kim-fowley-lawsuit-1234724326/
die Vormundschaft über das Mädchen: Zitiert aus Steven Tyler, *Does the Noise in My Head Bother You? Meine Rock 'n' Roll-Memoiren*, New York 2011, S. 142/143.
»Komplizin der Leidenschaft«: Ebenda, S. 141.
auf einer Pro-Life-Website: »The Light of the World – the Steven Tyler and Julia Holcomb Story«, *LifeSite*, Julia Misley, 24. Mai 2011, https://www.lifesitenews.com/news/the-light-of-the-world-the-steve-tyler-and-julia-holcomb-story/
»Ich sah aus wie eine Lolita«: *Look Away*, https://www.imdb.com/title/tt21228320/
in der Klageschrift: https://www.andersonadvocates.com/wp-content/uploads/2023/04/Complaint-Julia-Misley-v.-Steven-Tyler-et-al.-2123-.pdf
»wir standen über allem«: *Look Away*, https://www.imdb.com/title/tt21228320/
sein Mündel geschwängert hätte: Mehr in der Klageschrift, https://www.andersonadvocates.com/wp-content/uploads/2023/04/Complaint-Julia-Misley-v.-Steven-Tyler-et-al.-2123-.pdf
»eine wirklich gute Zeit«: »I wouldn't want this for anybody's daughter: will #MeToo kill off the rock 'n' roll groupie?«, *Guardian*, Thea De Gallier, 15. März 2018.
»die exekutiert wurden«: Zitiert aus Roxana Shirazi, *The Last Living Slut. Born in Iran, Bred Backstage*, London 2010, S. 55.
»Regeln zu brechen«: Ebenda, S. 95.
sei sie bewusstlos geworden: Ebenda, S. 123.
»jetzt den Preis dafür zahlen«: Ebenda, S. 247.

so oft auf Spotify gestreamt: »Das sind die meistgehörten Songs 2022 auf Spotify«, *Die Welt*, Sabine Winkler, 5. Dezember 2022, https://www.welt.de/kmpkt/article242431951/Spotify-Das-sind-die-beliebtesten-Songs-des-Jahres-2022.html
Auf Instagram zeigt er: https://www.instagram.com/lucianoloco/
»sowieso eher nichts verloren«: Zitiert aus Flake, *Heute hat die Welt Geburtstag*, Frankfurt am Main 2017, S. 189.
in einer Dokumentation: Die Dokumentation *FCK 2020 – Zweieinhalb Jahre mit Scooter* der Autorin Cordula Kablitz-Post, 2022, zu sehen u. a. auf Netflix, https://www.filmstarts.de/kritiken/280914.html
Auch der »Bar-Zwang«: »Scooter: Texten ist unheimlich schwierig«, Interview im NDR mit Barbara Block, 9. Januar 2023, https://www.ndr.de/kultur/musik/pop/Scooter-Texten-ist-unheimlich-schwierig,scooter294.html
»gesetzesfreie Zone«: *FCK 2020 – Zweieinhalb Jahre mit Scooter*, https://www.filmstarts.de/kritiken/280914.html
»muss irgendwie kompensiert werden«: Die Dokumentation *Rammstein in Amerika* des Autors Hannes Rossacher, 2015, zu sehen u. a. bei Amazon Prime, https://www.amazon.de/Rammstein-Amerika-Dokumentation/dp/B07ZR3H6HS
»goldene Bändchen«: Zitiert aus Anis Ferchichi (mit Lars Amend), *Bushido*, München 2008, S. 133.
Einem Insider zufolge: »Fickbänder für hübsche Frauen: Auch bei Bushido wurden systematisch Groupies rekrutiert«, *Tagesspiegel*, Saara von Alten, 25. Juni 2023, https://www.tagesspiegel.de/gesellschaft/fickbander-fur-hubsche-frauen-auch-bei-bushido-wurden-systematisch-groupies-rekrutiert-10030144.html
Fler in seiner Autobiografie: Zitiert aus Fler (mit Julia Kautz und Sascha Wernicke), *Im Bus ganz hinten. Eine deutsche Geschichte*, München 2011, S. 174.
soll früher durch Hotelbars gelaufen sein: Zitiert aus Chris Heath, *Feel. Robbie Williams*, Reinbeck bei Hamburg 2017, S. 576/577.
in der NDR-Sendung: Die NDR-Sendung *Inas Nacht* vom 21. Oktober 2017, ab Minute 7:55
die Handys an sie ausgehändigt: Die von Runa Hoffmann erzählte Anekdote ist uns von mehreren Anwesenden bestätigt worden. Der Namen des Künstlers ist uns bekannt.
»wird es einfach nur zu brutal«: https://www.musixmatch.com/de/songtext/Apache-207/Beifahrersitz
auf einem Video von 2004 festgehalten: Das Video ist in Teilen von dem Rapper Cashmo veröffentlicht worden und findet sich auf Youtube, https://www.youtube.com/watch?v=oV8EV6wCvbA
»wird richtig gebumst«: https://musikguru.de/bushido/songtext-gangbang-697064.html
Legal Tribune Online zufolge: »Bushido muss Belästigungsopfer 62.500 Euro Entschädigung zahlen«, *Legal Tribune Online*, Felix W. Zimmermann, 31. März 2022, https://www.lto.de/recht/nachrichten/n/sexuelle-belaestigung-bushido-cashmo-ferchichi-geldenschaedigung/
designierten »Gangbang-Koordinator« gegeben: Zitiert aus Anis Ferchichi (mit Lars Amend), *Bushido*, München 2008, S. 109. Während unserer Recherchen haben

wir mit mehreren Personen aus dem Umfeld von Bushido gesprochen, die uns Beschreibungen aus der Autobiografie bestätigt haben.

»Dass ich nicht lache«: Ebenda, S. 135.

in einem Rechtsstreit herausstellte: »Bushido muss Belästigungsopfer 62.500 Euro Entschädigung zahlen«, https://www.lto.de/recht/nachrichten/n/sexuelle-belaestigung-bushido-cashmo-ferchichi-geldenschaedigung/

den »Integrations-Bambi« entgegengenommen: »Bushido bekommt Bambi«, n-tv, 6. November 2011, https://www.n-tv.de/leute/Bushido-bekommt-Bambi-article4701041.html

als Praktikant: »Bad Boy im Bundestag«, *Der Spiegel*, dpa, 27. Juni 2012, https://www.spiegel.de/politik/deutschland/bushido-macht-praktikum-im-bundestag-a-841357.html

in Dubai großzieht: »Rapper lebt in Dubai: Bushido vermisst Berliner Döner und deutsche Brötchen«, *Tagesspiegel*, dpa, 1. Februar 2024, https://www.tagesspiegel.de/berlin/rapper-lebt-in-dubai-bushido-vermisst-berliner-doner-und-deutsche-brotchen-11142862.html

In einer Botschaft auf Instagram: Die damalige Instagram-Story ist bis heute auf Youtube abrufbar unter https://www.youtube.com/watch?v=UZwJ9ZOjUWE

mit uns zu sprechen: Im Laufe unserer Recherchen haben wir mit mehreren Managern in ähnlichen Funktionen gesprochen. Die Erfahrungen der anderen Männer unterstreichen das von Mert Sadighi gezeichnete Bild.

zu vierzehn Jahren Haft verurteilt: »Sieben Frauen vergewaltigt: 40-Jähriger verurteilt«, ORF, 27. November 2023, https://noe.orf.at/stories/3234266/

später noch fünf weitere: »Vergewaltigungs-Vorwürfe: 40-Jähriger wird zu 14 Jahren Haft verurteilt«, *Kurier*, ohne Autor*in, 27. November 2023, https://kurier.at/chronik/niederoesterreich/vergewaltigungs-vorwuerfe-40-jaehriger-wird-zu-14-monaten-haft-verurteilt/402686239

laut Medienberichten: »K.o.-Tropfen, Vergewaltigung: Musik-Manager schuldig«, *Heute*, 27. November 2023, https://www.heute.at/s/ko-tropfen-vergewaltigung-musik-manager-schuldig-120006504

zumeist rosa gefärbten Haaren: https://www.instagram.com/connycallsshotgun/

Das Interview mit ihm: »Ich war ein Arschloch«, Interview in *Der Spiegel*, Nora Gantenbrink, 8. Dezember 2023, https://www.spiegel.de/panorama/rapper-kool-savas-ueber-sex-mit-fans-und-seinen-umgang-mit-frauen-ich-war-ein-arschloch-a-803e3a01-5bba-4fd1-a7d1-90ced1bc896c

einem kanadischen Medium: »Allégations de nature sexuelle: Rammstein voulait des jeunes filles pour faire la fête à Québec en 2010«, *le journal de québec*, Cédric Bélanger, 6. Juni 2023, https://www.journaldequebec.com/2023/06/06/allegations-de-nature-sexuelle-rammstein-voulait-des-jeunes-filles-pour-faire-la-fete-a-quebec-en-2010 mit seiner Box angegeben haben: »Marilyn Manson: The Monster Hiding in Plain Sight«, *Rolling Stone*, Kory Grow und Jason Newman, 14. November 2021, https://www.rollingstone.com/music/music-features/marilyn-manson-abuse-allegations-1256888/

und nackten Kindern zu sehen: Aus einer Klage einer »Jane Doe« gegen Manson aus dem Jahr 2023, die uns vorliegt.

»Ich liebe es, so viel Ärger zu machen«: »Richard Kern snapped and chatted to Marilyn Manson for Purr 1995«, im Netz zu finden unter https://manson.wiki/Interview:Richard_Kern_snapped_and_chatted_to_MARILYN_MANSON_for_PURR_1995

habe Manson auf sie uriniert: Zitiert aus Marilyn Manson (mit Neil Strauss), *The Long Hard Road Out of Hell*, New York 1998.

einer oder mehrerer Frauen: »Neil and Marilyn«, *Chicago Reader*, Jim DeRogatis, 26. März 1998, https://chicagoreader.com/news-politics/neil-and-marilyn/

für das frühere Popkulturblog *Grantland*: »A Lovely Chat With the ›God of F--k‹: Why Marilyn Manson Is Still Here (and Why We Haven't Asked Him to Leave)«, *Grantland*, Steven Hyden, 20. Januar 2015, https://grantland.com/hollywood-prospectus/marilyn-manson-the-pale-emperor/

der vermeintlichen Kunstfigur zugeschrieben: »Tracing Marilyn Manson's Blurred Lines Between Shock Rock and Alleged Abuse«, *Pitchfork*, Marc Hogan, 2. Februar 2021, https://pitchfork.com/news/tracing-marilyn-mansons-blurred-lines-between-shock-rock-and-alleged-abuse/

extrem ähnlich sieht: Das Video »Running To The Edge Of The World« findet sich hier, die Szene beginn ab Minute fünf: https://www.youtube.com/watch?v=21KrE9pFHW8

vergewaltigt worden sei: »How Evan Rachel Wood's Wild Past and Personal Demons Prepared Her for ›Westworld‹«, *Rolling Stone*, Alex Morris, 17. November 2016, https://www.rollingstone.com/tv-movies/tv-movie-features/evan-rachel-wood-how-wild-past-personal-demons-prepped-her-for-westworld-107632/

vor dem Kongress in Washington, D. C.: »Evan Rachel Wood details sexual assaults to Congress«, *USA Today*, Erin Jensen, 27. Februar 2018, https://eu.usatoday.com/story/life/people/2018/02/28/evan-rachel-wood-details-sexual-assaults-congress/381118002/

auf Platz vier der Albumcharts: https://de.wikipedia.org/wiki/Marilyn_Manson_(Band)/Diskografie

»zu sehr eingeengt« gefühlt: »Marilyn Manson: The Monster Hiding in Plain Sight«, *Rolling Stone*, Kory Grow und Jason Newman, 14. November 2021, https://www.rollingstone.com/music/music-features/marilyn-manson-abuse-allegations-1256888/

weitere Frauen an die *Los Angeles Times*: »Marilyn Manson's accusers detail his alleged abuse. ›He's so much worse than his persona‹«, *Los Angeles Times*, August Brown und Suzy Exposito, 5. November 2021, https://www.latimes.com/entertainment-arts/music/story/2021-11-05/marilyn-manson-esme-bianco-sexual-abuse-allegations

»schockierendste Aussagen normalisiert wurden«: »Marilyn Manson: The Monster Hiding in Plain Sight«, https://www.rollingstone.com/music/music-features/marilyn-manson-abuse-allegations-1256888/

mit seinen Provokationen aufs Cover: https://twitter.com/MarsHollygarden/status/1460507410297016321

»fast vollständig ausradiert werden«: »How Hip-Hop Rewards Rappers for Abusing Women«, *The Daily Beast*, Amy Zimmerman, 9. September 2017, https://www.thedailybeast.com/xxxtentacion-kodak-black-and-how-hip-hop-rewards-rappers-for-abusing-women

sagt die Journalistin Anne-Sophie Jahn: Im Interview mit der Sendung *Télé-Matin*, 20. März 2023, zu finden auf Youtube hier: https://www.youtube.com/watch?v=gZ93yVVL1ak

bis heute beschäftigt: »Bertrand Cantat, enquête sur une omerta«, *Le Point*, Anne-Sophie Jahn, 29. November 2017, https://www.lepoint.fr/societe/bertrand-cantat-enquete-sur-une-omerta-29-11-2017-2176157_23.php#11

deshalb schnell rehabilitiert worden: Im Interview mit der Sendung *Télé-Matin*, https://www.youtube.com/watch?v=gZ93yVVL1ak

für seinen Europawahlkampf ein: »Européennes: Bertrand Cantat chante pour José Bové à Bordeaux«, *Le Parisien*, 17. Mai 2014, https://www.leparisien.fr/elections/europeennes/europeennes-bertrand-cantat-chante-pour-jose-bove-a-bordeaux-17-05-2014-3849487.php

längst Hinweise darauf: »Bertrand Cantat, enquête sur une omerta«, https://www.lepoint.fr/societe/bertrand-cantat-enquete-sur-une-omerta-29-11-2017-2176157_23.php#11 und »Bertrand Cantat: la vérité sur le calvaire de Kristina Rady«, VSD, 26. Juni 2013, https://vsd.fr/27221-bertrant-cantat-la-verite-sur-le-calvaire-de-kristina-rady/

sagt Jahn gegenüber der Welt: »Er macht schreckliche Dinge mit mir, vor der Familie«, *Die Welt*, Martina Meister, 10. März 2018, https://www.welt.de/vermischtes/article174411315/Bertrand-Cantat-Comeback-eines-umstrittenen-Rockstars.html

wieder in den Charts: »Rammstein-Alben steigen in den Charts«, *Der Spiegel*, *dpa*, 16. Juni 2023, https://www.spiegel.de/kultur/rammstein-alben-steigen-in-den-charts-trotz-lindemann-vorwuerfen-a-2f2f6199-0b21-433e-bcd8-413ba0588a5b

der Grammy Awards auf der Bühne: »Social Media Is Very Confused by Lizzo Presenting at the Grammys Following Harassment Lawsuits«, *US Weekly*, Miranda Siwak, 4. Februar 2024, https://www.usmagazine.com/entertainment/news/2024-grammys-spark-confusion-when-lizzo-attends-amid-harassment-lawsuit/

Spencer Kornhaber in *The Atlantic*: »The Pop Music You Listen To Really Does Matter«, *The Atlantic*, Spencer Kornhaber, 6. Juli 2021, https://www.theatlantic.com/culture/archive/2021/07/dr-luke-doja-cat-pop-music-ethics/619366/

»Sie sind ein Marketing-Tool«: »Du kriegst deine Strafe, nicht nur vom Richter«, *Süddeutsche Zeitung*, Jakob Biazza, 19. Juni 2021, https://www.sueddeutsche.de/kultur/samra-vergewaltigungsvorwuerfe-hip-hop-1.5326391

gewalttätiger US-Rapper nahe: »How Hip-Hop Rewards Rappers for Abusing Women«, https://www.thedailybeast.com/xxxtentacion-kodak-black-and-how-hip-hop-rewards-rappers-for-abusing-women

so etwas wie ein Wallfahrtsort: Hier ein Beispiel-Video: https://www.youtube.com/shorts/HjVCXM6Pokw

und eingesperrt haben soll: »Geheime Tonaufzeichnung: XXXTentacion gibt häusliche Gewalt und andere Verbrechen zu«, *Vice*, Shaad D'Souza, 24. Oktober 2018, https://www.vice.com/de/article/8xjpvb/xxxtentacion-geheime-tonaufzeichnung-2016-gestaendnis-haeusliche-gewalt-gefaengnis

mit sechsstelligen Vorschüssen an: »XXXTentacion Signed 10 Million Album Deal Before His Death«, *New York Times*, Ben Sisario and Joe Coscarelli, 8. Juli 2018, https://www.nytimes.com/2018/07/08/arts/music/xxxtentacion-death-album.html

»war er in Handschellen«: Ebenda.

tritt er sowohl 2017 als auch 2018 auf: Die Auftritte und Setlisten von XXXTentacion zu der Zeit: https://www.setlist.fm/setlists/xxxtentacion-1bc321cc.html

»gehen nicht so tief wie Geständnisse«: »How Hip-Hop Rewards Rappers for Abusing Women«, https://www.thedailybeast.com/xxxtentacion-kodak-black-and-how-hip-hop-rewards-rappers-for-abusing-women

eine weiße deutsche Frau aus Ladenburg: Eva Ries hat ein Buch über ihre Zeit mit der Band geschrieben: Eva Ries (mit Annette Utermark), *Wu-Tang Is Forever*, Wals bei Salzburg 2022.

den Kiefer gebrochen: Aus unserem Gespräch mit Eva Ries.

verklagt die Gruppe: »Victim Of Alleged Beating To Pursue Criminal Charges Against Wu-Tang«, *MTV*, Chris Nelson, 6. Oktober 1997, https://www.mtv.com/news/a68qz8/victim-of-alleged-beating-to-pursue-criminal-charges-against-wu-tang

Dabei ist Hip-Hop in seinen ersten Jahren: Zur Geschichte des Hip-Hop, international wie national, empfehlen wir den Podcast »50 Jahre HipHop – mit Songs in die Geschichte« von Falk Schacht und Alba Wilczek aus der *ARD*-Audiothek, https://www.ardaudiothek.de/sendung/50-jahre-hiphop-mit-songs-in-die-geschichte/51648976/

die sexistische Begriffe verwenden: »F****! Sch*****! B****!«, *Der Spiegel*, Björn Rohwer, 26. Juli 2020, https://www.spiegel.de/kultur/musik/sexismus-im-deutsch-rap-text-analyse-aus-vier-jahrzehnten-rap-geschichte-a-8777bc4f-0c5d-461e-8d19-e99d69a3e3d0

Anteil von Hip-Hop am Gesamtumsatz: https://de.statista.com/statistik/daten/studie/1188602/umfrage/anteil-von-hip-hop-am-umsatz-der-musikindustrie/

wie auf Popmusik: »Musikindustrie in Zahlen 2021«, BVMI, S. 12, https://www.musikindustrie.de/fileadmin/bvmi/upload/06_Publikationen/MiZ_Jahrbuch/2021/Musikindustrie_in_Zahlen_2021_E-Paper.pdf#page=12

und schreiben Bestseller-Memoiren: »Lebe fett, gierig und rücksichtslos«, *Der Spiegel*, Laura Backes, Jürgen Dahlkamp, Jörg Diehl, Maik Großekathöfer, Thomas Heise, Henning Jauernig, Claas Meyer-Heuer, Yannick Ramsel, Tobias Rapp, Jurek Skrobala, Sebastian Späth, Andreas Ulrich und Stefanie Witterauf, 24. Januar 2020, https://www.spiegel.de/kultur/musik/gangsta-rap-aus-deutschland-sex-protz-und-dicke-schlitten-a-00000000-0002-0001-0000-000169122915

»sehr auf die künftige Zusammenarbeit«: »LX & Maxwell schließen langfristigen Deal mit Chapter One«, *Musikwoche*, 8. Februar 2018, https://www.musikwoche.de/recorded-publishing/lx-und-maxwell-schliessen-langfristigen-deal-mit-chapter-one-47dfd56ba6e41526cf88040accba9d3d

heißt es in einem anderen: Verschiedene misogyne und sexistische Texte aus dem Deutschrap hat etwa die Kampagne »Unhate Women« von Terre des Femmes zusammengetragen: https://www.unhate-women.com/en/

durchsuchte die Hamburger Polizei: »Razzia bei Mitgliedern der 187 Straßenbande«, *Die Welt*, 11. April 2018, https://www.welt.de/regionales/hamburg/article175347121/Betaeubungsmittel-Razzia-bei-Mitgliedern-der-187-Strassenbande.html

gebauten Tätowiermaschine: »Rapper Gzuz hat keine Angst vor dem Knast«, *BigFM*, https://www.bigfm.de/news/29929/gzuz-und-das-gefaengnis

für rund drei Jahre im Gefängnis: Die Straftaten und auch eine Reihe weiterer Informationen aus dieser Passage gehen aus einem Urteil des Hamburger Landgerichts aus dem März 2022 gegen Gzuz hervor (710 Ns 10/21). Wir haben Gzuz über seinen Anwalt zu allen im Urteil genannten und von uns verwendeten Informationen sowie weiteren Vorwürfen aus diesem Buch angefragt, dieser hat uns jedoch trotz mehrfacher Nachfrage nicht geantwortet.

Brandbeschleuniger für ihren Erfolg: »Aggressiv und authentisch: Gzuz' Spagat zwischen Knast und Erfolg«, *Watson*, Chiara Menner, 29. Juli 2023, https://www.watson.de/unterhaltung/rap/579033990-rapper-gzuz-aggressiv-und-authentisch-sein-spagat-zwischen-knast-und-erfolg

wie das *Hamburger Abendblatt* einmal schreibt: »187 Straßenbande – gefeiert und gefürchtet«, *Hamburger Abendblatt*, Daniel Schaefer, 21. März 2019, https://www.abendblatt.de/hamburg/article213591313/187-Strassenbande-gefeiert-und-gefuerchtet.html

insgesamt zehn Alben: *Wolke 7*, *Gzuz*, *Große Freiheit* (alle Gzuz), *Hollywood*, *Hollywood Uncut* (beide Bonez MC), *High & hungrig 2*, *High & hungrig 3* (beide Bonez MC und Gzuz), *Palmen aus Plastik*, *Palmen aus Plastik 2*, *Palmen aus Plastik 3* (alle Bonez MC und RAF Camora)

das nicht absichtlich passiert: »Gzuz frei, kein Knast? In wenigen Tagen soll der Rüpelrapper wieder auf freiem Fuß sein«, *Tag24*, Nora Petig, 9. September 2023, https://www.tag24.de/unterhaltung/musik/187-strassenbande/gzuz-frei-kein-knast-in-wenigen-tagen-soll-der-rueppelrapper-wieder-auf-freiem-fuss-sein-2949192

»ältesten Gesten in der populären Musik«: Zitiert aus Jens Balzer, *Pop und Populismus: Über Verantwortung in der Musik*, Hamburg 2019, S. 29.

»hat keinen Wert«: »Ich bin Amerikas Alptraum«, Interview in *Der Spiegel*, Jörg Böckem und Christoph Dallach, 4. Mai 2023, https://www.spiegel.de/kultur/ich-bin-amerikas-alptraum-a-b290ac85-0002-0001-0000-000027007551

»blanker Sexismus«: Ein Beitrag von Sophie Frühwald auf Twitter, 21. Juni 2022, https://twitter.com/SophieFruehwald/status/1539224698369847297

»geschmacklos oder abwertende finden«: »Warum hören wir immer noch sexistische Songs?«, *Frankfurter Allgemeine Zeitung*, Elena Witzek, 22. Juli 2022, https://www.faz.net/aktuell/feuilleton/pop/layla-und-die-folgen-warum-hoeren-wir-noch-sexistische-songs-18191512.html

Bundesjustizminister Marco Buschmann: Ein Beitrag von Marco Buschmann auf Twitter, 12. Juli 2022, https://twitter.com/MarcoBuschmann/status/1546925587779944450

in Würzburg schon 2021: »Sexismus-Vorwurf: »Layla« wird nicht mehr beim Kiliani-Volksfest gespielt«, *Süddeutsche Zeitung*, Simone Kamhuber, 12. Juli 2022, https://www.sueddeutsche.de/bayern/wuerzburg-kiliani-volksfest-lied-sexismus-1.5619699

»neue Moralverständnis hierzulande«: »Die Musikindustrie hat kapiert, dass Sexismus gerade funktioniert«, *Süddeutsche Zeitung*, Stefan Sommer, 15. September 2022, https://www.sueddeutsche.de/projekte/artikel/jetzt/layla-ikke-hueftgold-oktoberfest-sexismus-protest-schlager-e102222/

»wird gerade groß«: »Da hört der Spaß auf!«, *Die Zeit*, Ikke Hüftgold, 20. Juli 2022, https://www.zeit.de/2022/30/layla-lied-verbot-sexismus-ikke-hueftgold

»so richtig die Sau rauszulassen«: »Die Musikindustrie hat kapiert, dass Sexismus gerade funktioniert«, https://www.sueddeutsche.de/projekte/artikel/jetzt/layla-ikke-hueftgold-oktoberfest-sexismus-protest-schlager-e102222/

vermarktet er als Cash 4 Knast: Fan-Video eines Auftritts von Gzuz »Cash 4 Knast«-Tour auf TikTok, Münster, 17. September 2022, https://www.tiktok.com/@maxwilken0/video/7144154662386568454

Part 7: Aus großer Kraft

»dieser ganzen integrierten Welten«: https://www.universalinside2023.com/de

sagt eine Frau, die hier Julia Menke heißen soll: Diese Frau ist eine von mehreren Dutzend Personen, mit denen wir über ihre Arbeit und den Umgang von Universal mit entsprechenden Vorwürfen gesprochen haben. Darunter sind aktuelle und ehemalige Mitarbeiterinnen und Mitarbeiter in verschiedenen Positionen und Hierarchieebenen. Dazu haben wir zahlreiche interne Unterlagen und Nachrichten sowie Informationen aus den internen Kommunikationskanälen bei Slack einsehen können und auf Basis unserer Recherchen eine umfassende Anfrage mit mehr als achtzig Fragen an Universal gestellt.

Konglomerat unterschiedlichster Labels: https://www.universal-music.de/company/historie

mit gemusterter Klinkerfassade: https://denkmaldatenbank.berlin.de/daobj.php?obj_dok_nr=09095109

In einem Interview: *Dirty Little Secrets*, *ARD*-Dokumentation, Folge 1: »Der geheime Deal mit den Labels«, ab Minute 17, 28. Mai 2023, https://www.ardmediathek.de/video/dirty-little-secrets/folge-1-der-geheime-deal-mit-den-labels-s01-e01/br-fernsehen/Y3JpZDovL2JyLmRlL3ZpZGVvL2EzMTUwZThiLTM2OTQtNDlhMy05ZmNmLTEwYjU4NjUwZWQ1Ng

Im Jahr 2014: »Tim Renner – Paradiesvogel im Berliner Senat?«, *Deutschlandfunk*, Claudia van Laak, 28. April 2015, https://www.deutschlandfunk.de/staatssekretaer-fuer-kultur-tim-renner-paradiesvogel-im-100.html

ebenfalls Musikmanager bei Universal: https://www.joechialo.de/meine-story/

um mehr als 60 Prozent zurück: https://www.statista.com/chart/4713/global-recorded-music-industry-revenues/

14 Milliarden Dollar: »Global Music Report 2023«, ifpi, S. 6, https://www.ifpi.org/wp-content/uploads/2020/03/Global_Music_Report_2023_State_of_the_Industry.pdf#page=6

mehr als wett: Grafik der Musikindustrie-Vereinigung ifpi https://ifpi-website-cms.s3.eu-west-2.amazonaws.com/Ski_chart_2022_1_921b8c3381.pdf

wie Spotify gemacht: »IFPI Global Music Report: Global Recorded Music Revenues

Grew 9% In 2022«, ifpi, 21. März 2023, https://www.ifpi.org/ifpi-global-music-report-global-recorded-music-revenues-grew-9-in-2022/

in dem Lied »0815«: https://genius.com/Kollegah-and-farid-bang-0815-lyrics

In »Drecksjob«: https://genius.com/Kollegah-and-farid-bang-drecksjob-lyrics

in »Ave Maria«: https://genius.com/Kollegah-and-farid-bang-ave-maria-lyrics

Auftritt auf der Preisverleihung: Hier hat ein Kollegah-Fan den Auftritt auf Youtube hochgeladen: https://www.youtube.com/watch?v=ts5iPlAZhNE

»beklemmendes, unerträgliches Bild«: Zitiert aus Jens Balzer, *Pop und Populismus: Über Verantwortung in der Musik*, Hamburg 2019, S. 23.

gewinnen den Preis trotzdem: »Kollegah und Farid Band gewinnen Echo – trotz Antisemitismus-Vorwürfen«, *Der Spiegel*, Steffen Lüdcke, 13. April 2018, https://www.spiegel.de/panorama/echo-2018-kollegah-und-farid-bang-gewinnen-echo-trotz-antisemitismusvorwuerfen-a-00000000-0003-0001-0000-000002271263

den Preis einzustellen: »Die Entscheidung ist richtig, sie war auch absolut alternativlos«, Interview mit Jens Balzer im *Deutschlandfunk*, Achim Hahn, 25. April 2018, https://www.deutschlandfunk.de/jurymitglied-zum-ende-des-echo-die-entscheidung-ist-richtig-100.html

zuvor vergewaltigt zu haben: »Nika Irani tritt #deutschrapmetoo-Welle los«, *Zeitjung*, Janina Rüb, 20. Juni 2021, https://www.zeitjung.de/rapper-samra-missbrauch-vorwurf-nika/

»aufs Schärfste verurteilt«: Statement von Universal auf Instagram, 17. Juni 2021, https://www.instagram.com/p/CQOIA6SLkUW/

»sie liegt im Wachkoma«: https://genius.com/Nimo-komm-mit-lyrics

»ist keine Vorverurteilung«: Weiteres Statement von Universal auf Instagram, 18. Juni 2021, https://www.instagram.com/p/CQRNO0qLsAZ/

die Beendigung der Zusammenarbeit: »Rammstein – Hinter der Mauer des Schweigens«, ZDF-Dokumentation *Die Spur*, 2. August 2023, https://www.zdf.de/dokumentation/die-spur/die-spur-vorwuerfe-sex-rammstein-lindemann-100.html

allerdings hohe Hürden: Erläuterungen bei der Bundeszentrale für Kinder- und Jugendmedienschutz, https://www.bzkj.de/bzkj/indizierung/was-wird-indiziert/abwaegung-mit-grundrechten

des Liedes »Alles Lüge«: Das Video zum Lied auf dem offiziellen Kanal der Band Weimar, 25. März 2022, https://www.youtube.com/watch?v=j5VTh929X1o

auf Platz vier der Charts ein: https://www.laut.de/Weimar

laut *Spiegel* in Neonazi-Bands: »Wie Universal demokratiefeindliche Rocker groß machte«, *Der Spiegel*, Maik Baumgärtner, Andreas Borcholte und Ann-Katrin Müller, 9. Februar 2023, https://www.spiegel.de/politik/wie-universal-demokratiefeindliche-rocker-gross-machte-a-242b44ad-69d6-4d45-99c2-d19fbba309aa

Anfang Februar 2023: Ebenda

bestätigen in einem Facebook-Post: https://www.facebook.com/photo?fbid=246990657657436&set=a.202959442060558

wütenden Instagram-Post: Samras Instagram-Video ist u. a. hier auf Youtube zu finden: https://www.youtube.com/watch?v=B9axjjhZnG0

im achten Stock des Eierspeichers: »Ohrenbetäubendes Schweigen«, *Die Zeit*, Dirk Peitz, 7. Juli 2023, https://www.zeit.de/kultur/musik/2023-07/rammstein-till-lindemann-vorwuerfe

heißt es darin außerdem: »Universal setzt Zusammenarbeit mit Rammstein aus«, *Süddeutsche Zeitung*, Laura Hertreiter, 15. Juni 2023, https://www.sueddeutsche.de/kultur/rammstein-universal-label-1.5934753

Part 8: So sick

Ihre Erfahrungen ähneln sich oftmals: In dieses Kapitel sind die Schilderungen von zahlreichen Frauen und auch einigen Männern eingeflossen. Immer wieder haben uns Menschen aus der Musikindustrie von ähnlichen Erlebnissen berichtet. Viele von ihnen wollten nicht mit Namen genannt oder erkennbar gemacht werden, oft konnten wir ihre Erlebnisse daher nicht detailliert schildern. Sie ähneln aber den Erfahrungen anderer Personen, die wir schildern können.

schreibt ein Buch: Dorothy Carvello, *Anything for a Hit: An A&R Woman's Story of Surviving the Music Industry*, Chicago 2018.

geht juristisch gegen: Die 42-seitige Klage von Carvello aus dem März 2023 liegt uns vor.

»benutzt worden wie Kleenex-Tücher«: zitiert aus der Klageschrift.

Adult Survivors Act: https://www.governor.ny.gov/news/governor-hochul-signs-adult-survivors-act

genug im Radio spielen: In den USA hat diese Art von Bestechung einen besonderen Namen: Payola. Ein Buch, das die wilden Jahre – und auch die Praxis der »Payola« besonders gut beschreibt, ist *Hit Men: Power Brokers and Fast Money Inside the Music Business* von Fredric Cannen aus dem Jahr 1991.

In dem Roman Kill Your Friends: John Niven, *Kill Your Friends*, München 2008.

»Beneath the Glass Ceiling«: https://www.instagram.com/beneaththeglassceiling/

in einer umfassenden Recherche: »Sony Music was warned about the toxic regime of Denis Handlin. It stuck by him for decades«, *Australian Broadcasting Corporation*, Grace Tobin, Ali Russel und Lucy Carter, 10. Oktober 2021, https://www.abc.net.au/news/2021-10-11/sony-music-denis-handlin-toxic-regime-australian-industry/100523030

und Missbrauchsvorwürfen konfrontiert: »In Days After Grammys, a #MeToo Spark Comes to Music«, *New York Times*, Ben Sisario, 1. Februar 2018, https://www.nytimes.com/2018/02/01/arts/music/music-metoo-charlie-walk-neil-portnow.html

von 1988 bis 2014 vor: »Music Mogul Russell Simmons is Accused of Rape by 3 Women«, *New York Times*, Joe Coscarelli und Melena Ryzik, 13. Dezember 2017, https://www.nytimes.com/2017/12/13/arts/music/russell-simmons-rape.html?smid=nytcore-ios-share&referringSource=articleShare

eine Studie der Malisa-Stiftung: »Geschlechtergerechtigkeit in der Musikbranche«, 2021, https://malisastiftung.org/studien-und-recherchen-zu-geschlechtergerechtigkeit/

In der britischen Musikindustrie: »Bullying and Harassment in the Music Industry Completely entagled in its fabric«, 2022, Cassandra Jones und Kallia Manoussaki, https://research-portal.uws.ac.uk/en/publications/bullying-and-harassment-in-the-uk-music-industry-completely-entan

in der Musikbranche einsetzt: Die Instagram-Seite von Faemm: https://www.instagram.com/faemm.club/

einen Artikel über den massiven Druck: »Mental Health: Dieser Job kann gefährlich für die Birne sein«, *Musikwoche*, Tim Böning, 15. Juli 2021, https://www.musikwoche.de/live/mental-health-dieser-job-kann-gefaehrlich-fuer-die-birne-sein-bf89e58b37f40b71b1e20fd28f5db296

ein achtminütiges Video online: Das beschriebene Video ist bis heute auf Youtube verfügbar: https://www.youtube.com/watch?v=gbkHbAFRNRM

beraten lassen: Themis ist im Internet unter https://themis-vertrauensstelle.de/ zu erreichen.

an mehr als 200 Kolleg*innen: Die E-Mail liegt uns vor und ist uns von mehreren Seiten zugespielt worden.

Part 9: Rockstar

keine lange Rede: »Transcript of Madonna's Controversial 2016 ›Woman of the Year Award‹ Thank You Speech at Billboard Music Awards«, *Medium*, Ali Katz, 12. Dezember 2016, https://medium.com/makeherstory/transcript-of-madonnas-controversial-2016-woman-of-the-year-award-thank-you-speech-at-billboard-5f34cfbf8644

teuersten Konzerten der Welt: »Madonna Tickets Slated To Make Rebel Heart Most Expensive Tour Of 2015«, *Forbes*, Jesse Lawrence, 6. März 2015, https://www.forbes.com/sites/jesselawrence/2015/03/06/madonna-tickets-slated-to-make-rebel-heart-most-expensive-tour-of-2015/

eine Biografie über Madonna: Mary Gabriel, *Madonna: A Rebel Life*, New York 2023.

und sie sei fett: »How Madonna changed pop culture forever«, Podcast-Interview mit Mary Gabriel mit dem Guardian, Nosheen Iqbal, 15. Dezember 2023, https://www.theguardian.com/news/audio/2023/dec/15/how-madonna-changed-pop-culture-for-ever-podcast

»das hat ihre Karriere befördert«: Ebenda.

überschminkten blauen Auge: »Simply The Best: Rocksängerin Tina Turner gestorben«, NDR, 25. Mai 2023, https://www.ndr.de/kultur/musik/pop/Simply-The-Best-Rocksaengerin-Tina-Turner-gestorben,turner176.html

öffentlich macht: »Tina Turner Revealed Harrowing Night She Escaped Ike Turner's Abuse: ›I Was Living a Life of Death‹ (Exclusive)«, *People*, Jen Juneau, 25. Mai 2023, https://people.com/tina-turner-recalled-escaping-ike-turner-abusive-marriage-1981-people-interview-7503995

»eine drogenabhängige Hure«: »Miley Cyrus Is Just Trying to Save the World«, *Marie Claire*, Allison Glock, 8. August 2015, https://www.marieclaire.com/celebrity/a15323/miley-cyrus-september-2015/

»es von mir erwartet«: »Alicia Keys says anyone who isn't a feminist is crazy in make-up free interview«, BBC, 11. November 2016, https://www.bbc.com/news/newsbeat-37947042

»eine Frau zu vergewaltigen«: »Kate Nash: Underestimate the Girl – Documentary Trailer«, *BBC Three*, 24. Juni 2019, https://www.youtube.com/watch?v=CgW3qfxektA

»hinter Ed Sheeran ist«: »Lily Allen speaks out about sexism in the music industry«, *NME*, Josh Haigh, 17. März 2014, https://www.nme.com/news/music/lily-allen-67-1244885

Ein gemeinsamer Auftritt: »The Deeper Meaning Behind Ed Sheeran and Beyoncé's Clothing Clash«, *The Atlantic*, Spencer Kornhaber, 6. Dezember 2018, https://www.theatlantic.com/entertainment/archive/2018/12/what-ed-sheeran-and-beyonces-clothing-clash-really-means/577438/

sagte sie einmal in einem Interview: »Everything Sinead O'Connor did for feminism and equal rights that you might not realise«, *Glamour*, Laura Hampson, 28. Juli 2023, https://www.glamourmagazine.co.uk/article/sinead-oconnor-feminism

»die Kontrolle zurückzuholen«: Dazu als Empfehlung die entsprechende Dokumentation: *Five Foot Two*, 2017, Regisseur: Chris Moukarbel.

medial gnadenlos geahndet: »Pop Stars Never Asked to Be Your Role Models«, *name3songs.com*, 8. Januar 2022, https://name3songs.com/2022/01/08/pop-stars-never-asked-to-be-your-role-models/

»zu einem Roboterkind«: Britney Spears: *The Woman in Me: Meine Geschichte*, München 2023, Kindle-Edition, S. 190.

»Hast Du einen Freund?«: Video der »Star Search«-Episode bei Youtube: https://www.youtube.com/watch?v=wWuK5EnXaWU

»Deine Brüste«: https://www.youtube.com/watch?v=ZrQ-cgTcYNs

Jungfräulichkeit zu vermarkten: Spears: *The Woman in Me*, Kindle-Edition, S. 94.

die blonden Haare ab: »Britney Spears Reveals Why She Shaved Off Her Hair and Was ›Acting Out‹ in 2007 (Exclusive)«, *People*, Elizabeth Leonard, 17. Oktober 2023, https://people.com/britney-spears-reveals-why-shaved-off-hair-in-2007-exclusive-8362494

»mich dagegen zu wehren«: Spears, *The Woman in Me*, S. 191.

»weggenommen worden waren«: Ebenda, S. 154.

138 Millionen Dollar: »Britney Spears' Piece of Me Vegas Residency Final Figures: 248 Shows, 916,184 Tickets Sold, $137.7M Earned«, *Billboard*, Bob Allen, 23. Januar 2018, https://www.billboard.com/pro/britney-spears-piece-of-me-residency-final-figures/

»mir angetan hat«: Spears: *The Woman in Me*, Kindle-Edition, S. 192.

in ihrer Autobiografie: Mariah Carey, *The Meaning of Mariah Carey*, New York 2020, S. 128 ff

»Künstlerin verwandeln wollte«: Ebenda, S. 148.

»der Grund für ihren Erfolg«: Tommy Mottola, *Hitmaker: The Man and His Music*, New York 2013, zitiert nach https://www.billboard.com/music/music-news/tommy-mottola-on-relationship-with-mariah-carey-absolutely-wrong-and-1537498/ und https://byangieromero.com/2013/02/08/tommy-mottola-apologizes-to-mariah-carey-in-new-memoir/

»war sehr weitreichend«: Carey, *The Meaning of Mariah Carey*, S. 184.

»diesen Dingen zu entkommen«: »There's never been a story like Britney Spears's«, *The Atlantic*, Spencer Kornhaber, 6. Oktober 2020, https://www.theatlantic.com/culture/archive/2020/10/why-free-britney-saga-feels-so-familiar/616587/

Singer-Songwriter Ryan Adams: »Ryan Adams Dangled Success. Women Say They Paid a Price«, *New York Times*, Joe Coscarelli und Melena Ryzik, 13. Februar 2019, https://www.nytimes.com/2019/02/13/arts/music/ryan-adams-women-sex.html

»so in der Hand hast«: »Alli Neumann packt über Machtmissbrauch in der Musikindustrie aus«, *Vox*, 23. Mai 2023, https://www.vox.de/cms/sing-meinensong-kuenstlerin-alli-neumann-packt-ueber-machtmissbrauch-in-der-musikbranche-aus-5044071.html

tritt die Sängerin Kesha: »Kesha's emotional ›praying‹ performance in Grammys 2018 #Metoo moment brings people to tears«, *IBTimes*, 29. Januar 2018, https://www.youtube.com/watch?v=FQgSXbiGONs

»strong I have become«: https://genius.com/Kesha-praying-lyrics

Flo Rida zusammen: https://www.imdb.com/name/nm0332085/bio/

»ihre Karriere behalten konnte«: Zivilklage Kesha Rose Sebert vs. Lukasz Sebastian Gottwald, S. 2, https://www.marklitwak.com/uplo ads/2/2/1/9/22193936/242986445-kesha-complaint.pdf

In den Jahren danach: »The Complete History of Kesha's Legal Fight Against Dr. Luke«, *Vulture*, Dee Lockett, Amanda Gordon, Jennifer Zhan, 22. Juni 2023, https://www.vulture.com/article/timeline-keshas-legal-fight-against-dr-luke.html

»für ein Monster zu lügen«: »Kesha says she was offered her ›freedom‹ if she retracted Dr. Luke rape claims«, *Los Angeles Times*, Christie D'Zurilla, 4. April 2016, https://www.latimes.com/entertainment/gossip/la-et-mg-kesha-dr-luke-rape-sony-contract--20160404-story.html

widmet Kesha ihren Brit-Award: »Brits 2016: Adele publicly supports Kesha«, *ITV News*, 24. Februar 2016, https://www.youtube.com/watch?v=Ym29iA1XXpE

Taylor Swift spendet ihr: »Taylor Swift schenkt Kesha 250.000 Dollar«, NTV, 22. Februar 2016, https://www.n-tv.de/leute/Taylor-Swift-schenkt-Kesha-250-000-Dollar-article17050681.html

aus einem Interview mit ihr: »Lady Gaga Shut Down Sexism In A 2009 Interview, So Why Is It Going Viral Now?«, *Refinery29*, Nick Levine, 29. Juli 2019, https://www.refinery29.com/en-gb/2019/07/238997/lady-gaga-sexism-viral-clip

vergewaltigt wurde: »Lady Gaga had a ›psychotic break‹ after sexual assault left her pregnant«, BBC, Mark Savage, 21. Mai 2021, https://www.bbc.com/news/entertainment-arts-57199018

mit Oprah Winfrey und Prinz Harry: *The Me You Can't See*, Folge 1, Dokuserie von Oprah Winfrey und Prinz Harry bei *Apple TV*, 21. Mai 2021, https://www.apple.com/de/tv-pr/originals/the-me-you-cant-see/

niemandem davon zu erzählen: »Lily Allen says speaking out about being sexually assaulted damaged her career«, *CNN*, Emily Dixon, 13. September 2019, https://edition.cnn.com/2019/09/13/entertainment/uk-lily-allen-sexual-assault-scli-gbr-intl/index.html

nichts unternehmen: »Lily Allen says ›record label failed to act on assault‹«, *BBC*, Nick Rotherham, 13. September 2019, https://www.bbc.com/news/entertainment-arts-49682923

untersuchen werde: »Lily Allen says speaking out about being sexually assaulted damaged her career«, https://edition.cnn.com/2019/09/13/entertainment/uk-lily-allen-sexual-assault-scli-gbr-intl/index.html

In ihrem Buch schreibt: Lily Allen, *My Thoughts Exactly*, 2018 zitiert nach: »Lily Allen speaks of sexual assault by record industry executive«, *Guardian*, Sophie Heawood und Libby Brooks, 14. September 2018, https://www.theguardian.com/music/2018/sep/14/lily-allen-speaks-of-sexual-assault-by-record-industry-executive

Amy Winehouse: Zum Leben und Sterben von Amy Winehouse empfehlen wir die mit dem Oscar prämierte Dokumentation *Amy* aus dem Jahr 2015.

lustig gemacht habe: »Perez Hilton on Britney Spears: I didn't lead with empathy«, *Sky News*, 24. Juni 2021, https://www.youtube.com/watch?v=6u33cDH8d2E

»von Fehlverhalten zu verhandeln«: »Dr. Luke's Queasy Two-Front Comeback Effort«, *The Atlantic*, Spencer Kornhaber, 29. August 2018, https://www.theatlantic.com/entertainment/archive/2018/08/dr-luke-kim-petras-kesha/568639/

»hinter sich zu lassen«: »The Pop Music You Listen to Really Does Matter«, *The Atlantic*, Spencer Kornhaber, 6. Juli 2021, https://www.theatlantic.com/culture/archive/2021/07/dr-luke-doja-cat-pop-music-ethics/619366/

Part 10: Freiheit

»wenn ich das richtig verstehe«: »Über Sex zu singen, ist ja auch nicht sexistisch«, *Hamburger Abendblatt*, Tino Lange, 6. Oktober 2023, https://www.abendblatt.de/hamburg/kultur/article239734073/Ueber-Sex-zu-singen-ist-ja-auch-nicht-sexistisch.html

an eine Künstlerin: »Inclusion in the Recording Studio? Gender and Race/Ethnicity of Artists, Songwriters & Producers across 900 Popular Songs from 2012–2020«, USC Annenberg, Dr. Stacy L. Smith, Dr. Katherine Pieper, Marc Choueiti, Karla Hernandez und Kevin Yao, März 2021, S. 6, https://assets.uscannenberg.org/docs/aii-inclusion-recording-studio2021.pdf

nie eine Frau: »The World's Highest-Paid DJs 2019: The Chainsmokers Topple Calvin Harris With $46 Million«, *Forbes*, Monica Mercuri, 29. Juli 2019, https://www.forbes.com/sites/monicamercuri/2019/07/29/the-worlds-highest-paid-djs-of-2019/?sh=2cdae117a976

von Männern komponiert: »Gender in Music – Charts, Werke und Festivalbühnen, Malisa-Stiftung, https://malisastiftung.org/gender-in-music/

sechs Prozent Frauen beteiligt: Ebenda.

Zahlen kaum besser: Die Zahlen zu *Late Night Berlin* und *Inas Nacht* sind eigene Auszählungen.

nur zwei Musikerinnen: »Lasst endlich mehr Frauen auf die Festivalbühnen!«, *Sächsische Zeitung*, Susann Grossmann, 1. August 2021, https://www.saechsische.de/kultur/frauen-musik-ist-keine-maennersache-5495807-plus.html

auf knapp dreißig Prozent: »Mehr Frauen auf der Bühne«, *Tagesschau*, Ute Spangenberger, 2. Juni 2023, https://www.tagesschau.de/inland/gesellschaft/musik-festivals-frauen-100.html

Preis für Popkultur: https://www.preisfuerpopkultur.de/winner/

kritisiert sie auf der Bühne: Hier verbreitet Schomaker die Kritik auch auf ihrem eigenen Instagram-Account, https://www.instagram.com/p/CjVjIPysh87/

albert herum: Ein Beispiel für einen solchen Clip ist das Musikvideo ihres Liedes »Aller guten Dinge«, 20. Juli 2018, https://www.youtube.com/watch?v=FndVk4DoEtE

»brav und angepasst«: »Auch mal Pause machen«, *Die Zeit*, Arno Frank, 14. März 2018, https://www.zeit.de/2018/12/antje-schomaker-saengerin-debuet-von-helden-und-halunken

»Ich muss gar nichts« viral: »Ich muss gar nichts-Challenge: Diese TikTokerinnen wollen keinen sozialen Druck«, *Selfies*, Dinah Rachko, 8. März 2022, https://www.selfies.com/apps/tiktok/ich-muss-gar-nichts-challenge-diese-tiktokerinnen-wollen-keinen-sozialen-druck-4680

»weibliches Talent freigesetzt«: Zitiert aus »Uniformen find ich sexy: Jens Balzer spricht mit Janelle Monáe«, *Die Dame*, Frühling/Sommer 2018, S. 180–185.

damit weltberühmt geworden: »Billie Eilish and the Changing Face of Pop«, *The New Yorker*, Doreen St. Félix, 26. April 2019, https://www.newyorker.com/culture/cultural-comment/billie-eilish-and-the-changing-face-of-pop

eine reine Frauenband gegründet: »Ich will mit dem Patriarchat in der Musikindustrie brechen«, *Die Zeit*, Paulina Czienskowski, 6. November 2019, https://www.zeit.de/zeit-magazin/2019/46/alli-neumann-traum

für alle zu machen: »Kate Nash Wants to Tackle Sexual Assault in the Festival Industry, and She Needs Your Help«, *PopSugar*, Navi Ahluwalia, 30. März 2021, https://www.popsugar.co.uk/entertainment/kate-nash-tackling-sexual-abuse-music-festivals-48244307

Female Producer Preis: https://www.sonymusic.de/female-producer-prize-winners/

Kategorie »Lieblingsproduzent*in«: https://www.preisfuerpopkultur.de/news/preis-fuer-popkultur-2022--das-sind-die-gewinnerinnen---97-.html

Interview mit *Byte FM*: »Ruhestörung #146: Veröffentlichung im Selbstverlag – ein Zukunftsmodell?«, *Byte FM*, 23. Dezember 2022, https://www.byte.fm/blog/podcasts/ruhestoerung-146-veroeffentlichung-im-selbstverlag-ein-zukunftsmodell-128713/

»will be ending«: https://www.musixmatch.com/de/songtext/NOVAA/I-ll-Quit-Music

eine Instagram-Story: Die Instagram-Story liegt uns vor, ist inzwischen aber nicht mehr online verfügbar.

auf ihrem neuen Album ist: Es handelt sich um den Song »Emily«, https://genius.com/Novaa-emily-lyrics

»10 20 22« heißt der Track: https://www.songtexte.com/songtext/novaa/10-20-22-h63f82a7b.html

Part 11: Dickkopf

und Jim DeRogatis: Die Passagen zu R. Kelly und Jim DeRogatis in diesem Kapitel basieren auf dem Buch *Soulless: The Case Against R. Kelly*, das DeRogatis im Jahr 2019 veröffentlicht hat. Wir haben zudem mit DeRogatis gesprochen und zahlreiche weitere Veröffentlichungen zu dem Fall ausgewertet. Diese haben wir hier separat gekennzeichnet. Verschiedene Anfragen an R. Kelly blieben leider unbeantwortet.

in einem Artikel die Ergebnisse: »R. Kelly accused of sex with teenage girls«, *Chicago Sun-Times*, Jim DeRogatis und Abdon Pallasch, 21. Dezember 2000, https://chicago.suntimes.com/2000/12/21/18423229/r-kelly-accused-of-sex-with-teenage-girls

der R. Kelly stoppte: »The Lonely Crusade of Jim DeRogatis«, *Chicago Magazine*, Mark Caro, 16. Oktober 2017, https://www.chicagomag.com/chicago-magazine/november-2017/the-lonely-crusade-of-jim-derogatis/

ihre Stimmen verstärkt: »Jim DeRogatis receives Lifetime Achievement Award: ›I'm not quite dead yet‹«, *The Columbia Chronicle*, Kendall Polidori, 19. Mai 2020,

https://columbiachronicle.com/jim-derogatis-receives-lifetime-achievement-award-im-not-quite-dead-yet

vorbei sein müssen: DeRogatis, *Soulless*, S. 302.

in den »Rock 'n' Roll McDonald's«: Ebenda, S. 91.

dann eine VHS-Kassette: Ebenda, S. 114.

kooperiert unter anderem: Ebenda, S. 165.

Reshonas Vater spielte: U. a. ebenda, S. 186.

vom Ende eine E-Mail: Ebenda, S. 237.

eine monatelange Odyssee: »How The Story Of R. Kelly's ›Sex Cult‹ Finally Went Public – And Quickly Exploded«, *BuzzFeed News*, Jim DeRogatis, 5. Juni 2019, https://www.buzzfeednews.com/article/jimderogatis/i-thought-the-world-would-never-know-about-r-kelly

schon über Missbrauchsvorwürfe: »R. Kelly's Alleged Sexual Assaults And Why No One's Talking About It«, *BuzzFeed News*, Aylin Zafar und Shani O. Hilton, 16. Dezember 2013, https://www.buzzfeed.com/azafar/r-kellys-alleged-sexual-assaults-and-why-no-ones-talking-abo

um 7.02 Uhr endlich online: »Inside the Pied Piper of R&B's Cult«, *BuzzFeed News*, Jim DeRogatis, 17. Juli 2017, https://www.buzzfeednews.com/article/jimderogatis/parents-told-police-r-kelly-is-keeping-women-in-a-cult (Anmerkung: Zu diesem Zeitpunkt war ich, Daniel, Chefredakteur von BuzzFeed in Deutschland. Mit der Veröffentlichung der Recherche hatte ich nichts zu tun. Jim DeRogatis habe ich erst während unserer Recherche zu diesem Buch kennengelernt.)

starten den Hashtag #MuteRKelly: »The Story behind #MuteRKelly«, Interview mit Kenyetta Barnes bei *The Outline*, Ann-Derrick Gaillot, 1. Mai 2018, https://theoutline.com/post/4379/a-conversation-with-mute-r-kelly-cofounder-kenyette-barnes

von Bundesbeamten: »R. Kelly arrested on federal charges of sex trafficking«, *CBS News*, 12. Juli 2019, https://www.cbsnews.com/news/r-kelly-arrested-nypd-and-homeland-security-arrested-singer-on-sex-trafficking-charges-today-2019-07-12

Tausende Menschen: DeRogatis, *Soulless*, S. 263.

deshalb gewähren lassen: Ebenda, S. 302 und: »The New Indictments Against R. Kelly are an Indictment of the Music Industry«, *The New Yorker*, Jim DeRogatis, 12. Juli 2019, https://www.newyorker.com/news/news-desk/the-new-indictments-against-r-kelly-are-an-indictment-of-the-music-industry

fordern einen neuen Prozess: »R. Kelly is appealing his 2021 sex trafficking and racketeering conviction in New York and wants a new trial«, CNN, Liam Reilly, 20. April 2023, https://edition.cnn.com/2023/04/20/us/r-kelly-appeal-sex-trafficking-racketeering-new-york/index.html

ein unschuldiges Opfer: »R. Kelly married Aaliyah at 15 so she could get an abortion, witness testifies«, *Los Angeles Times*, Christi Carras, 24. August 2021, https://www.latimes.com/entertainment-arts/music/story/2021-08-24/r-kelly-trial-aaliyah-married-abortion-sexual-abuse

zum ersten Mal die Frau: DeRogatis, *Soulless*, S. 297.

so schlecht zu schreiben: Wir haben für die Schilderungen in diesem Kapitel mit mehr als einem Dutzend Musikjournalist*innen aus Deutschland gesprochen, die für Fachmagazine genauso wie für Feuilletons großer Medien arbeiten. Viele dieser Aussagen durften wir nicht wörtlich zitieren und auch die Kolleg*innen nicht erwähnen. Ihre Erfahrungen sind aber in die Darstellungen in diesem Kapitel eingeflossen.

im Netz auf: »Juice Magazin, Rap.de & Spex werden eingestellt«, *Mostdope*, Kevin Krow, 1. September 2022, https://mostdope.tv/news/juice-magazin-rap-de-spex-werden-eingestellt

extremen Rechten zu flirten: »Bigmouth strikes again and again: why Morrissey fans feel so betrayed«, *Guardian*, Tim Jonze, 30. Mai 2019, https://www.theguardian.com/music/2019/may/30/bigmouth-strikes-again-morrissey-songs-loneliness-shyness-misfits-far-right-party-tonight-show-jimmy-fallon

»Wegen der offenen Grenzen«: »Die Person, die als Opfer bezeichnet wird, ist lediglich enttäuscht«, *Der Spiegel*, Juliane Liebert, 18. November 2017, https://www.spiegel.de/spiegel/morrissey-ueber-brexit-kevin-spacey-und-merkels-fluechtlingspolitik-a-1178545.html

im ausverkauften: https://www.instagram.com/p/Bb8jbZ1FWt2/

Riviera Theatre Chicago: »Morrissey says he will never do another print interview after Weinstein and Spacey remarks«, *Independent*, Roision O'Connor, 28. November 2017, https://www.independent.co.uk/arts-entertainment/music/news/morrissey-print-interview-kevin-spacey-morrissey-sexual-abuse-victims-assault-hollywood-album-reviews-a8079446.html

fast 2000 Menschen: Morrisseys Facebook-Beitrag inklusive der Kommentare, https://archive.ph/OH6o2

weltweiten Shitstorm: »Wie aus einem Morrissey-Interview ein Shitstorm wird«, *Berliner Zeitung*, Tomasz Kurianowicz, 4. April 2021, https://www.berliner-zeitung.de/wochenende/autorin-juliane-liebert-ich-liebe-berlin-ganz-eindeutig-li.149465

den Audio-Mitschnitt: »Der Audio-Mitschnitt zum Spiegel-Interview mit Morrissey«, *Der Spiegel*, ohne Autor*in, 12. Dezember 2017, https://www.spiegel.de/kultur/musik/morrissey-audio-mitschnitt-zum-spiegel-interview-a-1182981.html

ein markantes Beispiel: »Im Rap ist alles erlaubt«, *taz*, Frederik Schindler, 29. Juni 2019, https://taz.de/Vorwuerfe-gegen-Hip-Hop-Medien/!5603374/

kritisiert der damalige Chefredakteur: »Blokkmonsta & Rako – Wir Bringen Das Drama«, *rap.de*, 17. September 2010, https://rap.de/allgemein/8311-blokkmonsta-rako-wir-bringen-das-drama/

zu Boden geht: »Rapper Blokkmonsta verprügelt Kritiker«, *BZ Berlin*, ohne Autor*in, 23. September 2010, https://www.bz-berlin.de/archiv-artikel/rapper-blokkmonsta-verpruegelt-kritiker und »Nach Schlägerei: Staiger und Blokkmonsta äußern sich«, *hiphop.de*, ohne Autor*in, 23. September 2010, https://hiphop.de/magazin/news/nach-schl%C3%A4gerei-staiger-und-blokkmonsta-%C3%A4u%C3%9Fern-sich-169744

»zum Überleben« gebraucht: »Volle Verstärkung«, *Süddeutsche Zeitung*, Philipp Bovermann, 13. Dezember 2019, https://www.sueddeutsche.de/medien/rap-und-feminismus-volle-verstaerkung-1.4722137

auf eine mitfühlende Art: Ihr erstes Gespräch vor der Kamera, mit dem Rapper Trettmann, ist eine Kurzdoku im Jahr 2017. In den Kommentaren bekommt sie Lob für die gute Vorbereitung und die angenehme Art der Interviewführung: https://www.youtube.com/watch?v=LVdzE_-ITnE

hat sie Zehntausende Follower: Ihr Kanal findet sich unter https://www.instagram.com/cash.miri/

Auf Instagram: Ihr Kanal findet sich unter https://www.instagram.com/playgirlnikaa/
»ihnen etwas passiert«: »Instagram-Star Nika Irani kämpft gegen Sexualisierung«, Interview im *Sonntagsblatt*, Christina Argilli, 22. Juni 2023, https://www.sonntagsblatt.de/nika-irani
»bis du bewusstlos bist«: »Ich bin kein Opfer, ich bin eine Überlebende«, *Fairplanet*, Sarah Kessler, 29. September 2021, https://www.fairplanet.de/story/ich-bin-kein-opfer-ich-bin-eine-ueberlebende/
unter eigener Marke Vapes: »Samra legt offen, wie reich er zusammen mit Capital Bra geworden ist«, *Raptastisch*, Octavius Hollenstein, 13. Oktober 2023, https://raptastisch.net/2023/10/13/samra-legt-offen-wie-reich-er-zusammen-mit-capital-bra-geworden-ist/
Ein Dammbruch: »Wir wollen keinen Skandal. Wir wollen euch umerziehen«, *Katapult*, Julius Gabele und Anja Köneke, 8. Juli 2021, https://katapult-magazin.de/de/kultur/posts/wir-wollen-keinen-skandal-wir-wollen-euch-umerziehen
springt Nika Irani zur Seite: »Shirin David nimmt Stellung zu sexueller Gewalt«, *Frankfurter Allgemeine Zeitung*, Elena Witzeck, 18. Juni 2021, https://www.faz.net/aktuell/feuilleton/pop/shirin-david-nimmt-stellung-zu-vergewaltigungsvorwuerfen-17396114.html
mit einem wütenden Video: Samras Instagram-Video ist u. a. hier auf Youtube zu finden: https://www.youtube.com/watch?v=B9axjjhZnG0
»schlimmsten Phasen meines Lebens«: »Ich stand vor dem größten Bruch in meinem Leben«, Interview mit Samra in *Die Welt*, Cigdem Toprak, 19. Mai 2023, https://www.welt.de/kultur/pop/plus245239236/Samra-Ich-stand-vor-dem-groessten-Bruch-in-meinem-Leben.html
einer Verfügung des Landgerichts: Die Verfügung ist nicht öffentlich, liegt uns aber vor.
mit dem Online-Magazin LizzyNet: »Interview mit #deutschrapmetoo«, *LizzyNet*, Karla Groth, 15. September 2021, https://www.lizzynet.de/wws/9.php#/wws/interview-mit-deutschrapmetoo.php
auch auf Instagram: Der Kanal ist im Sommer 2023 umbenannt worden: https://www.instagram.com/musicmetoo.de/
mit Wucht ins Gesicht: »Amtsgericht verurteilt Rapper Fat Comedy zu Geldstrafe«, *Legal Tribune Online*, 15. März 2024, https://www.lto.de/recht/nachrichten/n/ag-dortmund-745ds36122-oliver-pocher-fat-comedy-happy-slapping-ohrfeige-geldstrafe/
Rache dafür gewesen: »Nach Rache-Ohrfeige: Oliver Pocher erstattet Anzeige«, *Rolling Stone*, ohne Autor*in, 29. März 2022, https://www.rollingstone.de/nach-rache-ohrfeige-oliver-pocher-erstattet-anzeige-2429251/
»jeder anderen dreckigen Agenda«: »MC Bogy vs. LGoony: Berlin-Verbot & Beef wegen #deutschrapmetoo«, *hiphop.de*, Paul Kruppa, 5. August 2021, https://hiphop.de/magazin/news/mc-bogy-vs-lgoony-berlin-verbot-twitter-beef-345691
»von Deutschrap verabschiede«: »Neues Grausamkeits-Level: Visa Vie schockiert über aktuelle Sexismus-Debatte«, *hiphop.de*, Paul Kruppa, 6. August 2021, https://hiphop.de/magazin/news/visa-vie-schockiert-deutschrap-metoo
Nachrichten wie diese: LGoony hat Nachrichten an ihn u. a. in zwei verschiedenen

Beiträgen auf Twitter gesammelt: https://archive.ph/I9dzi und https://archive.ph/9EXIC
»im Video seines«: https://www.youtube.com/watch?v=egRzgM2OUpc
schreiben sie auf Instagram: https://www.instagram.com/p/CQ9gp94slKf

Part 13: Callout Culture

Frederika Ferková: Für die Schilderungen zu Ferková und #TechnoMeToo haben wir mehrfach ausführlich mit Ferková selbst sowie ihrem Anwalt gesprochen und haben zahlreiche Unterlagen eingesehen.
auf Instagram: Den Kanal von Ferková findet man unter https://www.instagram.com/fredinovela/, den Kanal ihres Techno-Kollektivs unter https://www.instagram.com/hausgemachtinwien/
»was dazu machen«: Die entsprechende Instagram-Story ist inzwischen wieder gelöscht.
»Xoxo, Gossip Weib«: Die entsprechende Instagram-Story ist inzwischen wieder gelöscht.
»Übergriffe besonders anfällig?«: »Gewalt in der Clubszene: Wenn der Spaß aufhört«, *Der Standard*, Beate Hausbichler und Antonia Rauth, 18. August 2023, https://www.derstandard.at/story/3000000183290/gewalt-in-der-clubszene-wenn-der-spass-aufhoert
Auch der ORF: »#TechnoMeToo: Berichte über sexuelle Übergriffe in der Wiener Clubszene«, *radio FM4 (ORF)*, Alexandra Rodriguez-Breña, 18. August 2023, https://fm4.orf.at/stories/3035564/
renommierte Wiener Stadtmagazin: »Vergewaltigung und Machtmissbrauch: Wiener Techno-Szene im Zwielicht – FALTER.morgen #642«, *Falter*, Daniela Krenn, 25. August 2023, https://www.falter.at/morgen/20230825/freitag-25-08
erscheint zeitgleich: https://www.instagram.com/p/CwFxaTutidW/
ein knappes Statement: https://www.instagram.com/p/CwfEzAEMagAAezscADHnvlK-Ml3aYoGT0H74As0/
»als die Gäste des Abends«: »Gewalt in der Clubszene: Wenn der Spaß aufhört«, *Der Standard*, Beate Hausbichler und Antonia Rauth, 18. August 2023, https://www.derstandard.at/story/3000000183290/gewalt-in-der-clubszene-wenn-der-spass-aufhoert
100 Kilo Herz: »Lesen, Augen auf und denken«, Interview bei *Ox-Fanzine*, Markus Franz, April/Mai 2019, https://www.ox-fanzine.de/interview/100-kilo-herz-6651 Und: »Interview mit Rodi und Marco von 100 Kilo Herz zu Stadt Land Flucht«, *Krachfink*, 9. August 2020, https://krachfink.de/interview-mit-rodi-und-marco-von-100-kilo-herz-zu-stadt-land-flucht/ Und: »Doch wenn es brennt«, *taz*, Annika Glunz, 8. August 2020, https://taz.de/Neues-Album-von-100-Kilo-Herz/!5705554/
einen langen Text: https://www.instagram.com/p/CgrYdW9Nj83/
»die auf Bühnen stehen«: https://www.instagram.com/p/Cgua_v-sJ-J/
und geben Interviews: »Übergriffe auf Konzerten – Awareness im Rampenlicht«, *Die Alltagsfeministinnen* beim rbb, 13. Juni 2023, https://www.ardaudiothek.de/episode/die-alltagsfeministinnen/uebergriffe-auf-konzerten-awareness-im-rampenlicht/rbbkultur/94511710/
»Drei Jahre ausgebrannt«: https://genius.com/100-kilo-herz-drei-jahre-ausgebrannt-lyrics

aber nicht verstecken: Am 17. Juli 2023 haben wir die Geschichte von Jasmin Stevens schon einmal – in kürzerer Form – in der *Süddeutschen Zeitung* und bei der *Tagesschau* erzählt. Danach haben wir sie noch mehrfach ausführlich gesprochen. »Im Feuer«, *Süddeutsche Zeitung*, https://www.sueddeutsche.de/projekte/artikel/politik/rammstein-till-lindemann-flake-keyboarder-vorwuerfe-e558010/ Und: »Neue Vorwürfe gegen Rammstein«, *Tagesschau*, https://www.tagesschau.de/investigativ/ndr/investigativ-rammstein-till-lindemann-flake-vorwuerfe-100.html

autobiografischen Buch *Tastenficker*: Flake, *Der Tastenficker. An was ich mich so erinnern kann*, Berlin 2015, S. 31.

das zwei Jahre später herauskam: Flake, *Heute hat die Welt Geburtstag*, Frankfurt am Main 2017, S. 349.

»Ohne den Alkohol habe ich«: »Flake 2016 im MAZ-Interview: ›Betrunken waren mir die Konsequenzen, die Sex hat, egal‹«, *Märkische Allgemeine Zeitung*, Maurice Wojach, 2016, https://www.maz-online.de/kultur/ich-habe-wochenlang-geflennt-CNHUHXYUPQ7IV7I4JZRUATD65M.html

stellt die Berliner Staatsanwaltschaft: »Pressemitteilung: Ermittlungsverfahren gegen Rammstein-Sänger eingestellt«, Generalstaatsanwaltschaft Berlin, 29. August 2023, https://www.berlin.de/generalstaatsanwaltschaft/presse/pressemitteilungen/2023/pressemitteilung.1360122.php

»schlichtweg nichts dran«: https://twitter.com/schertzbergmann/status/1696443128884924773

»von Vernehmungen zu gewinnen«: »Pressemitteilung: Ermittlungsverfahren gegen Rammstein-Sänger eingestellt«, Generalstaatsanwaltschaft Berlin, 29. August 2023, https://www.berlin.de/generalstaatsanwaltschaft/presse/pressemitteilungen/2023/pressemitteilung.1360122.php

»dass sich nichts ändert«: Zitiert aus Christina Clemm, *Gegen Frauenhass*, München 2023, S. 12.

»mehr als 12 Millionen Frauen«: »Gewalt gegen Frauen – Zahlen weiterhin hoch Ministerin Giffey startet Initiative Stärker als Gewalt«, Pressemitteilung des BMFSFJ, 25. November 2019, https://www.bmfsfj.de/bmfsfj/aktuelles/presse/pressemitteilungen/gewalt-gegen-frauen-zahlen-weiterhin-hoch-ministerin-giffey-startet-initiative-staerker-als-gewalt--141688

»belegen zu können«: »Sicherheit und Kriminalität in Deutschland – SKiD 2020«, Veröffentlichung des Bundeskriminalamtes und der Polizeien der Bundesländer, https://www.bka.de/DE/UnsereAufgaben/Forschung/ForschungsprojekteUndErgebnisse/Dunkelfeldforschung/SKiD/Ergebnisse/Ergebnisse_node.html

Interview mit dem *Deutschlandfunk*: »Strafverteidigerin: Verfahrenseinstellung nicht überraschend«, *Deutschlandfunk Kultur*, 29. August 2023, https://www.deutschlandfunkkultur.de/kein-beweis-des-gegenteils-ermittlungen-gegen-till-lindemann-eingestellt-dlf-kultur-f7c0cc78-100.html

Landesvorstand von Nordrhein-Westfalen: »Jasper Prigge neuer Vize-Sprecher der Linkspartei NRW«, *queer.de*, 12. Juni 2016, https://www.queer.de/detail.php?article_id=26334

2017 kandidiert er: »NRW-Linke will Jasper Prigge in den Landtag schicken«, *queer.de*, 11. Dezember 2016, https://www.queer.de/detail.php?article_id=27774

den Antrag von Lindemann zurück: Der Beschluss ist nicht öffentlich, liegt uns aber vor.

gegen Lindemann zu ermitteln: »Till Lindemann: Staatsanwaltschaft Vilnius leitet kein Verfahren ein«, *Musikexpress*, 23. Juni 2023, https://www.musikexpress.de/till-lindemann-staatsanwaltschaft-vilnius-leitet-kein-verfahren-ein-2322649/

»auf eine sexualisierte Gewalt«: »Till-Lindemann-Anwälte mit Befund: Keine Hinweise auf eine sexualisierte Gewalt«, *Rolling Stone*, Ralf Niemczyk, 27. Juni 2023, https://www.rollingstone.de/till-lindemann-anwaelte-mit-befund-keine-hinweise-auf-eine-sexualisierte-gewalt-2605473/

wehrlosen Person schreibt: »Vergewaltigungs-Gedicht von Till Lindemann: Verlag rudert zurück«, *Rolling Stone*, ohne Autor*in, 10. April 2020, https://www.rollingstone.de/till-lindemann-100-gedichte-wenn-du-schlaefst-kritik-1933339/

Niemand habe abgenommen: Auf Anfrage dazu schreibt uns die Generalstaatsanwaltschaft Berlin: »Tatsächlich sind Versuche, direkt mit den ermittelnden Staatsanwälten Kontakt aufzunehmen, immer schwierig: Abgesehen davon, dass diese auch mal Urlaub haben, sind die Kolleginnen und Kollegen an zwei Tagen in der Woche mindestens in Hauptverhandlungen, also nicht in ihren Büros zu erreichen. Bei den Abteilungen für Sexualdelikte kommen ergänzend noch mehrstündige Videovernehmungen bei den Ermittlungsrichter:innen und -richtern hinzu. Umgekehrt ist es in der Regel unproblematisch möglich, die Staatsanwältinnen und Staatsanwälte per Mail, per Post, natürlich per Fax zu erreichen oder sich an die ermittelnden Polizeidienststellen zu wenden, die die entsprechenden Informationen dann aufnehmen und zum Verfahren geben.«

rufen die Demonstrierenden: »Till Lindemann in Leipzig: So fanden die Fans des Rammstein-Sängers das Konzert«, *Berliner Zeitung*, Stefan Hochgesand, 9. November 2023, https://www.berliner-zeitung.de/kultur-vergnuegen/musik/till-lindemann-konzert-in-leipzig-li.2156894

eines Hitlergrußes ermittelt: »Polizei ermittelt wegen »Hitler-Gruß« bei Lindemann-Konzert«, *Kölnische Rundschau*, Martin Böhmer, 9. November 2023, https://www.rundschau-online.de/welt/till-lindemann-polizei-ermittelt-wegen-hitler-gruss-bei-konzert-rammstein-1-680147

Aufnahmen des Konzerts: Uns wurden nach dem Konzert verschiedene Videos von Fans zugespielt.

von verschiedenen Quellen: Von mehreren Menschen sind uns Dutzende Screenshots und Videos zugespielt worden, die offenbar Fans auf verschiedenen Konzerten und Afterpartys von Lindemanns Solotour zeigen – sowie die Kommunikation mit Alena Makeeva.